EMPREENDER
É A SOLUÇÃO

Victor Mirshawka

EMPREENDER
É A SOLUÇÃO

DVS Editora Ltda.
www.dvseditora.com.br

EMPREENDER É A SOLUÇÃO

Copyright© 2004 DVS Editora Ltda.

Todos os direitos para a língua portuguesa reservados pela editora.

Nenhuma parte dessa publicação poderá ser reproduzida, guardada pelo sistema "retrieval" ou transmitida de qualquer modo ou por qualquer outro meio, seja este eletrônico, mecânico, de fotocópia, de gravação, ou outros, sem prévia autorização, por escrito, da editora.

Revisão: Jandyra Lobo de Oliveira
Diagramação e Ilustrações: Jean Monteiro Barbosa.
Produção Gráfica: Spazio Publicidade e Propaganda
Design da Capa: Denis Scorsato
ISBN: 85-88329-10-7

Email para correspondência com o autor:
empreender@dvseditora.com.br

Dados Internacionais de Catalogação na Publicação (CIP)
(Câmara Brasileira do Livro, SP, Brasil)

```
Mirshawka, Victor
   Empreender é a solução  /  Victor Mirshawka. --
São Paulo  :  DVS Editora, 2004.


   1. Empreendedorismo  2.  Empreendimentos
3. Planejamento estratégico  4.  Sucesso em negócios
I.  Título.
```

04-5627   CDD-646.7

Índices para catálogo sistemático:
1. Empreendimento : Vida pessoal : Adiministração
   646.7

Dedicatória

Dedico este livro com muito amor a minha esposa, Nilza Maria – com a qual estou casado há quase 40 anos –, por ter podido com ela constituir o mais importante empreendimento: minha família formada por três criativos empreendedores, os nossos filhos, Alexandre, Sergio e Victor Jr.

Índice

PREFÁCIO	**13**
CAPÍTULO 1	
As primeiras coisas em primeiro lugar	19
1.1 - O estímulo para que você se torne um empreendedor	19
1.2 - Foco	22
1.3 - Metas e objetivos	25
1.4 - Faça o que você sabe	29
1.5 - Esteja bem seguro sobre a sua competência essencial	31
1.6 - Tenha sempre bem clara a sua declaração de missão	32
1.6.1 - A importância da declaração da missão	32
1.6.2 - O conceito de visão para um negócio	34
1.7 - Ações conclusivas para melhorar sua eficácia	40

CAPÍTULO 2

Planejando o essencial — 52

2.1 - Planejamento estratégico — 52

2.2 - Elementos componentes de um plano
de negócios (PN) — 60

2.3 - Ações conclusivas — 74

CAPÍTULO 3

Dados, informações, dinheiro e tempo — 77

3.1 - A importância dos registros — 77

3.2 - Comportando-se de forma
ética com as finanças — 89

3.3 - Lidando adequadamente com
o banco e o governo — 100

3.4 - Fluxo de caixa — 103

3.5 - Comprar ou não comprar... — 104

3.6 - Use bem o seu tempo — 106

3.7 - Ações conclusivas — 109

CAPÍTULO 4

Quem compra o seu produto/serviço? — 110

4.1 - Compreendendo melhor o cliente — 110

4.2 - Aspectos do comportamento de
um cliente no que se refere às compras — 127

4.3 - Observando atentamente o que
fazem os competidores — 138

4.4 - Ações conclusivas — 144

CAPÍTULO 5

O empreendedor lidando com as pessoas — 149

5.1 - A forma de se relacionar e de se
comunicar do empreendedor — 149

5.2 - A importância do *marketing* para
os empreendedores — 158

5.3 - Valorizando as pessoas — 168

5.4 - Ações conclusivas — 175

CAPÍTULO 6
Pensamentos finais sobre empreendedorismo 177

6.1 - Empreendedorismo, a solução
para mais empregos 177

6.1.1 - Os motivos do desemprego 177

6.1.2 - O problema do desemprego no Brasil 181

6.1.3 - Empreendedorismo como
alternativa para o desemprego 187

6.1.4 - É complexo ter seu negócio no Brasil? 191

6.1.5 - Estimulando a onda
do empreendedorismo 194

6.2 - Gerenciando os três Rs
da vida organizacional 207

6.3 - A importância da cultura empresarial 214

6.4 - Um bate-papo estimulador para
abrir uma empresa 228

6.5 - A paixão ou obsessão pelo negócio 237

6.6 - Posicionamento do empreendedor 246

6.7 - O foco é vital 249

6.8 - Ações conclusivas 279

6.9 - Palavras finais 284

SIGLAS 289

BIBLIOGRAFIA 291

Prefácio

Inicialmente desejo esclarecer que a principal finalidade deste livro é enfatizar que toda pessoa precisa acreditar que é empreendedora, devendo ser estimulanda a tornar real essa sua potencialidade.

Em outras palavras, o intuito é fazer com que o indivíduo passe a achar que pode e deve ser um empreendedor, o que lhe trará muita felicidade na vida.

Na verdade, é através das suas crenças que você cria o próprio mundo em que vive.

As crenças que cada pessoa defende são, por sua vez, resultado direto de todas as idéias nas quais ela se empenhou ou deixou de se empenhar.

As crenças são forças latentes, mas muito poderosas, profundamente "enterradas" nos confins da mente de cada pessoa.

Obviamente são as crenças que criam as expectativas a respeito de resultados e de seus futuros efeitos.

As expectativas, por seu turno, são forças ativas em operação na mente de um indivíduo, determinando as atitudes que irá tomar e o comportamento que demonstrará.

A expectativa é que, com a leitura de *Empreender é a Solução*, surja a relação de causa e efeito que empurre o(a) leitor(a) decisivamente para o empreendedorismo.

A esperança de fato é que aconteça uma mudança na sua forma de pensar.

E quando alguém muda o seu modo de pensar, naturalmente mudam-se as suas crenças!

Quando você muda as suas crenças, certamente mudam-se as suas expectativas e muda a sua atitude.

Quando a pessoa muda a sua atitude, ela modifica o seu comportamento.

Claro que quando um indivíduo muda o seu comportamento, consegue alterar significativamente o próprio desempenho.

E quando você mudar o seu desempenho – transformando-se em um empreendedor – evidentemente você mudará de maneira radical a sua vida!!!

A globalização ocasionou mudanças no conteúdo do trabalho, graças às inovações tecnológicas e organizacionais introduzidas nos processos produtivos e nas relações de trabalho, com o que o emprego formal diminuiu e apareceram atividades informais e "alternativas", muitas delas modificando inteiramente o tradicional relacionamento patrão/empregado e fazendo com que cada pessoa, ela mesma, funcione como se "empresa" fosse e, neste sentido, empreender tornou-se a solução!!!

Logo, é de importância capital voltarmos a atenção para a preparação dos jovens não apenas para a vida de trabalho, mas em especial para a vida produtiva, constituindo uma nova geração de empreendedores, como aliás já estamos fazendo na FAAP.

Naturalmente com isso não pretendo dizer que conseguir um bom emprego não seja um excelente começo para jovens, tanto os recém-formados na FAAP como os de outras instituições de ensino superior (IESs).

Porém o que não deve haver mais é a acomodação com o salário e a tranquilidade com a eventual comodidade oferecida pelo emprego estável, pois isto pode acabar apagando a chama empreendedora ou até inibindo a realização de muitos sonhos.

As pessoas com espírito empreendedor precisam encarar no século XXI tanto o estágio conseguido numa empresa como um possível emprego, quanto um treinamento com a possibilidade de obter preciosas informações sobre o funcionamento de um negócio para desenvolver as próprias competências e tecer uma rede de relacionamentos que lhes permita em breve abrir seus próprios negócios.

Aliás, o momento em que você lê esta introdução é uma excelente oportunidade para que comece a pensar no planejamento de seu próprio negócio!

Não espere pela próxima segunda-feira, ou o próximo mês, ou ainda o início da próximo ano.

Ler este livro talvez seja um bom impulso para que você principie a esboçar o seu sonho no papel, a traduzi-lo em planos, projetos e números, saindo à procura de recursos para torná-lo realidade.

O objetivo deste livro não é somente ajudá-lo a elaborar o seu plano de negócios, mas principalmente estimulá-lo a empreender, a buscar avidamente ser dono do próprio destino para ser feliz, sem patrão por perto, e isto por toda a vida!!!

Estamos vivendo um momento histórico, no qual o mundo inteiro, particularmente o Brasil, parece concordar a respeito das virtudes e da indispensabilidade do exercício do empreendedorismo, ou melhor, de qualquer tentativa que leve à criação de um novo negócio ou empreendimento, como por exemplo uma atividade autônoma, uma nova empresa, ou a expansão de um empreendimento existente – por uma pessoa, por um grupo de indivíduos ou por empresas já estabelecidas.

E isto tem uma justificativa primordial: faltam empregos para as pessoas, ou seja, nunca houve tantos desempregados no mundo.

No Brasil, em particular, temos um enorme contingente de pessoas fora do processo produtivo e, conseqüentemente, do mercado de trabalho.

Em vista desta realidade, exige-se uma nova estratégia de atuação do governo nos vários níveis, promovendo e facilitando as condições para que através do empreendedorismo se possa melhorar a qualidade de vida do contingente de brasileiros sem emprego.

Após muitos anos de centralização, estatização e burocratização no nosso País, estou convicto de que o melhor caminho a seguir é o de incentivar os potenciais empreendedores para que possam gerar mais empregos e renda, concomitantemente com os desafios para construir a eqüidade e estabelecer a universalização do acesso aos bens e serviços necessários a uma vida digna para os nossos compatriotas.

Diante desta realidade terrível e crescente, cabe a todos colaborar para que se desenvolvam ou se abram novos negócios dos quais os trabalhadores, os consumidores, fornecedores e o próprio País tanto precisam.

Naturalmente, a tarefa de criação de novos negócios é complexa, arriscada e árdua, mais do que imagina a grande maioria dos candidatos a empreendedor.

No *Empreender é a Solução* busco fazer uma análise ampla do empreendedorismo, destacadamente no Brasil, com a idéia de que após a sua leitura as pessoas saibam avaliar as suas perspectivas e queiram mergulhar de corpo e alma na fascinante, difícil, exaustiva, e às vezes enormemente compensadora aventura de ser empreendedor!!!

É obvio que neste livro tencionei entre outras coisas, definir o "tipo empreendedor", que é aquele que tem as seguintes características;

- é alguém capaz de montar um negócio desde o seu início;
- é um profissional que enxerga os complexos problemas relacionados com a sobrevivência de um negócio;
- é uma pessoa que dá prioridade à originalidade de seus projetos;

- é um indivíduo que sabe relacionar-se com os formadores de opinião internos e fora de sua empresa;
- é um líder talentoso que tem espírito "tocador", que não hesita em arriscar, que sabe manter a calma em situações de crise;
- é aquele ser humano que faz o futuro acontecer.

Ademais, numa recente pesquisa feita pela Organização das Nações Unidas (ONU) sobre o perfil do empreendedor, isto é, sobre as habilidades que uma pessoa deve possuir para ter sucesso na abertura de um negócio, os 10 pontos principais são os seguintes:

1. Ter persistência.
2. Mostrar comprometimento.
3. Preocupar-se com a qualidade.
4. Saber planejar.
5. Perceber as oportunidades.
6. Buscar as informações corretas e necessárias.
7. Estabelecer uma boa rede de contatos.
8. Ter conhecimento da sua atividade e de sua capacidade.
9. Estabelecer claramente os níveis de independência profissional – pessoal.
10. Ser persuasivo.

Obviamente está claro que as características comportamentais são as determinantes para o sucesso de um empreendedor.

No texto, de diversas maneiras isto será destacado, inclusive procuro interagir o tempo todo com o leitor.

Além disso, para tornar mais atual e prática toda informação em relação ao tema do empreededorismo, são apresentados nos seis capítulos do livro sete temas aparentemente independentes que aparecem em destaque com as ilustrações pertinentes.

- **Conselho de um vencedor** – descreve as lições de vida de algum empreendedor brasileiro ou internacional.

- **Notícia lamentável** – refere-se de maneira geral às condições no Brasil e no mundo que atrapalham o progresso do empreendedorismo.

- **Exemplo a ser seguido** – é um tópico que descreve parte da trajetória de um empreendedor no qual o leitor deveria se inspirar.

- **Posicionamento notável** – vai permitir o conhecimento de uma situação específica que influencie positivamente o progresso do empreendedorismo.

- **Alerta vital** – sem dúvida é um aviso que o futuro empreendedor não pode desconhecer caso queira abrir e manter o seu negócio saudável.

- **Leitura recomendável** – traz uma pequena síntese de tópicos importantes para o empreendedorismo, apresentados em algum livro recente (ou em uma revista) publicado em português.

- **Auto-avaliação** – como o próprio nome diz, servirá para testar os conhecimentos e o entendimento do leitor sobre os assuntos apresentados nos seis capítulos, a saber:
Capítulo 1 – As primeiras coisas em primeiro lugar.
Capítulo 2 – Planejando o essencial.
Capítulo 3 – Dados, informações, dinheiro e tempo.
Capítulo 4 – Quem compra o seu produto/serviço?
Capítulo 5 – O empreendedor lidando com as pessoas.
Capítulo 6 – Pensamentos finais.

O bom senso manda que o empreendedor se prepare adequadamente antes de partir para a prática, pois com isto ele vai reduzir bastante as possibilidades de fracasso de seu empreendimento e ter um começo menos traumático.

Acredito que a leitura do *Empreender é a Solução* permitirá a todos que queiram abrir seu negócio uma forma de avaliação prévia do mesmo, verificando assim antecipadamente as chances e perspectivas de sucesso que ele terá no futuro.

Boa leitura, bom proveito, e empreendam, por favor!!!
Victor Mirshawka.

Capítulo 1
As primeiras coisas em primeiro lugar

O ESTÍMULO PARA QUE VOCÊ SE TORNE UM EMPREENDEDOR.

Iniciemos com um trecho dos versos de Fernando Pessoa:

Fiz de mim o que não soube
E o que podia fazer de mim não o fiz
O dominó que vesti era errado
Quando quis tirar a máscara
Estava pegada à cara
Quando tirei e me vi ao espelho
Já tinha envelhecido.

A verdade é que muitos jovens ainda entram nas universidades acreditando que a obtenção de um diploma é um passaporte seguro para conseguir um bom emprego.

No século XXI os jovens devem também ser ensinados a ter competências próprias para criar as suas oportunidades no mercado, ou seja, abrir o seu próprio negócio, **tornando-se um empreendedor**.

Os motivos para isto são bem simples:

1. Não existe mais emprego para todos que se formam nas empresas.

    Persistir numa linha de espera dentro de uma organização aguardando um lugar ao sol pode ser o caminho mais curto para a rua da amargura.

    No século XXI pode trazer mais felicidade e satisfação ser um destacado motorista do próprio táxi do que um executivo de 5ª categoria numa grande empresa.

2. As carreiras não progridem mais somente para o alto, mas para todos os lados e direções.

    A era da especialização está perdendo para a necessidade de cada um ter uma visão do todo.

    Todo aquele que não construir uma caminhada multifuncional pode não encontrar nunca a escada que permite alcançar o topo...

    Um excelente exemplo para os brasileiros é um jogo de futebol onde haja um zagueiro ou um lateral que não deve saber apenas defender bem, mas precisa saber apoiar o ataque e ir para a frente a fim de marcar gols.

    Não é por acaso que na classificação dos artilheiros já aparecem muitos defensores.

    Por sua vez, os atacantes também precisam ter fôlego para poder sempre ajudar na defesa!

    Na General Electric, uma das mais badaladas grandes empresas do mundo, o que mais se ouve é: "Podemos demiti-lo a qualquer momento, mas você pode permanecer nesta organização enquanto, de alguma forma, estiver agregando valor.

    Ficando aqui, nós lhe daremos um trabalho interessante e recursos para desempenhá-lo; pagaremos seu salário e lhe daremos treinamento de modo que, quando o tempo chegar, **você deverá ser capaz de achar outro emprego em outra empresa ou até abrir o seu próprio negócio.**"

3. As carreiras começam e terminam mais cedo. A vida útil de uma pessoa na empresa no século XXI é diretamente proporcional à sua capacidade de continuar agregando valor aos processos da companhia. Assim que se nota (como no caso da General Electric) que o indivíduo não está adicionando valor, ele é despedido.

EXEMPLO A SER SEGUIDO – *CHINA IN BOX.*

Em 1992, o ex-dentista Robinson Shiba teve a idéia de abrir a **China in Box**, ao perceber que não existia no Brasil um serviço de entrega de **comida chinesa** em casa.

Para viabilizar a idéia, precisou importar aquelas caixinhas que antes só apareciam em filmes policiais norte-americanos.

O negócio pegou e caiu no gosto popular.

Entusiasmado com a boa aceitação, Robinson Shiba decidiu criar uma franquia – o modelo mais rápido de expansão de negócios sem a necessidade de tirar dinheiro do próprio bolso ou de recorrer a empréstimos.

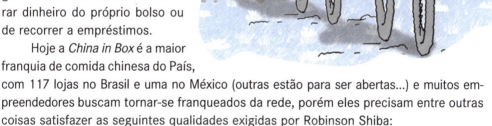

Hoje a *China in Box* é a maior franquia de comida chinesa do País, com 117 lojas no Brasil e uma no México (outras estão para ser abertas...) e muitos empreendedores buscam tornar-se franqueados da rede, porém eles precisam entre outras coisas satisfazer as seguintes qualidades exigidas por Robinson Shiba:

1. **Criatividade** – Ele alerta que para ter o próprio negócio o empreendedor terá de enfrentar uma longa e cotidiana série de imprevistos, problemas e adversidades que só poderá superar com muita imaginação e criatividade.

   Criatividade para, por exemplo, fazer muito com pouco, quer dizer, tocar o seu negócio com pouco dinheiro para fazer uma boa divulgação.

   E imaginação para fazer parcerias que alavanquem os negócios.

2. **Ética** – Todo empreendedor deve saber que a ética vale para os negócios em qualquer área.

   Ética é lealdade.

   Não há necessidade de enfatizar qual é comumente o fim das pessoas desleais...

3. **Humildade** – Robinson Shiba destaca que este é um requisito fundamental.

   Significa compreender que você não sabe nada e que há muito para aprender todos os dias, com o trabalho em equipe, ouvindo as sugestões de pessoas que têm mais contato com o público do que o próprio empreendedor.

4. **Atitude** – Este é um requisito vital, incluindo-se aí a postura de vencedor. Muitas vezes só com a sua atitude o empreendedor pode executar o que planejou, driblando todos os percalços que surgem no seu caminho.

5. **Paixão** – Sem dúvida esta é a característica mais importante. Um negócio próprio só dá certo quando a pessoa que o abre gosta do que vai fazer. A paixão acompanhada de prazer faz com que o empreendedor fique continuamente motivado e empolgado. Se ele não gosta do seu negócio, pode parar por aqui, pois é prejuízo na certa..."

Observação importante: às vezes destacaremos que estamos falando tanto para os empreendedores como para as empreendedoras, porém de um modo geral usaremos mais o gênero masculino, sem com isto diminuir de forma alguma a importância da mulher brasileira no empreendedorismo.

1.2 FOCO.

É a sua declaração de missão e as suas competências essenciais que o ajudarão a definir o seu foco!!!

A declaração de missão de um empreendedor pode ser algo do tipo: **"Quero ter a satisfação de ser um líder, e não um seguidor. Desejo na minha vida profissional a garantia de ser ouvido e ver minhas idéias acatadas e implementadas. Almejo ter autonomia para fixar meu próprio ritmo de trabalho e progredir de acordo com as minhas próprias ambições profissionais, vinculando meu sucesso ao esforço individual apoiado por uma equipe de colaboradores. O objetivo da minha vida é o desenvolvimento de uma carreira profissional mais plena de significado, com compensação pessoal e com maior influência nas decisões que influenciam a sociedade."**

Claro que para isso o empreendedor precisa de autoconhecimento, estar predisposto ao risco, conseguir um bom preparo intelectual, tornar-se um pesquisador dos assuntos de seu negócio e ter sempre uma atitude positiva, pois a decisão de voar cada vez mais alto com as próprias asas requer isso, visto que não existe empreendedor bem-sucedido que cultive atitude pessimista e destrutiva.

Caso seja importante para você, meu caro empreendedor, ser um líder numa organização não-governamental (ONG), isto é, numa empresa do terceiro setor, isto pode significar que este não é o momento para que abra o seu próprio negócio.

O envolvimento com a comunidade é uma forma de relacionamento em rede... contudo isto tomará muito do seu tempo!!!

Além deste inconveniente, com o empreendedor devendo ter foco no seu negócio, ele precisa desde o início conhecer algumas possíveis desvantagens quando se tornar independente, ou ele próprio oferecer seus serviços ao mercado.

O especialista em empreendedorismo Gutenberg B. de Macedo criou a expressão *leased executive* – aquele que faz o *leasing* pessoal –, que pode ser definida como um contrato pelo qual o profissional (o consultor ou empreendedor criativo) confere a uma ou mais empresas-clientes que o contratarem o direito de usufruir de seu capital intelectual (formação, conhecimento, experiência, sabedoria, *insight*, informações, etc.) por um período determinado através do pagamento de honorários preestabelecidos.

Bem, tanto o empreendedor que abre seu próprio negócio como o *leased executive* têm que saber conviver com as seguintes desvantagens:

1. Receita condicionada ao trabalho feito, a saber, o profissional (empreendedor) só ganha se estiver trabalhando porquanto não tem licença, férias nem descansos remunerados.

2. Ausência de privilégios e benefícios geralmente concedidos a executivos pelas empresas: automóvel, bônus, assistência médica de livre escolha, plano de pensão, verba de representação, etc.

   O empreendedor deve pagar ele próprio por todas essas regalias, vale dizer, tirar a verba do que ganhar.

3. Há um crescimento do estresse diante das incertezas do tipo:

   ➥ "Será que fecharei um novo contrato para a venda do meu produto (do *leasing* do meu serviço) ao término do atual?"

   ➥ "Quanto tempo ficarei à espera de um novo pedido (de uma nova consultoria)?"

   ➥ "E se as reservas financeiras terminarem, como vou manter minha família e honrar meus compromissos?"

4. Surgimento de grandes cargas de trabalho para poder atender clientes exigentes em prazos exíguos, o que significa trabalhar muito em vários fins de semana.

5. Fica muito difícil às vezes participar de treinamentos para se recapacitar, pois como é preciso continuamente apresentar resultados, comumente não haverá muito tempo para estudar e ir a simpósios e seminários.

Aí vai um alerta sobre a necessidade específica de uma educação voltada ao empreendedorismo.

ALERTA VITAL – EMPREENDEDORISMO NA SALA DE AULA.

Ninguém será um bom empreendedor, um bem-sucedido, com o seu negócio tendo vida longa **se não estudar**.

A propósito, este é um conceito que ainda está arraigado na nossa cultura: **a idéia de que para ser um empreendedor não é preciso estudar**.

Claro que não existe nada mais errado e prejudicial para a cabeça dos empreendedores do que acreditar nesse tipo de falácia.

É óbvio que para aquele que já faz, que se mata pelo seu negócio, que deve improvisar no dia-a-dia para atender pedidos em atraso, rebolar para pagar os tributos exigidos pelo governo que mais atrapalham do que auxiliam, não é nada fácil encarar e aceitar o fato de que se ele dedicar mais tempo à educação, conhecer mais de gestão e aprimorar suas capacidades empresariais, se **dará melhor como empreendedor**!!!

O fato é que são inúmeras e cada vez mais convincentes as pesquisas que evidenciam que no século XXI o *self-made-man* (o empresário que se fez por conta própria) **será uma exceção**!!!

É vital ter conhecimentos de gestão, de *marketing*, de criatividade, de matemática financeira, de gestão de talentos, de inovação, etc.

Caso o empreendedor queira diminuir os riscos de fracasso e aumentar as suas possibilidades de sucesso, não pode achar que é um bem-dotado, que do céu virão a sua inspiração e a sua força.

Ele deve ir atrás do conhecimento, das informações, em suma, da educação.

Sem dúvida ele precisa de um sistema educacional efetivo, que o prepare de forma real (teórica e prática), que o oriente de maneira concreta para exercer bem a gestão empreendedora.

E na sala de aula, como temos percebido na FAAP, os futuros empreendedores exigem muito.

Exigem mais do que as teorias.

Querem mais do que palestras sobre *cases* práticos.

Requerem de fato um verdadeiro "choque" da teoria com a prática, para conseguir um aprendizado vivencial e verdadeiro.

A demanda por educação empreendedora vem crescendo no Brasil, e ela impõe a estruturação de currículos totalmente novos.

A demanda também não é por diplomas ou certificados, mas sim por conhecimento, por informação comprovada e teorias que de fato agreguem valor ao dia-a-dia do empreendedor.

Temos plena convicção de que o desenvolvimento de um sistema específico de educação para empreendedores é que vai seguramente ajudar o nosso País a minimizar futuramente a sua taxa de desemprego e alavancar o seu progresso.

1.3 METAS E OBJETIVOS.

➡ **Você sabe estabelecer e descrever as suas metas e objetivos?**

O primeiro passo no estabelecimento de metas ou objetivos é apresentá-los por escrito.

Porém, depois que os escrever **não os arquive** ou **deixe esquecidos em algum lugar**.

O certo é colocá-los num quadro ou num papel que fique bem visível enquanto estiver trabalhando na mesa do seu escritório.

Essa viabilidade será uma forma de recordá-lo constantemente do que precisa ser feito!!!

Veja no exemplo a seguir como um grande empresário brasileiro estabeleceu suas metas e como continua com seu espírito empreendedor levando ao crescimento e progresso uma das mais importantes organizações do País.

EXEMPLO A SER SEGUIDO – A CORAGEM E A OUSADIA DE LUIZ SEBASTIÃO SANDOVAL.

Luiz Sebastião Sandoval, quando tinha **11 anos**, numa entrevista com o dono do jornal de Leme, cidade do interior de São Paulo, disse: **"Vim aqui para lhe dizer que desejo ser o diretor comercial do seu jornal.**
Confie em mim, que dou conta!!!"

Sem querer decepcionar o menino, o proprietário lhe deu uma tabela de preços para que tentasse vender anúncios a pequenos comerciantes da região.

O resultado foi espantoso, pois em apenas um mês as vendas de anúncios dobraram!!!

Mas o fato mais incrível ocorreu cinco anos mais tarde, quando com apenas 16 anos de idade Luiz Sebastião Sandoval **comprou o jornal!!!**

Hoje, o rapaz ousado tem 59 anos, ocupa há mais de 20 anos o posto de presidente do Grupo Sílvio Santos, um conglomerado de 30 empresas com mais de 10 mil empregados e faturamento superior a R$ 2 bilhões em 2003.

Sob a responsabilidade de Luiz Sebastião Sandoval estão três grandes divisões que formam o grupo.

A primeira é o núcleo de comunicação, onde está o SBT, segunda maior emissora de TV do País; a segunda é a divisão de comércio e serviços, que inclui o Baú da Felicidade e a Liderança e Capitalização, cujo principal produto é a Tele Sena; a terceira é a financeira do Banco Panamericano.

Aí vão os ensinamentos de Luiz Sebastião Sandoval, que trabalha no Grupo Sílvio Santos há cerca de 34 anos e que enfatiza: "No Brasil todo empreendedor deve estar preparado para enfrentar adversidades, como uma crise econômica ou a mudança nas **'regras do jogo'** instituídas de forma inesperada pelo governo.

Por exemplo, nós vendíamos um carnê atrelado a sorteios, mas o governo decidiu proibir que se cobrasse taxa de inscrição para participar de sorteios.

Sem a taxa, o carnê do Baú da Felicidade ficava inviável como negócio.

Depois de acionar toda a nossa criatividade, chegamos a uma solução bem engenhosa.

O dinheiro que antes era destinado à taxa de inscrição começou a ser pago para cobrir um seguro de vida, algo a que o governo não tinha restrições e com isto abrimos um novo negócio: a Panamericana Seguros.

Para um negócio ir para a frente todo funcionário deve ser um vendedor.

E do porteiro ao presidente, todos podem ser vendedores, sendo receptivos, agradáveis, sorrindo sempre e fazendo todo o esforço possível para resolver os problemas dos clientes.

Foi com o meu pai, que era mascate, que tomei gosto pelo ofício de vender.

Hoje passo para todos os empregados do Grupo Sílvio Santos que o seu trabalho com qualidade ajuda a vender a boa imagem da organização.

Para que um empreendedor tenha sucesso não basta que apenas ele tenha as iniciativas.

As sugestões de novas ações devem vir de todos os que trabalham na empresa.

Eu por exemplo, com 15 anos li uma reportagem sobre clubes de campo numa revista e aí me surgiu uma idéia.

Falei com o dono do jornal para o qual trabalhava, e lhe disse que tínhamos que montar um clube de campo na nossa cidade, que era bonita e não tinha esse tipo de empreendimento.

Pois ele gostou da idéia, fizemos uma parceria, elaboramos o que se chama hoje de um **plano de negócios**, convencemos o gerente de um banco a financiar a compra de um terreno, e antes mesmo de colocar o primeiro tijolo, vendemos tantos títulos que não apenas pagamos o banco como obtivemos todos os recursos para construir o clube e começar a bancar a futura faculdade!!!

O empreendedor ou um executivo de uma empresa precisa prestar muita atenção em tudo e ter a mente aberta para poder analisar todas as novas possibilidades.

Tive a idéia da Tele Sena numa viagem que fiz ao Canadá, e em 1991 lançamos o produto que chegou a vender 43 milhões de títulos em um único mês.

Claro que foi vital para a sua difusão o uso da nossa rede de televisão, e o próprio Sílvio Santos – o maior **vendedor do Brasil** – envolver-se com a comercialização e ter uma rede magnífica com o **correio brasileiro** à frente, junto com as casas lotéricas para atender o público.

Assim, dificilmente algo daria errado, não é?

O empreendedor precisa ter sempre na sua mente que por mais bem-sucedido que seja o seu negócio, ele não pode se dar ao luxo de se deitar sobre os louros.

Isso parece ser óbvio, mas conheço inúmeras organizações que se descuidaram da inovação e conseqüentemente entraram em declínio.

E um caso prático foi quando um dia recebi um telefonema de Sílvio Santos que me confidenciou: 'Acho que a grande maioria dos concorrentes ao nosso *Show do Milhão* não busca ganhar R$ 1 milhão.

Eles ficam felizes com algo em torno de R$ 50 mil, que é uma quantia que eles consideram suficiente para ter a sua casa própria, que é o seu grande sonho.

Por que você não pensa em construir casas?'

De saída não gostei muito dessa idéia, pois não sou construtor e tem muita gente bem preparada para realizar essa tarefa.

Mas incubei a idéia, e de tanto pensar nela cheguei a uma opção que tanto agradou ao Sílvio Santos como a mim: **criar um consórcio de casas**.

Se entendo pouco de construção de casas, já acho que sei algo de operações financeiras.

No nosso consórcio, a pessoa recebe o dinheiro na mão e constrói onde ela quiser!!! Hoje, o nosso consórcio é o terceiro maior do País.

Comando diretamente mais de uma centena de executivos e para eles procuro passar as seguintes 'preocupações':

1ª) Estar sempre preocupado com o mercado, com o concorrente e com a inovação.

Efetivamente uma colaborador que não esteja preocupado com o negócio do qual obtém o seu sustento corre um grande risco...

2ª) Valorizar as idéias dos funcionários e desenvolver o mais possível o seu capital intelectual, ou seja, a capacidade intelectual de todas as pessoas que estão envolvidas com você no negócio.

Aliás, quando entrevisto alguém para uma possível contratação lhe pergunto: 'Você já está dois a frente. Que é que você fez nesses anos?'

É vital saber as idéias das pessoas e se elas as têm!!!

3ª) É essencial ter o hábito de criticar o trabalho feito e não a pessoa que o fez.

Uma forma para fazer isto é nunca dizer que um trabalho feito é péssimo, pois isto equivale a dizer que a pessoa é péssima, mas sim perguntar-lhe se está com algum problema e estimulá-la dizendo-lhe que é capaz de fazer melhor.

4ª) É vital preocupar-se continuamente com a possibilidade de fazer mais com menos e de que maneira é possível obter receitas e lucros maiores.

Uma estratégia que funciona para convencer os empregados a pensar constantemente desse jeito é recompensando-os financeiramente sempre que mostram melhor desempenho ou gerenciam o negócio de tal forma que ele fica mais lucrativo."

1.4 FAÇA O QUE VOCÊ SABE.

➡ **Tem-se a melhor oportunidade no negócio (ou no trabalho) quando alguém está sendo pago para fazer algo de que gosta tanto que faria esse serviço mesmo que fosse de graça!?!?**

Quem deseja abrir um negócio deve tê-lo bem claro na sua cabeça.

Suponha uma situação hipotética.

Você está viajando num avião e tenta explicar o seu futuro negócio à pessoa sentada a o seu lado na aeronave que vai da sua cidade para Brasília.

Não parece uma loucura?

De forma alguma, pois se esse indivíduo que você não conhece entender o que deseja fazer, isto é um bom indício de que você poderá ser bem-sucedido.

Como é que você faria para descrever o seu negócio a essa pessoa (talvez um empreendedor enrustido...) que está sentada ao seu lado?

A melhor maneira é descrevendo-o de forma resumida, porém de tal maneira que não deixe de ser explicado qual é o seu produto (serviço), o mercado, a missão do negócio... e por que você acha que tem uma empresa que é diferente do que faz a concorrência!!!

Aí vai um exemplo do que você poderia ter dito: "A **Gestão Criativa** é uma empresa de consultoria que presta serviços para pequenos negócios que estejam querendo introduzir mudanças.

Temos experiência proveniente do atendimento dos mais variados clientes e estamos aptos a oferecer o treinamento adequado para os funcionários da empresa *start-up* (iniciante).

Além disso, a **Gestão Criativa** já desenvolveu ferramentas de administração específicas que permitem efetivamente ajudar os empreendedores.

Nossa ênfase é nos procedimentos que permitem prevenir os problemas e na criatividade que possibilita prospectar novas oportunidades de negócio."

Se essa declaração não foi suficiente para você "bolar" o resumo do seu negócio, medite um pouco sobre o que diz um empresário bem-sucedido, que isto certamente o ajudará a aprimorar a forma de constituir o seu negócio.

CONSELHO DE UM VENCEDOR – EM QUE ÁREA SE DEVE ABRIR UM NEGÓCIO PRÓPRIO?

Carlos Henrique Moreira, presidente da Claro, empresa que atua no mercado de telefonia, e que foi antes vice-presidente da Xerox e o principal executivo da operadora carioca ATL, recomenda: "Para começar um negócio eu acho que é necessário estar na idade certa na época certa.

Eu passei a minha vida em cargos de gerência em grandes empresas e confesso que nunca pensei nisso antes, o que não pode mais ser feito no século XXI...

Pensando agora, eu diria que é preciso ter um projeto, acreditar nele e ter muita determinação.

Depois acreditaria nas pessoas que trabalhariam comigo e me concentraria no atendimento.

Mas, antes de abrir as portas, avaliaria muito bem, incansavelmente, tudo o que está acontecendo no mercado. Eu atacaria por aí.

Talvez entrasse na indústria de celulares ou então de entretenimento, segmentos que estão crescendo no mundo todo e, por isso, apresentando muitas oportunidades de negócios para todos.

Para quem quer abrir um negócio e ter grande sucesso recomendaria a leitura das biografias de homens de negócios, e duas em particular são imperdíveis.

A primeira, a de Samuel Klein, fundador das *Casas Bahia*, que é uma aula de como tornar-se vencedor no varejo, e a segunda, a vida e história empresarial do comandante Rolim, criador da TAM, relatada no livro *O Sonho Brasileiro*, escrito por Thales Guaracy.

Aprendi muito com eles, e certamente isto irá acontecer com quem pretende ser um empreendedor.

Samuel Klein e o comandante Rolim em comum têm o fato de que ambos, por mais talento que tivessem, **precisaram trabalhar muito** para chegar aonde chegaram!!!"

1.5 ESTEJA BEM SEGURO SOBRE A SUA COMPETÊNCIA ESSENCIAL.

➡ **Qual é a sua expressiva vantagem na venda?**
➡ **Como você é diferente dos seus concorrentes?**

Inicialmente devemos destacar que o preço não deve nunca ser a única diferença do produto: (serviço), de um negócio.

Aqui é conveniente fazer uma diferenciação entre uma competência essencial e a habilidade de desempenho.

Uma habilidade de desempenho envolve política e procedimentos.

Assim, por exemplo, comprometimento com a tarefa é uma habilidade de desempenho que apresenta a extensão na qual uma pessoa trabalhará duro para alcançar resultados.

As habilidades de desempenho deveriam ser utilizadas não apenas ao se fazer um trabalho, mas também para apoiar valores essenciais e prioridades da empresa.

Já competência essencial é um conjunto de habilidades técnicas peculiares que contribuem para o sucesso da pequena empresa em seu mercado.

Quando o Wal-Mart não era ainda a maior empresa varejista do mundo, perguntaram ao seu fundador Sam Walton qual era a competência essencial da sua organização.

Ele respondeu: "A chave do sucesso da empresa é que ela aprendeu, antes e melhor que as outras, a substituir grandes estoques por informação. E o engraçado é que muitas pessoas acham que o Wal-Mart obteve sucesso porque colocou grandes lojas em cidades pequenas...

A nossa vantagem competitiva está no fato de sabermos bem o que estamos vendendo bem e ter estoques pequenos."

Voltando ao caso da empresa que usmos como exemplo – a **Gestão Criativa** –, as suas competências essenciais poderiam ser:

1. Consegue passar ou transmitir conceitos complexos em termos não-complexos.
2. Tem condição de prover educação e ajuda gerencial em uma ampla gama de negócios.

1.6 TENHA SEMPRE BEM CLARA A SUA DECLARAÇÃO DE MISSÃO.

⇒ Por que o seu negócio existe?

Naturalmente você não deve confundir essa declaração com a sua declaração de missão pessoal.

Por exemplo a declaração de missão da Gestão Criativa é:

(...) *ampliar a probabilidade de sucesso dos pequenos negócios através do aumento do conhecimento gerencial e das aptidões dos empreendedores, bem como do incremento das suas possibilidades de acesso aos recursos adequados.*

1.6.1 - A IMPORTÂNCIA DA DECLARAÇÃO DA MISSÃO.

Claro que todo empreendedor líder tem em mente abrir um negócio com o auxílio de outras pessoas, e por isto ele precisa focalizar o indivíduo mais do que todas as outras coisas.

Deve focalizar mais o desenvolvimento de relacionamentos em lugar de pensar prioritariamente sobre equipamentos e tecnologia.

Por isso necessita deve voltar-se primordialmente para valores e princípios antes de se dedicar às atividades.

Ele inicialmente focaliza missão, objetivo e direção em vez de começar pelos métodos, técnicas e velocidade de expansão e atendimento.

É o desenvolvimento de uma declaração de missão pessoal e empresarial – por meio de processos especiais – a ferramenta-chave para levar um empreendimento a alcançar uma eficácia máxima.

O maior guru dos princípios e métodos para se alcançar qualidade numa empresa do século XX, dr. William E. Deming, autor dos famosos 14 pontos, no primeiro deles diz: "Crie e distribua a todos os funcionários uma declaração do propósito e das metas e objetivos da empresa. A administração deve mostrar constantemente o seu compromisso com essa declaração."

Uma outra maneira de enunciar o Ponto 1 dos 14 "mandamentos" do dr. Deming é:

"Crie a constância de propósito para a melhoria do seu produto e/ou serviço com um plano de negócios para se tornar competitivo, possibilitando desta forma manter o emprego de muitas pessoas."

Todo empreendedor que conseguir formular uma excelente declaração de missão logo irá perceber o seu tremendo poder de estimular nos seus colaboradores o compromisso, a motivação e a clareza de **visão** e propósito.

Na realidade, isso acontecerá apenas se os princípios e processos forem devidamente observados durante seu desenvolvimento e sua aplicação.

De outra forma, a declaração de missão poderá se deteriorar, transformando-se

Empreender é a Solução

num objeto de ridículo ceticismo, ou seja, virará a antítese de uma poderosa constituição empresarial que forma a base para orientar as estratégias e ações diárias que devem ser desenvolvidas no negócio.

Do lado positivo, asseveramos que uma declaração de missão seguida ao pé da letra tem um efeito profundo no desempenho de todos ligados ao negócio, pois na verdade transforma-se não apenas em um documento por si só, mas certamente é o processo de desenvolvê-lo que o torna tão poderoso.

Como exemplo de uma missão espetacular aí vai o da Starbucks, uma das mais bem-sucedidas redes de cafés do mundo, sendo que as pessoas que neles entram acham que estão tão confortáveis com na própria casa.

MISSÃO DA STARBUCKS.

"Estabelecer a Starbucks como a principal fornecedora de café da melhor qualidade do mundo e ao mesmo tempo manter nossa firmeza de princípios.

Seis princípios diretores nos ajudarão a medir a conveniência de nossas decisões:

1º Princípio – Oferecer um excelente ambiente de trabalho e tratar um ao outro com respeito e dignidade.

2º Princípio – Abraçar a diversidade como um elemento essencial na maneira de fazermos negócios.

3º Princípio – Aplicar os padrões mais elevados de excelência na compra, torrefação e entrega do nosso café sempre fresco.

4º Princípio – Tornar os clientes extremamente satisfeitos o tempo todo.

5º Princípio – Contribuir positivamente com nossas comunidades e nosso ambiente.

6º Princípio – Reconhecer que lucratividade é vital para o nosso sucesso futuro."

No seu livro *Dedique-se de Coração* – escrito em 1997 –, Howard Schultz, o presidente e CEO da Starbucks, diz: "Desde o início eu desejava que os meus funcionários se identificassem com a missão da empresa e tivessem o senso de realização que acompanha uma equipe de sucesso.

Isso significava definir um forte senso de propósito e ouvir as opiniões de pessoas de todos os níveis da empresa.

Ao elaborar nossa missão com uma equipe de mais de 50 pessoas, examinamos cuidadosamente nossas crenças e valores, com o objetivo de articular uma mensagem poderosa da nossa finalidade e que pudesse ser traduzida em um conjunto de diretrizes para nos ajudar a mensurar a adequação de cada decisão que tomássemos em todos os níveis da empresa.

Imprimimos vários esboços para que cada pessoa da Starbucks pudesse analisá-los e fizesse as alterações que quisesse, com os respectivos comentários.

Creio que o texto final da missão que surgiu desse processo mostra claramente que colocamos as pessoas em primeiro lugar e o lucro em último (mas ele não é menos importante...).

A nossa missão não é um documento lindamente escrito para decorar as paredes de nosso escritório, mas um conjunto de crenças, e não apenas uma lista de aspirações, mas sim uma base de princípios orientadores das nossas atitudes.

Elaborar a missão correta e aceita por todos é o primeiro e mais importante passo do planejamento estratégico de uma empresa de qualquer tamanho!!!"

1.6.2 - O CONCEITO DE VISÃO PARA UM NEGÓCIO.

Nesta última década, além da declaração da missão passou a ser muito importante o conceito de **visão**.

Richard C. Whiteley, autor de inúmeros livros sobre o tema qualidade dos serviços e o bom atendimento dos clientes, assim define visão:

"É o quadro vivo de uma condição ambiciosa almejada no futuro pela empresa que esteja estreitamente ligada ao cliente e que seja obviamente melhor, de uma maneira significativa, que o estado atual."

E o próprio Richard C. Whiteley complementa:

"Nem todas as visões de sucesso podem se ajustar a essa definição.

Entretanto, as visões dos negócios que se ajustarem à definição acima têm uma grande probabilidade de movimentar positivamente toda a organização e estimular os trabalhos em equipe.

Os empreendedores líderes usam o seguinte esquema para detectar os elementos constituintes da visão do negócio, respondendo a estas perguntas:

➡ Que espécie de negócio queremos ser?
➡ Como será a empresa para os nossos clientes e para nós mesmos quando alcançarmos essa visão?
➡ O que queremos que as pessoas digam a nosso respeito como resultado do nosso trabalho?
➡ Quais são os principais valores para nós?
➡ Como essa visão representa os interesses dos nossos clientes e quais são os valores importantes para nós?
➡ Qual é o papel de cada pessoa nessa visão (missão) do (no) futuro?"

A declaração da visão ideal deveria ser:

- clara;
- envolvente;
- memorável e memorizável;
- alinhada com os valores da empresa;
- vinculada às necessidades dos clientes;
- vista como um grande desafio que é difícil de ser vencido, mas não impossível!!!

Uma visão não é naturalmente uma estratégia.

A estratégia de uma organização é como uma planta arquitetônica: um desenho bem nítido que mostre o que deve ser feito para atingir a meta e o sucesso. **Visão é como uma imaginação artística do edifício em construção...**

Uma visão tem duas funções vitais que estão se tornando cada vez mais importantes nos dias de hoje:

1. Servir como uma fonte de inspiração.
2. Servir de apoio para a tomada de decisões.

Então visão é a identificação do caminho para o futuro.

O empreendedor que quiser realmente ter uma empresa de qualidade deve elaborar uma estrutura filosófica que possa dar sustentação ao pensamento da administração, e essa estrutura consiste nos seguintes componentes, além do conceito de visão:

1. **Missão.**
   É o propósito básico da organização, em termos de prestação de serviços, de participação no mercado e de outras características do seu negócio.
2. **Objetivos.**
   São os resultados específicos que a organização pretende obter (como um todo ou para determinados setores).
3. **Metas.**
   São as etapas ou resultados parciais quantificados e datados, pretendidos em função dos objetivos.
4. **Valores.**
   São os credos básicos para a organização e seus funcionários.
5. **Princípios.**
   São as normas, regras, doutrinas ou pressupostos fundamentais que devem ser adotados pela administração e funcionários.

A parte mais difícil é, sem dúvida, fazer com que a visão (missão) seja entendida e praticada por todos na empresa, para se obter o comprometimento de todos com ela.

Por exemplo, no intuito de que um negócio seja líder em qualidade de serviço é preciso:

- comunicar e referir-se constantemente à missão;
- estabelecer desafios, freqüentemente metas que parecem difíceis e tiradas da visão;
- encorajar os outros na empresa a criar suas próprias visões compatíveis para todos os segmentos do negócio;
- incorporar a missão no comportamento diário.

Uma declaração de missão (visão) constitui comumente uma afirmação centrada no cliente, e orientada para a ação sobre como a sua empresa fornece determinados benefícios aos seus clientes.

O ponto-chave de uma declaração de missão (visão) é o de descrever bem o valor que a empresa oferece aos seus clientes, e é por isto que ela deve ser recordada a todo momento para os funcionários.

A declaração da missão deve, pois:

- representar algo concreto e valioso para os clientes, algo pelo que eles estarão dispostos a pagar;
- descrever o que faz a empresa;
- diferenciar a empresa de seus concorrentes de forma que, a partir da perspectiva dos clientes, isto seja lógico e sensato;
- ser compreendida com clareza e recordada com facilidade;
- implicar movimento e direção, ou melhor, ser guia até um objetivo;
- se possível, ser dinâmica e orientada para a ação;
- estar inspirada nas pessoas;
- transmitir uma faceta enobrecedora dos valores dos quais os colaboradores da empresa possam se orgulhar.

Caro leitor o que você acha, a missão da Starbucks está de acordo com algumas dessas premissas?

É vital ter uma missão (visão) de uma empresa que empolgue todos que trabalhem nela.

Partindo da suposição de que na sua empresa o empreendedor consiga elaborar uma missão (visão) com o conteúdo adequado, este é apenas o passo inicial, pois a próxima tarefa – nem sempre fácil – é convencer todo mundo a se comportar segundo essa missão (visão).

Um lembrete que nenhum empreendedor deve esquecer é que na missão (visão) devem estar ressaltados os fatores de "insatisfação" mostrados na Figura 1.1.

Quando uma empresa declara o que quer atingir e a sua gente compartilha dessa visão (missão), uma poderosa rede é criada com todas as pessoas buscando as metas destacadas nessa missão.

Uma tal rede é a forma mais eficiente de obter resultados na organização. As pessoas na linha de frente podem, inclusive, tomar decisões sem esperar pela aprovação dos que estão nos níveis superiores.

Mesmo que estejam diante de um defeito de manufatura, de um cliente reclamando ou de um atraso na entrega de algum artigo, os diferentes funcionários da empresa reagirão de forma similar.

Toda empresa precisa estabelecer o seu plano de expansão ou de crescimento (não confundir com plano de envelhecimento...).

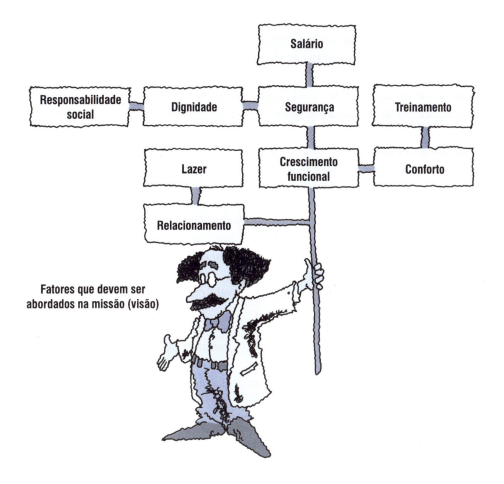

Figura 1.1 – "Para se ter o melhor desempenho no negócio ele deve ter uma missão (visão) que prime pela brevidade e pela clareza e estimule todos os colaboradores a darem o máximo de si."

Ele deve ser entendido como uma missão (visão), um quadro geral do que a empresa deveria ser.

Para concluir este tópico podemos dizer que sem a missão (visão), sem conhecer a expectativa do cliente, e sem levar em conta o desempenho dos concorrentes é bastante difícil construir um modelo de estratégia de serviços (Figura 1.2) que leve o seu negócio ao sucesso.

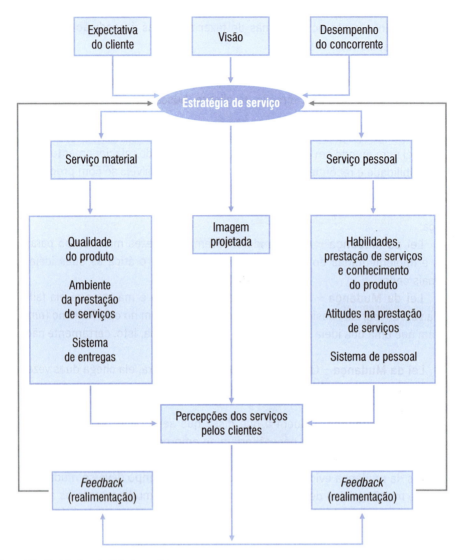

Figura 1.2 – Modelo de estratégia de serviços.

Sobre as expectativas do cliente e a concorrência falaremos muito nos capítulos seguintes.

Mas no momento convém salientar duas coisas: a primeira é que não se pode pensar que a correta declaração de missão já será a condição suficiente (ela é a condição necessária...) para o sucesso do negócio, e a segunda é que normalmente se estimula a inovação, porém ela não é criada.

Criar continuamente novas formas de fazer as coisas é condição essencial para sobreviver no século XXI.

No mundo moderno dos negócios, um alvo estático é uma presa fácil.

A empresa deve se mover continuamente para não ser alcançada pelos concorrentes.

Mas precisa se mover na direção do cliente, buscando sempre novas formas de satisfazê-lo.

O relacionamento passa assim a ser fator-chave de sucesso, e talvez seja a única coisa estável num mundo em contínua mudança. Por meio do relacionamento a empresa ganha credibilidade e reconhecimento, que não seriam possíveis só com propaganda, se bem que uma excelente declaração da missão (visão) ajuda muito...

Os empreendedores da nova era digital não podem desconhecer as quatro leis da mudança:

1ª **Lei da Mudança** – As boas idéias levam duas vezes mais tempo para serem aceitas e implementadas do que você pensa. Ponha em prática as suas idéias duas vezes mais cedo.

2ª **Lei da Mudança** – Você não sabe se uma idéia é má até que ela falhe pela segunda vez. Em certas ocasiões os empreendedores falham no oportunismo (*timing*) ou acreditam que uma boa idéia se implementará por si mesma. Isto, certamente não acontecerá.

3ª **Lei da Mudança** – Quando a mudança vem de fora, ela chega duas vezes mais rápido do que o esperado. Antecipe a mudança externa e posicione a sua empresa a fim de estar preparada para ela.

4ª **Lei da Mudança** – Quem é que disse que seria fácil? Se a mudança viesse naturalmente as empresas não necessitariam de empreendedores gestores.

As leis da mudança evidenciam que de tempo em tempo deve-se mudar até a declaração de missão (visão) de negócio, sobretudo porque mudam tanto os anseios dos clientes como as necessidades dos funcionários de uma empresa e da própria sociedade.

Evidentemente que uma figura vital para o negócio é o cliente, no qual está centrada a missão do negócio.

Mas, afinal de contas, o que é um cliente?

O empreendedor vencedor deve ter sempre em mente que:

1. Um cliente é a pessoa mais importante em qualquer negócio.
2. Um cliente não depende de nós. Nós é que dependemos dele!!!
3. Um cliente não representa uma interrupção do nosso trabalho. Ele é o próprio propósito do mesmo!!!
4. Um cliente não nos faz um favor quando vem ao nosso negócio. Nós, por outro lado, não lhe estamos fazendo nenhum favor pelo fato de estarmos à sua disposição.

5. Um cliente é uma parte essencial do negócio. Jamais considere o cliente como um intrometido, intruso ou leigo.
6. Um cliente não é apenas dinheiro em caixa. Ele é um ser humano com sentimentos e precisa ser tratado com respeito.
7. Um cliente é merecedor de toda a atenção e cortesia que se possa a ele dispensar. Ele é o sangue da vida desse e de qualquer outro negócio. É ele quem paga o seu salário.
8. Sem o cliente nós fecharíamos as nossas portas. Nunca esqueça isto!!!

Cliente feliz é uma vantagem imbatível. Manter os **clientes felizes** é a melhor defesa contra a concorrência.

A empresa que mantém os clientes felizes torna-se invencível.

Os clientes ficam mais leais. Eles compram mais e mais, muito mais.

Eles se mostram ansiosos por comprar mais novos produtos/serviços da empresa e estão do lado dela nos momentos difíceis, dando-lhe tempo para se adaptar às mudanças ou turbulências do mercado.

Manter os clientes felizes é a base que todo homem de negócios deve entender.

A destacada diferença entre os vencedores e o resto não está no que eles fazem, mas em como fazem!!!

Na sua declaração de missão (visão) você não esqueceu do objetivo principal, que é tornar o clientes felizes, não é?

1.7 AÇÕES CONCLUSIVAS PARA MELHORAR SUA EFICÁCIA.

- Marque algumas reuniões/entrevistas com empreendedores bem-sucedidos que não sejam seus concorrentes.
- Participe de vários seminários de empreendedorismo.
- Faça uma lista (bem grande) de pessoas que possam ajudá-lo a delinear os planos para o seu negócio – investidores, futuros clientes, possíveis empregados, fornecedores, etc.
- Discuta as suas idéias com alguns amigos que sejam sinceros. O *feedback* deles é muito importante.
- Desenvolva o seu plano de negócio (PN) do tipo daquele que foi exposto na viagem de avião – ele tem que ser sucinto e claro.
  Se você ainda não está confortável, ou teve pouco tempo para delineá-lo, chame-o por enquanto de "plano de avião".
- Leia junto com este livro pelo menos um outro, como por exemplo:

Empreender é a Solução

LEITURA RECOMENDÁVEL – *O TESOURO DO REI.*

Todo aquele que quer ser empreendedor precisa "devorar" o mais depressa que puder todas as páginas do curioso livro de autoria do consultor Roberto Lima Netto, ex-presidente da Companhia Siderúrgica Nacional (CSN) e um dos idealizadores do SEBRAE, no qual ele recorre a personagens de fábula – gnomos, pássaros falantes, reis e príncipes – para construir uma parábola sobre o empreendedorismo.

A intenção de Roberto Lima Netto é inequívoca: utilizar a fantasia para evidenciar a importância de várias qualidades que o empreendedor deve ter para saber tanto motivar os seus funcionários como negociar com os seus fornecedores.

Através de seus personagens no *O Tesouro do Rei*, Roberto Lima Netto busca mostrar que um trabalho cuidadoso precisa ser feito por todo empreendedor depois que ele tenha sonhado com algum projeto.

Conta Roberto Lima Netto: "O empreendedor precisa definir o seu sonho, transformando-o logo em projeto, conceituando-o, buscando informações e ajuda onde tiver dúvidas ou incompreensão.

Feito tudo isso, deve julgar se ele é válido e decidir pela sua implementação.

É certo que para decidir melhor o empreendedor precisa cultivar ou desenvolver as seguintes qualidades pessoais:

- autoconfiança;
- otimismo;
- postura empreendedora;
- estabelecer um *network* (rede), ou seja, uma rede de amigos e conhecidos;
- perseverança;
- criatividade;
- intuição;
- coragem;
- adaptabilidade a mudanças.

Está comprovado que autoconfiança e otimismo são muito importantes para ser bem-sucedido.

A outra característica – postura empreendedora – significa que a pessoa deve ter competência para desenvolver e realizar uma visão.

Uma outra característica é a de expandir ao máximo a rede de relações pessoais, pois até o gnomo, o pássaro, o peixe dourado, etc. um dia poderão ser muito úteis para o progresso do seu negócio...

A perseverança (ou tenacidade) e a criatividade são outras molas propulsoras para o sucesso do empreendedor.

A criatividade, em particular, é fundamental, quer na hora de o empreendedor perceber a oportunidade de um novo negócio, inspirando-se em algo inédito, quer durante a implementação do seu PN.

Já a intuição é algo que está muito ligado à coragem, quando o empreendedor parte para uma nova empreitada com toda energia, parecendo para alguns que está tomando uma atitude irrefletida...

Afinal o empreendedor precisa reconhecer antecipadamente as turbulências e as mudanças que vão acontecer visando inclusive ter tempo adequado para se adaptar às mesmas."

O Tesouro do Rei é uma das leituras indispensáveis para o empreendedor.

➡ Fique sempre ciente de situações desfavoráveis ao empreendedorismo, não esquecendo de coisas desagradáveis como as descritas neste livro nas "notícias lamentáveis".

NOTÍCIA LAMENTÁVEL – FALTA DE EMPREGOS NO BRASIL FAZ MILHÕES DE PESSOAS VIVEREM NO EXTERIOR.

É claro que o motivo principal que faz as pessoas emigrarem para outros países é a dificuldade de sobrevivência no próprio país.

Naturalmente que às vezes não é esta a razão principal, porém aí ela está muito ligada ao fato de que o indivíduo percebe que pode ganhar muito mais dinheiro em outro lugar – como é o caso dos jogadores de futebol do Brasil – ou porque constata que não pode desenvolver na sua terra todo o seu talento (parece que esse número de brasileiros é bem pequeno...).

Atualmente cerca de 2,5 milhões de brasileiros vivem fora do País.

Este contingente é o maior já registrado no Brasil e tem na crise econômica e na busca por melhores condições de vida as suas principais causas.

A estimativa é oficial e foi elaborada pelo Ministério das Relações Exteriores.

Os números incluem tanto as pessoas que estão no exterior legalmente quanto aquelas consideradas ilegais pelas autoridades de um país (principalmente os EUA), e que são classificadas pelo Itamaraty como irregulares.

Formalmente havia em 2004 1,8 milhão de brasileiros fora do País, o que talvez nem seja um número tão grande – cerca de 1% da população brasileira – especialmente em vista dos efeitos da globalização, porém o problema é que centenas de milhares desses patrícios são **imigrantes ilegais!!!**

Os brasileiros ilegais ainda que não se registrem nas nossas embaixadas e consulados, vêem-se freqüentemente forçados a buscar assistência consular no momento em que querem se casar, registrar seus filhos, votar ou emitir procurações para parentes no Brasil.

Uma circunstância que pode ser comemorada pelo governo brasileiro é a colaboração econômica desses emigrantes, que em 2004 foram responsáveis pela injeção de R$ 6,2 bilhões na economia brasileira, ou enviando dinheiro para parentes e amigos, ou investindo parte do que ganham no exterior em negócios no País.

Muitas vezes são esses emigrantes que financiam os empreendedores brasileiros.

Falando em apoio aos empreendedores, convém lembrar o sucesso de algumas incubadoras de empresas, por exemplo, no Estado de São Paulo.

Assim, na cidade de Limeira está ganhando espaço uma incubadora de agronegócio para incentivar a pesquisa e a produção do pequeno produtor rural, resultado de uma parceria entre o SEBRAE/SP, a prefeitura, a Federação das Indústrias do Estado de São Paulo (FIESP) e a Secretaria de Agricultura e Abastecimento do Estado de São Paulo.

Em Mogi das Cruzes surgiu recentemente a incubadora tecnológica Intec-Mogi, destinada a acolher e desenvolver novos projetos, comcapacidade para área tecnológica, na qual "residem" 23 pequenas empresas desenvolvendo trabalho voltado à higienização bucal, ao gerenciamento de sistemas de impressão, às câmaras hiperbáricas, ao controle ambiental de estufas, à cosmética veterinária, etc.

Em Assis, foi criada em 2004 a Incubadora de Empresas – Núcleo de Desenvolvimento Empresarial Renato Rezende Barbosa, com capacidade para apoiar 15 empresas.

O problema é que com essas três incubadoras novas – em Limeira, Mogi das Cruzes e Assis – conseguimos fazer desabrochar e segurar aqui alguns dos nossos talentos, todavia o número de vagas é insignificante, pois somando as empresas residentes nas três cidades os postos de trabalho não ultrapassam 150 empregos!?!?

É por isso que tantos brasileiros estão "fugindo" do Brasil.

A maior parte busca os EUA, mas muitos também emigram para o Japão (os *dekasseguis*), Portugal, Paraguai, Argentina, Uruguai, etc.

Em 2003 estavam registrados nos EUA 730 mil brasileiros, e a cada ano, em média, chegam 18 mil "novos" brasileiros para trabalhar nos EUA, sendo que os norte-americanos permitem que todo ano 640 mil estrangeiros se tornem seus cidadãos!!!

O que tem preocupado as autoridades brasileiras é a quantidade de pessoas que buscam entrar ilegalmente nos EUA através do México, e os contingentes de brasileiros deportados nos últimos anos, o que macula a imagem do nosso País.

Não há uma contabilidade precisa dos que tentam, nem dos que conseguem entrar ilegalmente nos EUA, pela razão óbvia de se tratar de uma **atividade ilegal**.

Porém, o governo norte-americano reconhece que a quantidade dos que se arriscam é proporcional à dos que são pegos, e especialistas apostam numa relação de **três casos bem-sucedidos para cada tentativa frustrada pelas autoridades americanas**.

Por exemplo, no caso dos brasileiros, eles chegam a pagar cada um até US$ 10 mil para quadrilhas que têm ramificações no Brasil e no México, submetendo-se a passar dias no deserto, ou cruzar rios a nado, podendo isso até significar perder a própria vida, sem, no entanto, nenhuma garantia de entrar nos EUA. A Patrulha da Fronteira, vinculada ao Departamento da Segurança Interna (órgão do governo norte-americano que unifica as funções de controle de imigração, fiscalização de fronteiras e prevenção do terrorismo) tem os seguintes dados do número de brasileiros detidos: em 1999 foi de 488; em 2000 elevou-se a 1.241; em 2001 cresceu para 3.105; em 2002 diminuiu um pouco para 2.946; em 2003 subiu para 5.008; em 2004 parece que superou os 6 mil...

Isto é lamentável!!!

A única coisa que atenua e que ameniza a vergonha de tantos brasileiros detidos que querem entrar ilegalmente nos EUA é o fato de que o percentual de brasileiros é pequeno em relação ao total de detidos de outros países.

Basta dizer que em 2003 eles foram aproximadamente um milhão, e nos anos anteriores esse número foi bem maior, como também aconteceu em 2004, quando chegou a 1,2 milhão de pessoas detidas!!!

Todos afirmam que a crescente dificuldade para se conseguir um visto de turista estimula a opção pela travessia a partir do México, onde a entrada parece mais fácil...

Se não é a mais fácil, assim ela é descrita pelos grupos que oferecem esses serviços.

A Assessoria para Assuntos Internacionais do Estado de Goiás estima que entre 450 mil e 500 mil goianos vivem hoje no exterior, a maioria ilegalmente.

O Estado de Goiás tinha em 2004 algo próximo de 4,5 milhões de habitantes.

Há cerca de 300 mil goianos nos EUA e uns 170 mil na Europa, e isto significou que muitas famílias gastaram algo próximo de US$ 8,5 mil por pessoa com as chamadas agências que organizam as viagens para os EUA ou a Europa, **sem visto oficial**, e que anunciam seus serviços nas revistas e até em jornais de grande circulação de Goiânia!?!?

Muitos indivíduos pagam essa quantia e não obtêm êxito, pois às vezes são detidos ou, como aconteceu com muitos deles, morrem no decorrer da travessia.

Uma maneira eficaz para combater essa humilhação – ou seja, minimizar o contingente de pessoas que se submetem a enfrentar uma imigração ilegal para conseguir trabalho em outro país – é estabelecer linhas de apoio de todo tipo aos empreendedores brasileiros para que possamos diminuir significativamente o desemprego no Brasil.

Aí está mais uma razão por que se escolheu para este livro o título *Empreender é a Solução*.

Constate o que existe de especial para o desenvolvimento do empreendedorismo bem-sucedido, gravando na sua mente as atitudes e as condições notáveis.

POSICIONAMENTO NOTÁVEL – VOCÊ É UM EMPREENDEDOR LÍDER?

Liderança, de acordo com o senso comum, é obter resultados por meio das pessoas.

Conseqüentemente, liderar significa saber influenciar pessoas, envolvê-las num projeto – o seu negócio –, transformá-las em aliadas, motivá-las para ter os resultados que o empreendedor almeja, mas que elas também precisam querer.

Carlos Diz, fundador e presidente do Instituto de Liderança Executiva, esclarecer: "A meu ver, liderança é composta de 10% de competência e 90% de comportamento.

Desses 90% de comportamento, algo como 90% diz respeito **a saber lidar com pessoas**, sendo esta a essência da liderança.

O empreendedor deve ter um ego forte para acreditar firmemente na sua idéia, no seu negócio, em seu potencial, e para persistir na adversidade.

Por isso, tende a ser centralizador e a relutar em acatar sugestões.

Sem essas características, por outro lado, jamais se tornaria empreendedor.

Entretanto, chega a um ponto em que o seu negócio realmente começa a crescer, e ele precisa também dormir um pouco mais, quando passa a depender de outras pessoas para levar a sua empresa para a frente.

Aí ele não pode mais agir de forma centralizadora, e a maior dificuldade dos empreendedores e dos executivos principais das organizações é ter sensibilidade emocional para lidar com as pessoas, e assim gerar motivação para a obtenção dos resultados no negócio.

Um empreendedor centralizador que ambicione se transformar em um líder deve passar por um processo de quatro etapas:

1ª Etapa – Incompetência inconsciente – quando o empreendedor **não sabe que não sabe**.

Esta é uma fase em que o empreendedor **não nota** (!?!?) que concentra tudo nele e que subestima a capacidade de seus colaboradores.

Ele se comporta como se não existisse uma alternativa para agir de maneira diferente.

2ª Etapa – Incompetência consciente – quando o empreendedor **sabe que não sabe**.

Nesta fase o empreendedor percebe que a forma como anda trabalhando pode não ser a desejável, pois nota que vários dos seus concorrentes diretos obtêm desempenho melhor sem que o dono tenha que fazer tudo!!!

Então, começa a se abrir para a possibilidade de dar mais autonomia a seus colaboradores e inicia uma nova maneira de relacionamento com a sua equipe.

3ª Etapa – Competência consciente – quando o empreendedor **sabe que sabe**.

Esta é a fase na qual o empreendedor trabalha para mudar o seu comportamento e faz isto de forma lenta.

Principia a reunir mais a sua equipe, buscando envolvê-la no negócio como um todo, em lugar de apenas dar ordens e exigir resultados.

O empreendedor ouve sugestões e procura recompensar as melhores idéias.

Claro que neste processo ele tem algumas recaídas e volta a **'achar'** que em diversos assuntos nada funciona sem a sua ação direta.

Mesmo assim continua insistindo em criar um ambiente mais participativo e motivador.

Naturalmente isso possibilita que ele carregue "menos pedras" todos os dias, deixando de se envolver em questões meramente operacionais e passando a se dedicar mais às questões estratégicas, que por sinal condizem com a sua função na empresa.

4ª Etapa – Competência inconsciente – quando o empreendedor **não sabe que sabe**.

Nesta fase o empreendedor a maior parte do tempo lida com os seus colaboradores, incentiva seus pontos fortes, respeita suas limitações e manias, e com humildade ouve suas sugestões, valorizando o talento dos seus funcionários ao implementar as suas idéias.

É neste ponto que o empreendedor pode começar a se achar um **líder**, aliás neste estágio ele começa a não acreditar como é que agia tão diferentemente no passado!!!"

■ Sempre procure uma auto-avaliação no campo do empreendedorismo.

Não fuja por isso mesmo dos testes propostos neste livro.

E aí vai o primeiro:

AUTO-AVALIAÇÃO – VERIFIQUE SE VOCÊ TEM PERFIL EMPREENDEDOR.

Faça este rápido teste e descubra se você tem vocação para ser dono do seu próprio negócio:

1. Suponha que você foi selecionado para comandar a execução de um novo projeto que deve ser entregue em 10 dias.
   Qual é a sua reação?
   a) Fica feliz e logo no dia seguinte começa a planejar todas as ações para terminá-lo antes do prazo estabelecido.
   b) Se aborrece e procrastina o mais que pode, dedicando-se a ele apenas no último dia do prazo fixado.
   c) Busca encontrar algum subalterno para executar o projeto, sem que isto o impeça de obter o crédito pelo trabalho feito.

2. São 17h 57min de uma quinta-feira, véspera de um fim de semana que tem um feriado na sexta-feira, quando o seu chefe lhe manda um *e-mail* ordenando-lhe que fique no escritório para terminar uma tarefa que exige pelo menos 3 horas de trabalho. Você:
   a) Constitui rapidamente uma equipe, subdivide a tarefa em partes para que o trabalho todo possa ser feito o mais rápido possível e assim, quem sabe, ainda dará para viajar nessa mesma noite para a praia.
   b) Fica extremamente aborrecido, solta alguns impropérios, mas acaba fazendo a tarefa após 3h 25min de trabalho.
   c) Começa a se lamentar muito, pois não vai poder ir com os amigos ou a família para um descanso de três dias na praia.

3. Em uma conferência sobre empreendedorismo, o palestrante usa várias palavras e emite conceitos que você nunca ouviu e que não entendeu.
   A sua reação é:
   a) Não dar importância às palavras (aos conceitos) que você não conhece (não entendeu) por achar isso irrelevante.
   b) Interromper o expositor e solicitar-lhe os devidos esclarecimentos, sem medo de parecer ignorante na frente dos outros participantes.

c) Anotar cuidadosamente as palavras para procurar mais tarde no dicionário (nos livros especializados), e desta forma diminuir o seu desconhecimento.

4. Você foi escolhido para comandar o grupo de reciclagem de materiais de sua organização. Qual é a atitude que toma ao saber dessa decisão?

a) Desenvolve uma estratégia para a execução do trabalho, fazendo tudo sozinho!?!

b) Sente-se um pouco desconfortável no início, porém se posiciona rapidamente, sobretudo com a ajuda dos componentes do grupo, entre os quais alguns são especialistas em reciclagem.

c) Enche-se de revanchismo e pensa: "Agora vou descontar muitas humilhações que sofri de alguns..."

5. Você inesperadamente foi escolhido pelo seu superior para fazer uma apresentação para um importante cliente em potencial sobre o novo produto da empresa. Como recebe essa indicação?

a) Fica muito satisfeito, pois acredita ser essa uma grande oportunidade para fechar uma venda vultosa, o que será benéfico para a empresa.

b) Finge que está preparando a apresentação, mas já está planejando uma desculpa "mortal" tipo "estou doente" bem no dia marcado para que o próprio chefe vá lá falar com o cliente.

c) Fica estressado e muito nervoso, pois não gosta de falar em público e muito menos de fazer o papel de um vendedor.

6. Você descobre que a única via de um importante contrato que estava em seu poder desapareceu. A solução que encontra para o problema é:

a) Contar ao seu superior que perdeu o contrato, que já solicitou ao cliente uma outra via, e que tem uma idéia de como evitar esse tipo de aborrecimento no futuro.

b) Esconder o fato o mais que possa, na esperança de que ninguém necessite consultar o tal contrato.

c) Achar um "bode expiatório" – por exemplo, a sua secretária – dizendo que está rodeado de pessoa desleixadas, não temendo inclusive que elas possam ser advertidas seriamente ou até demitidas.

7. Em uma reunião de trabalho, você fica ciente de que alguns integrantes teceram comentários desairosos a seu respeito. Você:

a) Não diz nada no momento, porém sente uma grande raiva, a sua pressão sobe e já começa a "maquinar" uma forte represália.

b) Fica inquieto, muito chateado, e se pudesse partiria para uma agressão física.

c) Escuta atentamente o que foi dito e procura entender os comentários feitos como uma crítica construtiva, que lhe mostra inclusive o caminho para não cometer tais falhas e ser no futuro mais eficaz.

8. Você trabalhou duro quase meio ano em uma idéia nova, elaborou um minucioso plano de negócio (PN), destacando o foco da sua empresa e a estratégia para a sua consolidação, incluindo uma análise financeira para um horizonte de dois anos. Lamentavelmente quando apresenta a idéia a um grupo de possíveis investidores, esta não lhes agrada e alguns chegam a recomendar-lhe para "não pensar mais em tais maluquices". A sua atitude é:

a) Seguir o "conselho" deles e nunca mais se expor, não correndo ainda o risco de ser ridicularizado pelas suas idéias empreendedoras.

b) Procurar um outro grupo de investidores que talvez compreenda melhor a sua idéia.

c) Tratar de obter uma 2ª chance com os mesmos investidores, explicando-lhes a mesma idéia com argumentos complementares que lhes permitam enxergar a viabilidade do negócio.

9. Você precisa contratar um vendedor. Qual você contrataria?

a) O vendedor tipo águia, com visão aguçada.

b) O vendedor tipo andorinha, que para gerar resultados necessita de contínua cobrança do gerente de vendas.

c) O vendedor tipo peru, que diz que está visitando, convencendo, negociando, etc., ou seja, sempre repleto de inúmeros negócios que estão para ser fechados...

10. Há um problema crônico na sua empresa. Como você procede?

a) Gasta muita energia a fim de que o problema desapareça para sempre.

b) Acomoda-se acreditando que nem tudo pode sair perfeito e que esporadicamente tem que conviver com essa situação desagradável.

c) Com humildade busca uma solução simples, como aquela encontrada pelos russos para escrever relatórios quando os seus astronautas estavam em órbita. Os norte-americanos gastaram milhões de dólares para criar uma caneta que funcionasse em quaisquer condições, até de cabeça para baixo. Os russos resolveram o problema usando um lápis...

As respostas e comentários do teste estão na página 50.

Finalizando, não esqueça que os sentimentos internos e a intuição são freqüentemente apenas seus pensamentos subconscientes comparando ou assimilando certas observações ou lembretes.

Faça sempre uma pesquisa mais acurada para comprovar melhor o que o seu subconsciente está tentando lhe dizer.

Quando algo parece ser muito bom para ser verdade...

Provavelmente é demais para ser verdade.

Apesar das dificuldades, planeje para se tornar rico como empreendedor!

Porém, planeje também um tempo para se divertir e aproveitar a vida.

Capítulo 1
As primeiras coisas em primeiro lugar
049

Tenha um sonho.
Acredite no seu sonho.
Pense sempre em como realizar o seu sonho.
Faça isto!!!

COMENTÁRIO DO TESTE DE AUTO-AVALIAÇÃO.

Caso você seja um empreendedor, provavelmente optou pelas seguintes alternativas:

1. [a] - É imprescindível confiar no planejamento para ser um empreendedor.
Para se tornar um empreendedor eficaz não basta ter muitas boas idéias.
É vital saber planejar e, além disso, ter a habilidade de implementar o que se planejou.

2. [a] - Claro que nem todas as tarefas são entusiasmantes e nem surgem na hora em que alguém está desocupado.
Uma das características do empreendedor é ser flexível, principalmente diante de imprevisibilidades.

3. [c] - No século XXI, a era do capital intelectual, todo aquele que quer ser um empreendedor eficaz deve ter o máximo de conhecimento e estar sempre atrás de informações pertinentes ao seu negócio.

4. [b] - O empreendedor não deve ter medo do novo, da obsolescência de métodos, equipamentos, e do seu próprio conhecimento.
Nada melhor do que apoiar-se naqueles que conhecem mais um assunto, já que não dá para saber tudo... porém o empreendedor criativo é aquele que sabe a quem recorrer para ficar bem informado e que pode ajudá-lo a realizar satisfatoriamente as tarefas que recebe.

5. [a] - O empreendedor bem-sucedido é aquele ávido por conquistar novos clientes.
Ele inclusive procura desenvolver as suas técnicas de apresentação e abraça com entusiasmo todas as oportunidades para vender mais o seu produto (serviço).
Não tem medo de fracasso e busca de maneira criativa explicar tudo o que é novo.

6. [a] - É vital ser ético e responsável pelos próprios erros.
Nenhum empreendedor que quer ser vencedor deve se valer de fraudes ou de enganos para ter sucesso.
E toda falha cometida pelo empreendedor deve ser usada como um ensinamento para não cometê-la de novo.

7. c - Qualidades fundamentais do empreendedor são a paciência e a capacidade de não perder a calma ante os infortúnios e os comentários que constituem um *feedback* (realimentação) negativo.

Uma crítica, mesmo a agressiva ou aparentemente infundada, deve ser usada pelo empreendedor para promover o seu crescimento pessoal e profissional.

8. b e c - Está explícito que a resposta melhor é a b, mostrando que a pessoa é persistente, como deve ser um empreendedor, ou então que o indivíduo está apto a explicar de outra maneira, acreditando sempre na sua idéia.

O empreendedor é aquele que sabe de antemão que é impossível ganhar sempre....

9. a - Sem dúvida é muito difícil formar uma boa equipe de vendas, e este comumente é o ponto fraco de todos os empreendedores que passam a maior parte do tempo criando, desenvolvendo e aperfeiçoando o seu produto ou serviço.

Com o pouco tempo que sobra não pensam detalhadamente na equipe de vendas. É evidente que isto tem que ser revertido e o empreendedor deve contratar vendedores-águias, que não precisam de estímulos externos e que quando vão ao ataque dificilmente erram o alvo. Fazem o serviço bem feito e trazem para a empresa resultados substanciais.

O empreendedor eficaz é aquele que consegue identificar o vendedor tipo andorinha que fica reunido em bandos, voa para perto da comida e volta logo para o posto em que estão as outras andorinhas...

Não basta identificar, ele precisa livrar-se deles.

Da mesma forma, não deve ter vendedor tipo peru, que faz um barulho danado, usa e abusa do gerúndio, mas não sai do lugar, isto é, não fecha realmente as vendas...

10. c - O empreendedor, em primeiro lugar, sabe que não tem dinheiro sobrando, e em segundo lugar, é seguidor das soluções simples, baratas e eficazes.

Capítulo 2
Planejando o essencial

PLANEJAMENTO ESTRATÉGICO.

Se você, meu caro empreendedor, falha no seu planejamento, deve aceitar que foi você quem **planejou para falhar**!!!

Justamente para evitar esse grave problema e para planejar melhor é sempre bom aprender a partir dos erros dos outros.

Por sinal, isto é bem mais barato (!!!) do que o empreendedor cometer ele próprio todos os erros possíveis e aprender a partir deles...

Para esquentar as reflexões sobre planejamento, inicialmente vamos analisar a resposta para a pergunta: **O que fazer se sabemos que algo vai levar duas horas para ser feito?**

Talvez o melhor seja planejar mais tempo para essa tarefa.

Há quem sugira que uma boa estratégia é multiplicar as estimativas otimistas por 2 ou até por 3, pois quase sempre diversos serviços exigirão mais tempo do que de início se imaginou.

Não se pode esquecer nunca que crises ou eventos inesperados geralmente acontecem, o que significa que o empreendedor deve ter reservados bons planos de contingência.

Só quando certos processos se estabilizarem é que ele poderá pensar em diminuir o tempo para a sua execução!!!

Assim, o conselho inicial para bem planejar é: *"Elabore uma lista de prioridades e comece a executar aquelas consideradas de maior importância. Não se esqueça jamais que as pessoas nunca planejam para falhar.*

O que ocorre é que falham no seu planejamento."

Quem busca planejar corretamente não pode esquecer coisas vitais como, por exemplo, elaborar um *marketing* eficaz, estruturado pelo menos nos quatro Ps – **produto, posição**(ou localização), **preço** e **promoção** – porque basta não ser eficiente em algum deles e certamente o produto (ou serviço) de um negócio pode não ter a demanda almejada...

É fundamental no planejamento incluir tópicos que privilegiem a gestão dos riscos, e neste caso uma boa receita é seguir as seguintes etapas:

1. Definir o problema.
2. Determinar as conseqüências.
3. Avaliar as alternativas.
4. Escolher uma opção.
5. Agir.
6. Avaliar os resultados obtidos.

Dentro desses itens, uma preocupação do empreendedor deve ser com o seguro da empresa, dos empregados, dos equipamentos, etc.

Em toda empresa, particularmente nas pequenas, os funcionários precisam ter no mínimo os seguintes tipos de seguro:

- **S**aúde pessoal e de seus dependentes.
- **A**utomóvel, pois é cada vez maior a probabilidade de uma colisão ou de um assalto.
- **I**ncêndio.
- **R**esponsabilidade por algum dano provocado pelo serviço prestado ou produto feito na empresa.

Dessa maneira, a empresa que tem o "pacote" SAIR proporciona maior tranqüilidade a seus funcionários tanto no trabalho como fora dele.

Um dos momentos mais importantes para o bom planejamento é quando é buscada a **expansão**.

Aliás, para alguns especialistas esta é a etapa pós-empreendedorismo, quando de certa forma o indivíduo deixa de ser empreendedor para se tornar empresário.

Nesta nova fase muitos detalhes devem ser bem avaliados.

A primeira atitude é identificar corretamente o potencial de crescimento real para não fazer um **planejamento ilusório.**

Um bom passo é realizar uma pesquisa junto aos clientes, mesmo que informal, o que pode ajudar a avaliar corretamente a aceitação do seu produto ou serviço pelo público-alvo.

Na fase de expansão a profissionalização é muito importante: deve-se ter um bom sistema de informática e os controles da empresa precisam estar bem elaborados para suportarem a nova demanda sem perda de qualidade.

No caso específico de se estar abrindo novas unidades, a padronização é fundamental.

O cliente espera sempre encontrar o mesmo atendimento e qualidade em todas as filiais.

De forma sintética, os **oito** passos da mudança planejada são:

1º Passo - **Estabelecer um sentido de urgência.**

A análise do mercado e das realidades competitivas deve levar à identificação e discussão de crises reais e potenciais, bem como das principais oportunidades.

É vital que todos os integrantes de uma empresa estejam imbuídos de um espírito dinâmico, isto é, que adquiram a consciência da necessidade de mudança – **neste caso a expansão** – e não se permitam ficar inertes.

2º Passo - **Criar uma poderosa equipe dirigente.**

A constituição de uma equipe com poder suficiente para pôr a mudança em marcha é essencial.

Equipes fracas ou sem representatividade não são capazes de remover obstáculos.

3º Passo - **Desenvolver uma visão e as estratégias.**

Deve-se articular uma visão forte (compreensível, atraente e realizável) que auxilie a direcionar o esforço de mudança e inspire a ação dos colaboradores. Passam então a ser definidas as estratégias que possibilitem atingir essa visão.

4º Passo - **Estabelecer uma comunicação eficaz da visão.**

A nova visão e as respectivas estratégias devem ser comunicadas continuamente e por todos os meios possíveis. A equipe dirigente deve funcionar como um modelo de ação para os funcionários – suas ações devem ser coerentes com seu discurso.

5º Passo - **Remover obstáculos e passar à ação.**
Precisam ser removidas as barreiras à mudança, alteradas as estruturas e os sistemas que a dificultem, e encorajada a aceitação dos riscos.

6º Passo - **Gerar ganhos de curto prazo.**
Precisa ser garantida a obtenção de ganhos a curto prazo e recompensados os colaboradores que os viabilizem. Caso contrário, os principais atores podem começar a ficar com sentimentos de descrença diante da mudança que encetaram.

7º Passo - **Consolidar ganhos e produzir mais mudanças.**
A credibilidade gerada pela obtenção de bons resultados deve ser usada para modificar todos os outros aspectos do negócio que não se conformam à nova visão. O projeto de expansão deve ser constantemente revigorado com a introdução de novos temas e objetivos.

8º Passo - **Ancorar novas abordagens na cultura da empresa.**
A cultura organizacional deve preservar e reforçar as novas maneiras de pensar e agir. Enquanto a mudança não tiver penetrado na cultura da empresa, todas as celebrações de vitória tornam-se precipitadas pois podem ocorrer sérios retrocessos no processo de mudança desenvolvido e a expansão começar a não dar certo...

CONSELHO DE UM VENCEDOR – AS LIÇÕES DE UM CAMPEÃO DE VOLEIBOL.

Bernardo Rocha Azevedo, formado em economia pela Pontifícia Universidade Católica do Rio de Janeiro, mais conhecido simplesmente como Bernardinho, é um dos técnicos mais vitoriosos do esporte brasileiro, e como poucos desenvolveu um método próprio para a gestão de equipes.

Ele o batizou de **Roda da Excelência** (Figura 2.1), o qual serve tanto para motivar pequenos grupos de vendedores até grandes contingentes de gerentes de empresas multinacionais.

Sua doutrina também se aplica a empreendedores e empresários que precisam manter seus funcionários motivados.

Diz Bernardinho: "A Roda da Excelência é uma denominação que escolhi para dar uma conotação com a idéia de movimento e de mudança, tão adequada para o século XXI.

Nunca se é, sempre se está.

Se hoje estamos líderes, é de nós que todos vão querer ganhar amanhã, não é?

A roda é movida pelos valores – trabalho em equipe, liderança, motivação, perseverança e obstinação, comprometimento, cumplicidade, disciplina e ética – que constituem a sua estrutura de trabalho, e ela rola sobre uma base que se chama **planejamento**, que se não for bem feito não se consegue atingir os objetivos almejados.

Claro que é vital ter metas e objetivos, porém é essencial também planejar cada passo para atingi-los.

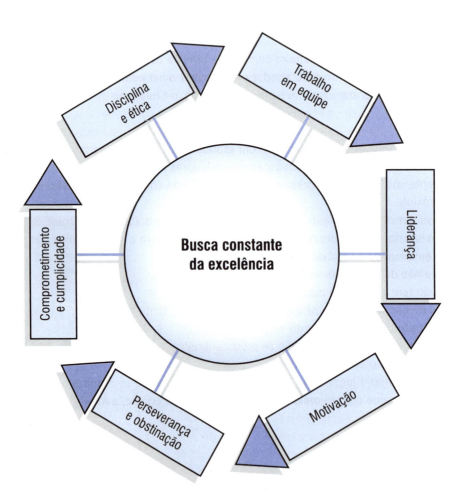

Figura 2.1 – O método do Bernardinho se apóia na sua Roda da Excelência.

Acredito que o meu trabalho como técnico tem dado certo, pois estou conseguindo passar para os atletas tanto do voleibol feminino como do masculino as seguintes lições:

1ª Lição – Embora sempre haja titulares e reservas numa equipe, é necessário tratar, incentivar e motivar cada um para que todos percebam a sua importância no sucesso do grupo.

2ª Lição – É imprescindível ter a percepção de que, para criar a cultura de vitória numa equipe, é necessário combinar o respeito ao ritmo de cada atleta com a rigidez nos treinos e a cobrança das metas e dos resultados almejados.

3ª Lição – No esporte profissional o dinheiro é só uma conseqüência.

Antes dele, vem o envolvimento para realizar as metas definidas pela comissão técnica.

4ª Lição – O verdadeiro líder é aquele que quer desenvolver os outros, estimula-os a treinar com mais afinco e cuida para que a sua evolução aconteça de fato.

5ª Lição – Todo mundo tem medo, principalmente numa disputa final. A diferença entre um atleta e outro é a maneira como cada um lida com o medo.

6ª Lição – O segredo do vencedor é o de saber olhar e admirar o futuro.

A partida mais importante é sempre a próxima, o título mais importante ainda não foi vencido!!!"

Estas são algumas das idéias de um grande vencedor que caem muito bem para inspirar todos aqueles que querem ser empreendedores bem-sucedidos, que atuam constantemente sob pressão do mercado e para os quais a venda mais expressiva será sempre a próxima...

Mas a mais valiosa lição do técnico de voleibol mais aplaudido do Brasil, Bernardo Rocha Azevedo – o Bernardinho –, bem-sucedido tanto com a seleção masculina como com a feminina, e nos clubes que dirigiu, é a seguinte:

"Eu não acredito nem um pouco no acaso.

Tudo tem que ser pensado.

Se eu não acreditasse nisso, não me preocuparia tanto.

Acredito fundamentalmente na preparação.

Azar acontece para quem não se prepara direito.

Dizem da gente: 'Pô, esse cara teve sorte.'

Sorte mesmo é jogar bem, e isto acontece quando você se prepara bem.

É por isso que quanto mais e melhor treino minha equipe, a minha sorte aumenta mais!!!"

ALERTA VITAL – O EMPREENDEDOR DEVE SABER DOMINAR O MEDO.

Muitos psicólogos acreditam que o nosso motivador primário é o **medo**, que está enraizado em nosso desejo instintivo de evitar perda, dor e a morte.

É praticamente impossível remover totalmente o medo.

Assim, nós tememos o fim de um relacionamento porque temos medo de não encontrar ninguém melhor; receamos punir os nossos filhos porque temos medo de afastá-los de nós, e muitos não abrem os próprios negócios pois têm medo de não conseguir sobreviver...

Porém, quem quer ser empreendedor precisa aprender a **vencer o medo**!!!

O medo chega a causar paralisia mental quando muitas coisas dependem de nossa decisão.

Por exemplo, suponha que você está num emprego que não o satisfaz.

Além disso, depois de vários anos, você começa a ter a sensação incômoda de que seus dias lá estão contados e passa a pensar na idéia de pedir demissão.

Talvez você sinta que seu chefe o está tratando de modo diferente do usual.

Você fica tentando avaliar o que ele pensa de você, e se está buscando um motivo para demiti-lo.

Nessa situação, não importa quanto tente ser objetivo, você não pode evitar a influência do seu medo.

Para ajudar a neutralizar o medo e se tornar mais objetivo, você deveria fazer três listas: uma com todas as experiências dolorosas que teria se continuasse nesse emprego, outra com as experiências desagradáveis que poderia ter se optasse por trabalhar em outra empresa, e uma terceira com os riscos que teria de enfrentar se abrisse o seu próprio negócio.

A primeira lista estaria incluindo o estresse contínuo, a humilhação, ou até a ridicularização pelo chefe atual, a ausência de promoções ou aumentos, e o pior de tudo, uma quase certa demissão num futuro não muito longínquo.

A segunda lista, referente a um trabalho num outro emprego, poderia incluir: ambiente pior ainda, você transformar-se num fracasso, e talvez ser demitido.

Finalmente na terceira lista os perigos são enormes também, desde a necessidade de arrumar dinheiro para abrir um novo negócio até o perigo de não conquistar clientes em número adequado para que o mesmo vá para a frente. A única vantagem comprovada em relação às duas primeiras listas é que ninguém mais o irá demitir!?!?

O que pode ocorrer é a sua falência, mas este é um outro problema!?!?

Ao fazer essas três listas, você começa, digamos a **segurar as rédeas dos seus medos**.

Pelo menos, agora você sabe do que tem medo.

Na maioria dos casos, você tenderá a escolher a opção menos dolorosa, se um dos conjuntos de medo for nitidamente pior.

Contudo se as três alternativas apresentarem riscos comparáveis, você deverá conseguir pelo menos deixar de lado o medo generalizado e concentrar-se em reunir a informação específica necessária para avaliar objetivamente as suas preocupações reais.

De fato, a melhor arma contra o medo é o **conhecimento**.

A pessoa obtém conhecimento sobre si mesma e suas motivações quando faz uma lista de seus medos.

Depois de ter conseguido esse *insight* (discernimento), a pessoa deve ir adiante e reunir mais informações sobre o mercado de trabalho, os negócios e as pessoas que irão influenciar em sua decisão.

Nós esperamos que nessa situação você leia alguns livros como o *Empreender é a Solução*, que o ajudem realmente a vencer o seu medo, adquirir a devida coragem e optar pela terceira escolha, isto é, sair do seu emprego e virar um empreendedor.

Claro que para estimular essa decisão você deve fazer também as listas das vantagens e das coisas interessantes que cada alternativa lhe oferece.

2.2 ELEMENTOS COMPONENTES DE UM PLANO DE NEGÓCIOS (PN).

Um plano de negócios (PN) é a base para:
- o manual operacional;
- o plano estratégico de *marketing*;
- os planos pessoal e financeiro;
- o modelo de trabalho da empresa.

Sem dúvida, um PN é um modelo de trabalho, é o guia operacional do seu negócio.

O plano operacional é que deve conter todos os procedimentos escritos, bem como as orientações correspondentes para se poder implementar o PN.

Os passos corretos que devem ser seguidos para se ter um bom plano operacional compreendem as seguintes etapas:

1. Determinação de como fazer corretamente.
2. Documentação de como se faz certo.
3. Distribuição das informações ou explicações sobre os procedimentos que permitem fazer direito.
4. Premiação de todos aqueles que fazem seu trabalho corretamente.
5. Adoção de medidas coerentes com aqueles que não fazem as coisas direito (retreinamento ou demissão).

Um bom PN permite ao empreendedor participar do jogo "e se acontecer isso...", mas apenas no campo da imaginação, ou seja, no papel.

Essa seguramente é a forma mais barata de envolver-se com o mundo dos negócios...

Um PN é a base para se elaborar um bom **plano de *marketing* estratégico**.

Um PN é construído a partir de uma pesquisa de mercado.

Sem clientes você não tem nunca um PN (*business plan*).

Um PN é no fundo o documento adequado para elaborar os planos pessoal e financeiro, ambos imprescindíveis. Além disso, é vital planejar para atender adequadamente as necessidades das pessoas que trabalham na empresa; é preciso estabelecer o orçamento fundamentado na situação do negócio.

Um PN de fato é uma proposta financeira na qual se procura demonstrar que é necessário ter recursos para que o negócio seja bem-sucedido, e que existe uma grande possibilidade de pagar integralmente todos os investimentos feitos para se abrir a empresa.

É fundamental escrever um PN que se possa mostrar aos outros e que eles o entendam de maneira completa.

Para tanto é preciso suprir o PN com o máximo de informações que permitam entendê-lo, porém não para operá-lo.

Isto tem que estar bem guardado na cabeça do empreendedor...

Qualquer relato com um número maior de páginas vai parecer mais um relatório de pesquisa, cheio de detalhes ou eventualmente de dúvidas.

As três partes vitais de um PN são:
- **palavras** (descrição do negócio);
- **números** (evidenciando as necessidades financeiras);
- **comprovações** (documentos apoiando as possibilidades do negócio).

Todas as três partes precisam ser consistentes, quer dizer, concordarem entre si!!!

A bem da verdade, elas devem ser elaboradas a partir dos seguintes princípios:

1º **Princípio**: Não esqueça que achar ou supor é a mãe de todos os erros!!!

2º **Princípio**: Meça duas vezes para cortar certo uma vez apenas!!!

⇒ Mas afinal, o que é um plano de negócios (PN)?

Há quem diga que para criar um empreendimento ninguém precisa ser um super-administrador, nem ter pós-graduação no exterior.

Entretanto, necessita ter uma boa idéia e transformá-la em um plano exeqüível.

Na verdade, no capítulo de planejamento existe um instrumento básico à disposição dos empreendedores, que infelizmente boa parte deles ignora – o plano de negócios (PN).

O PN é uma combinação de uma carta de intenções com um mapa de navegação de uma **organização que ainda não nasceu**, mas com dados concretos e muitos números indicando as projeções de gastos e de receitas da futura empresa.

É nesse documento que o empreendedor precisa explicar que o produto (ou serviço) que deseja oferecer ao mercado tem espaço dentro do mesmo, e descrever qual é a estratégia que vai usar para que ele de fato conquiste o seu lugar ao Sol.

Obviamente um dos objetivos do PN é defender a idéia do empreendedor, mostrando a sua viabilidade econômica.

A elaboração do PN obriga também o empreendedor a refletir sobre o negócio que deseja abrir, imaginando vários cenários para a sua sustentação: o **provável**, o **otimista** e o **pessimista** – este último muitas vezes acaba sendo o real.

O PN é então um exercício fundamental que o empreendedor precisa executar para analisar as várias facetas do mercado e as diversas opções que tornam o negócio viável.

Existem hoje vários métodos e seqüências para apresentar um PN.

De comum entre eles, percebe-se a necessidade de que o PN seja claro, objetivo e exposto no máximo em 15 páginas.

Todo PN gira em torno de três questões essenciais: **o que** é o seu produto (ou serviço), **para quem é**, e como você irá agir para **torná-lo um negócio lucrativo**.

É por isso que nele devem estar descritas as oportunidades que o mercado oferece, esmiuçadas as ações dos competidores, indicadas as tendências, ponderados os possíveis riscos, destacados os pontos fracos e fortes do negócio, definidas a qualificação e a função dos sócios – se isto for necessário – e a equipe mínima de colaboradores para tocar o empreendimento.

No PN é preciso calcular da forma mais precisa possível o capital exigido a médio prazo e o retorno do investimento, e se deve ter um fluxo de caixa com os gastos e as receitas, pelo menos de mês em mês.

Muitas vezes não dá para saber exatamente qual será a receita, porém deve-se ter uma boa noção dos gastos.

O PN tem que ser suficientemente atraente para que um investidor fique estimulado em aplicar o seu dinheiro nele.

Isso fica mais fácil de acontecer quando o empreendedor consegue através do PN provar que realmente estudou o assunto, se preparou e planejou bem a nova empresa.

Ele não pode esquecer, no entanto, que mudanças no mercado irão sempre acontecer!

Logo, o empreendedor deve estar continuamente preparado para as mudanças e não pensar que elaborou um PN perfeito.

Ele, porém, nunca deve focalizar um desejo ou um sonho imaginário.

Deve, isto sim, elaborar um PN factível.

LEITURA RECOMENDÁVEL – COMO DESENVOLVER NEGÓCIOS DE SUCESSO.

Um dos grandes motivos do insucesso de um empreendimento reside no fato de que o seu início decorreu às vezes de uma decisão emocional ou circunstancial, como por exemplo no decurso de uma *happy hour* numa sexta-feira à tarde, ou após um programa de demissão voluntária.

Uma maneira de se incrementar a probabilidade de sucesso de um novo negócio é fazendo um exercício no papel – como aquele comentado no início do livro, convencendo o passageiro do lado... – do que será este empreendimento e de como ele deverá se comportar nos próximos anos.

Esse exercício feito de forma bem estruturada e organizada é o que se chama plano de negócios (PN): é um documento que contém a caracterização do negócio, sua forma de operar, suas estratégias, seu plano para conquistar uma fatia do mercado e as projeções das despesas, receitas e resultados financeiros.

Muitas empresas funcionaram sem um plano durante muito tempo, e até com sucesso...

Porém, caro leitor, você ao ler o livro *Construindo Planos de Negócios*, escrito por César Simões Salim, Nelson Hochman, Andréa Cecília Ramal e Silvina Ana Ramal – o mais bem escrito e simples de autores brasileiros –, sem dúvida concluirá que essa é uma situação bem arriscada.

Além disso, você vai realmente aprender como criar o plano para a sua empresa.

E tudo de forma bem próxima dos seus interesses e da sua realidade.

Não devemos desprezar a nossa intuição, mas para abrir um negócio precisamos fazer uma análise cuidadosa dos dados reais do mercado, minimizando-se assim o efeito de uma ação impulsiva sem fundamento...

No seu livro, Salim, Hochman, A.C. Ramal e S.A. Ramal logo no início dão um esquema (Figura 2.2) no qual estão as perguntas básicas que o futuro empreendedor deve responder na elaboração do seu PN.

Quem vai abrir uma empresa deve tê-la na sua cabeça.

Os norte-americanos a chamam de *start-up* pois ela está sendo formada a partir da visão de um empreendedor ou de um grupo deles.

Na *start-up* tudo tem que ser construído desde o do zero.

Existe atualmente uma percepção cada vez maior de que o empreendedorismo é uma forma de compreender a vida, e assim sendo, ser empreendedor é uma característica das pessoas que têm essa compreensão sobre a vida.

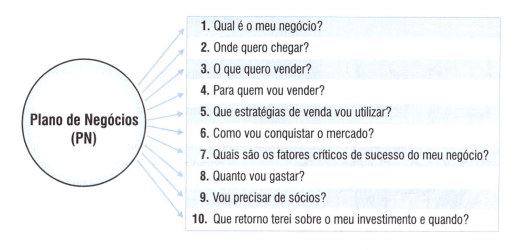

Figura 2.2 – O esquema de perguntas para construir um PN.

Em função disso, surgiram diversas formas de empreendedorismo em todos os ramos de atividade.

Um exemplo é o empreendedorismo social.

Em 1981, quatro homens viajaram pela Índia percorrendo vilas, conversando com inúmeras lideranças do país, coletando informações e registrando nomes, idéias e fatos.

Um desses homens era Bill Drayton, que inspirado nas coisas que viu na Índia fundou a Ashoka, hoje uma organização global que trabalha o tema do empreendedorismo social.

A Ashoka está na América Latina desde 1994 e desenvolveu uma forte parceria com o empresário Stephan Schmidheyni, fundador da Avina.

Por meio do investimento de Schmidheyni e depois da Avina, a Ashoka pôde se expandir durante a última década para quase todos os países latino-americanos.

Pioneira no setor, a Ashoka começou a divulgar a idéia do empreendedorismo social e investir em empreendedores sociais antes mesmo que os dicionários registrassem tal termo.

Atualmente a Ashoka opera em mais de 50 países, tendo já selecionado e investido em mais de 1.500 empreendedores sociais em todo o mundo, influenciando muitas organizações em diversos países a entrarem de "corpo inteiro" no rumo do empreendedorismo social.

A visão da Ashoka é a de que **todos nós somos agentes da mudança**.

É por isso que ela busca envolver mais e mais pessoas que trabalhem no sentido de construir uma sociedade em que todos tenham liberdade, confiança e habilidades para transformar desafios em soluções.

Com efeito, os empreendedores sociais são capazes de mudar a nossa – a minha, a sua – visão de mundo.

Através de ações realistas e resultados concretos, eles nos fazem enxergar os erros da nossa sociedade e a forma pela qual podemos desenvolver boas ações para o futuro.

Foi assim, por exemplo, que Oded Grajew, com o combate ao trabalho infantil, lançou uma excelente idéia para melhorar o Brasil do ponto de vista social.

Um outro exemplo de empreendedorismo próximo do social é o **empreendedorismo cívico**, que se dedica ao planejamento criativo de cidades e de parques tecnológicos ou de programas de governo.

Como se pode notar, esse tipo de empreendedorismo comumente não se preocupa com o lucro do empreendimento!?!?

Mas toda vez que se pensar numa empresa *start-up* para aproveitar uma oportunidade que o mercado oferece, é imprescindível elaborar um PN do qual devem constar todos os detalhes e as condições que garantam uma lucratividade para o empreendimento, garantindo a sua evolução e sobrevivência ao longo do tempo.

EXEMPLO A SER SEGUIDO – LIDAR COM MAESTRIA COM A MUDANÇA.

Niall Fitz Gerald aposentou-se em setembro de 2004, depois de ter sido oito anos co-presidente do Conselho da Unilever, na qual promoveu uma dramática reestruturação – a segunda da empresa em duas décadas.

Numa tentativa de tornar a Unilever mais focada e competitiva em relação a rivais, como a norte-americana Procter&Gamble e a suíça Nestlé S.A., Niall Fitz Gerald vendeu ou eliminou 1.200 marcas, o que deixou a organização com "apenas" 400.

Cortou 55 mil empregos da corporação toda e fechou 137 fábricas no mundo.

Todo esse enxugamento parecia prudente, e quando Fitz Gerald assumiu o comando em 1996, a Unilever – um antigo conglomerado que já teve linhas de transporte marítimo e agência de publicidade – tinha apenas duas marcas que geravam vendas anuais de mais de US$ 1 bilhão cada.

Em 2004 ele deixou a organização com 12 marcas, gerando cada uma receitas superiores a US$ 1 bilhão.

Numa entrevista em 2004 ao *The Wall Street Journal*, Niall Fitz Gerald expôs: "Uma marca só continua relevante se você continuar inovando e for absolutamente implacável quanto a não permitir que seus recursos sejam dissipados em outro lugar.

Não existem marcas cansadas, somente gerentes de marcas cansados.

Às vezes eles perdem o contato com os clientes, isto porque passam muito tempo só lendo os relatórios de análise do mercado...

Eu gosto de visitar as casas dos nossos consumidores.

Uma vez eu visitei a casa de uma família que vivia nas proximidades do Rio de Janeiro e pedi que a mulher me mostrasse as suas roupas lavadas.

Parecia que as roupas já estavam limpas, mas ela na verdade as havia lavado com sabão em pedra num riacho e só usou o nosso sabão em pó para um clareamento final.

Eu lhe perguntei o que era mais importante para ela e obtive como resposta que era a **fragrância**.

Nessa época não estávamos dando suficiente atenção para fragrâncias. Agora estamos!!!

Tentei todo esse tempo explicar e convencer os meus gerentes que a **mudança não é uma crítica ao passado!!!**

Não é que o que cada um fez no passado foi um lixo.

Contudo, o futuro vai ser diferente, e precisamos nos equipar adequadamente para entender isso a fim de criá-lo.

A gente nunca termina um trabalho numa organização, ou melhor, não dá para atingir um ponto em que o seu portfólio de produtos seja estável, pois o mundo está mudando o tempo todo.

Você pode ser o melhor surfista do mundo.

Mas se você sentar numa prancha sobre um mar sem ondas, não irá muito longe.

O que temos de fazer com o portfólio – como aliás procedem todos os empreendedores de sucesso – é consistentemente procurar aonde as ondas estão surgindo, e estar lá.

As minhas dicas sobre gestão durante uma fase de mudança – uma turbulência que continuamente aflige o empreendedor – são:

1. **Certifique-se que a linguagem usada dentro da empresa seja relevante para o seu cliente.**
2. **Esteja sempre preparado para falhar e saiba então conviver com as falhas,** entendendo assim que nem todo lançamento de um produto novo obrigatoriamente será um grande sucesso.
3. **Quando mover-se para uma nova direção, não preserve as pessoas que não se enquadrem mais no novo contexto."**

POSICIONAMENTO NOTÁVEL – A SITUAÇÃO DO EMPREENDEDORISMO NO BRASIL.

Realmente a população brasileira é uma das mais empreendedoras do mundo, entretanto comumente seleciona mercados com pouca capacidade de crescimento, seguramente por falta de orientação.

Em 2003, a quantidade de pessoas que montaram o **próprio negócio por opção** superou a daquelas que criaram suas empresas por necessidade.

Porém é mister que as escolas de 2º grau e as IESs introduzam formalmente o ensino do empreendedorismo nos seus currículos, com o que haveria mais empreendedores que estariam também melhor preparados para abrir negócios que não fechassem alguns meses depois da inauguração...

Essas são algumas conclusões sobre o Brasil no relatório mundial Global Entrepreneurship Monitor (GEM), que avalia o nível de empreendimentos em 31 países (ver Tabela 2.1).

Como se pode ver na Tabela 2.1, o Brasil possui a sexta maior "taxa de empreendedorismo", e a parcela da população que tenta criar um negócio próprio ou expandir uma empresa já existente alcançou 12,9% do universo da pesquisa que abrange pessoas com idade entre 18 e 64 anos.

O líder do grupo é Uganda, na África, com 29,3%.

Já na França, onde os benefícios sociais são elevados e há uma grande proteção aos desempregados, essa parcela ficou em 1,6%.

O que atrapalha realmente a abertura de novos negócios no Brasil são os altos encargos que devem ser pagos ao governo, as elevadas taxas de juros, uma legislação trabalhista "complicada" e uma educação formal.

Realmente parece que no momento no nosso País há muito calor para o empreendedorismo mas pouca luz; temos vigor e criatividade mas falta um melhor direcionamento e estrutura para essa enorme fonte de empregos.

Seguramente o principal problema do empreendedorismo é a formação do "capital humano", e neste sentido devem ser mudados os programas até mesmo do ensino básico, para que seja ensinado aos alunos como podem se tornar empreendedores desde os anos iniciais de estudo, ou pelo menos no 2º grau.

Na FAAP já é oferecido a todos os seus alunos do 3º grau desde 2002 um

Classificação	País	Porcentagem(%)
1	Uganda	29,3
2	Venezuela	27,3
3	Argentina	19,7
4	Chile	16,9
5	Nova Zelândia	13,6
6	**Brasil**	12,9
7	EUA	11,9
8	Austrália	11,6
9	China	11,6
10	Islândia	11,2
11	Irlanda	8,1
12	Canadá	8
13	Noruega	7,5
14	Suíça	7,4
15	Finlândia	6,9
16	Espanha	6,8
17	Grécia	6,8
18	Reino Unido	6,4
19	Dinamarca	5,9
20	Alemanha	5,2
21	Cingapura	4,9
22	África do Sul	4,3
23	Suécia	4,1
24	Eslovênia	4,0
25	Bélgica	3,9
26	Holanda	3,6
27	Itália	3,2
28	Hong Kong	3,2
29	Japão	2,8
30	Croácia	2,6
31	França	1,6

Tabela 2.1 – Classificação da atividade empreendedora (% da população entre 18 e 64 anos).

curso especial de Empreendedorismo com duração de 160 horas, e algumas centenas de estudantes já o estão freqüentando, e a partir de 2005 será oferecida a disciplina de Criatividade e Empreendedorismo aos alunos que estão no colégio FAAP na 9ª, 10ª e 11ª séries.

A pesquisa GEM é organizada pela Babson College dos EUA e a London Business School da Inglaterra, sendo realizada anualmente.

No Brasil, a GEM é coordenada pelo SEBRAE e pelo Instituto Brasileiro de Qualidade e Produtividade (IBQP) do Paraná.

No resultado de 2002, estimou-se que havia no Brasil 14 milhões de empreendedores.

Desse total, 56% eram de pessoas que abriram seu próprio negócio **por necessidade**, ou seja, perderam o emprego formal, eram subempregados, ou nem tinham emprego e tiveram de criar uma alternativa de renda.

Outros 43% foram considerados empreendedores atentos às novas oportunidades de negócios.

Em 2003, o número de empreendedores manteve-se estável.

Em contrapartida, os empreendedores por necessidade caíram para 43%, enquanto o percentual de empreendedores por oportunidades passou para 53%.

Efetivamente notamos que pessoas mais preparadas estão buscando mais o empreendedorismo por opção, o que pode de um lado indicar o fortalecimento dessa mentalidade, e de outro sinaliza que tem muita gente se formando nas universidades sem conseguir acesso ao emprego formal.

Um outro ponto destacado pelos analistas foi o crescimento da participação das mulheres no grupo da população empreendedora.

Esse indicador saltou de 29% em 2000, para 46% em 2003.

Ainda assim, a proporção de mulheres empreendendo por necessidade (42%) é maior que a dos homens (39%).

Isso reflete, em parte, as distorções existentes também no mercado de trabalho tradicional, onde as mulheres têm menos vagas que os homens e ainda ganham salários menores, mesmo que desempenhem funções semelhantes.

Lamentavelmente no que se refere ao potencial de desenvolvimento econômico dos empreendimentos, o Brasil faz parte do grupo que tem os piores indicadores.

Ao lado da Argentina, Croácia, Grécia e Venezuela, o nosso País fica no nível ocupado por aqueles com piores indicadores em quatro questões: potencial para novos mercados, expectativa de geração de empregos num prazo de cinco anos, faturamento proveniente de exportação, e quantidade de consumidores situados a mais de uma hora da empresa (via terrestre).

Além disso, cerca de 15% dos empreendimentos existentes foram classificados como de pequena possibilidade de expansão no mercado.

Um outro indicador preocupante é que a quantidade de pessoas envolvidas em nichos totalmente novos é pequena.

Isso demonstra que falta orientação mais detalhada dlas agências de fomento ao empreendimento, e que há poucos Bill Gates e Jeff Bezos por aí.

No fundo, o que falta mesmo é educação com cursos bem estruturados para a formação de empreendedores que ensinem além de como se deve proceder para o estabelecimento de um PN de sucesso, desenvolva nas pessoas a criatividade e a inventividade.

NOTÍCIA LAMENTÁVEL – O ANALFABETISMO FUNCIONAL REDUZ A EMPREGABILIDADE.

O Brasil tem feito avanços significativos no combate ao analfabetismo, uma das tragédias nacionais que sempre estiveram enraizadas nas desigualdades e na exclusão social, tendo relação direta com as fracassadas tentativas de se construir uma nação próspera e mais justa.

De acordo com os dados da Pesquisa por Amostragem de Municípios, do IBGE, a taxa de analfabetismo caiu de 17,2% em 1992 para 12,4% em 2001.

Não obstante, é ainda muito significativo o número de analfabetos no País, estimado em mais de 15 milhões.

A preocupação fica bem maior quando se fala do **analfabetismo funcional**, conceito criado pela UNESCO para designar as pessoas que não têm domínio suficiente da leitura e da escrita para atender às suas necessidades profissionais e sociais.

Claro que é bem difícil um analfabeto funcional tornar-se um empreendedor bem-sucedido...

Os dados do 3º Indicador de Analfabetismo Funcional de 2003 são dramáticos, pois no Brasil cerca de 30% das pessoas alfabetizadas, de 15 a 64 anos, só são capazes de entender informações em enunciados simples, como o título de um anúncio ou uma chamada de capa de revista.

Outras 37% estão preparadas para ler e entender textos curtos, como uma carta ou uma pequena notícia de jornal.

E apenas 25% da população é considerada alfabetizada plenamente, ou seja, com capacidade para entender tudo aquilo que lê, extrair informações relevantes de um texto, fazer comparações e associações.

As conseqüências dessa situação são previsíveis:

➡ Como uma pessoa pode sobreviver e crescer, numa civilização em que a palavra escrita é uma das ferramentas mais importantes de comunicação, sem saber "manejá-la" bem?

➡ Como é que dá para um indivíduo analfabeto funcional transformar-se em um empreendedor?

Evidentemente que do ponto de vista pessoal, o analfabetismo funcional reduz a empregabilidade e o surgimento dos empreendedores; diminui as oportunidades de inclusão social, principalmente das camadas da base da pirâmide social e sem as qualificações essencias – como a capacidade de ler e entender os textos –; e faz com que o cidadão não conquiste seus plenos direitos de cidadania.

Num espectro mais amplo, o analfabetismo funcional tem um forte impacto na produtividade e na competitividade nacionais.

O vice-presidente da Fundação Itaú Social, Antonio Matias, explica: "O problema não é exclusivo do Brasil, embora a nossa realidade pareça ser mais dramática, provocando grandes perdas para as nossas empresas.

Pesquisas das agências National Alliance of Business e National Institute for Literacy, dos EUA, evidenciam que está em torno de US$ 60 bilhões anuais o montante da **queda de produtividade** nas suas empresas provocada pelas deficiências básicas dos empregados: pelo seu analfabetismo funcional!

Estima-se que no Brasil as perdas seriam em torno de US$ 6 bilhões...

Essas deficiências se traduzem, por exemplo, na incapacidade da pessoa ler e entender um manual de instruções ou normas de qualidade e segurança para desenvolver bem seu trabalho, ou acompanhar cursos de treinamento – por exemplo, um sobre como se tornar empreendedor – que exigem muita leitura.

Em alguns países, o analfabetismo funcional diz respeito aos cidadãos com até quatro anos de escolarização.

No Brasil, infelizmente, atinge pessoas de maior escolaridade e até algumas que chegaram à universidade!?!?

As dificuldades demonstradas pelos alunos nas provas de redação dos processos seletivos, freqüentemente descritas pela mídia, são mais uma comprovação de que a deficiência de leitura e escrita constitui um problema que deve merecer maior atenção tanto por parte do governo – principalmente do Ministério e das Secretarias de Educação –, como das instituições de ensino privadas e de toda a sociedade.

Os educadores debitam à descontinuidade da educação – conseqüência das altas taxas de evasão escolar – a principal causa do analfabetismo funcional.

Com o baixo índice de escolaridade no Brasil, comparado ao de outros países, as pessoas não aprendem as técnicas de escrita e leitura que lhes permitirão um aprendizado contínuo.

Um outro fato é a baixa qualidade de ensino.

Mesmo permanecendo na escola por mais tempo, muitos alunos acabam não dominando as técnicas de leitura e escrita para continuar a aprender ao longo da vida, após a conclusão do ensino formal.

Naturalmente as dificuldades dos estudantes com a leitura e a escrita têm tudo a ver com as metodologias de ensino.

Nas escolas, as crianças aprendem técnicas de leitura e escrita, mas não desenvolvem uma relação criativa, produtiva e prazerosa com a cultura escrita.

Para os especialistas, crianças e jovens são solicitados a escrever, em situações artificiais e mecânicas, textos que têm como leitor quase que invariavelmente apenas o professor e muitas vezes não se relacionam com as experiências e a realidade vivida por eles."

Em vista dessa alta taxa de analfabetos funcionais, é evidente que se deve mudar urgentemente a forma de ensinar a ler e escrever no Brasil, e uma instituição que está fazendo um magnífico trabalho neste sentido é a Fundação Itaú Social, que concebeu o prêmio **Escrevendo o Futuro** em parceria com o Centro de Estudos e Pesquisas em Educação, Cultura e Ação Comunitária, visando a desenvolver as habilidades de leitura e escrita entre os alunos de 4ª e 5ª séries do ensino fundamental.

Em 2004 o tema escolhido foi: *O lugar em que vivo*, com os alunos podendo desenvolver textos de opinião, memória e poesia.

A Fundação Itaú Social levou em 2004 o **Escrevendo o Futuro** para cerca de 9 mil escolas públicas, ciente de que a capacitação dos professores é o caminho mais seguro para tentar reverter a situação do analfabetismo funcional.

Ela tem dado muitas bolsas de estudos não só a alunos, como também a professores.

Sem dúvida, a busca de soluções para mitigar a questão do analfabetismo funcional passa, seguramente, pela formação dos docentes, pela construção de metodologias e tecnologias adequadas, e pela disseminação de conceitos e práticas bem-sucedidas.

Paralelamente à luta contra o analfabetismo funcional deve ser iniciada também a batalha para conceituar o ensino do empreendedorismo no ensino fundamental de forma ampla.

Empreender é tentar. É interferir no curso inercial do presente. Empreender é construir futuros, e entre algumas formas para fazê-lo, através da educação parece ser uma das melhores.

Lamentavelmente a maior parte dos educadores do ensino fundamental e de outros graus são conservadores cristalizados em seus métodos e objetivos.

Capítulo 2
Planejando o essencial

De fato, os professores comumente são medrosos, até covardes em alguns casos, e raramente assumem uma postura empreendedora e criativa para ensinar.

Infelizmente coube à escola a tarefa de assegurar a estabilidade e coube aos educadores o papel de repetidores das expectativas da cultura; competiu a eles o fardo dos filhos alheios para disciplinar, ensinar e educar.

Os pais desses jovens esperavam que os professores proporcionassem segurança aos seus filhos mais do que a turbulência da inovação, expectativas totalmente opostas ao empreendedorismo.

Mas agora, no século XXI, a cultura implora por inovação, mas **não há muitos professores** para inovar e nem para empreender, que no fundo significa exercitar a nobre ambição do risco.

Não se pode mais ensinar aos estudantes que o futuro deve imitar o presente.

É preciso afastar-se da ilusão da permanência discutindo em detalhes a inevitável dimensão vital da impermanência.

Os gestores da educação precisam entender que vivemos numa sociedade em que os postos de trabalho estão diminuindo (!?!?) com o tempo, e que o empreendedorismo não é mais um modismo, mas uma alternativa viável de sobrevivência.

Ninguém pode esquecer que de uma forma ampla podemos dizer que **todos os avanços da sociedade e da própria humanidade devem-se aos empreendedores**.

E é importante lembrar – a boa notícia – que todos nós somos empreendedores em princípio, pois esta é uma característica humana derivada da curiosidade natural e da necessidade de transgredir, ambas as qualidades inatas nos seres racionais. Quando não o somos, estamos boicotando a nossa essência, orientados (ou confundidos) por algum paradigma educacional voltado para o conhecer sem o fazer.

Aprender a empreender é capacitar-se para fazer o que ninguém faz, achar novas soluções para antigos problemas, antecipar respostas para questões não formuladas, acelerar processos, facilitar trâmites, melhorar resultados, mostrar o sorriso antes do motivo para sorrir.

Empreender é gerar riqueza, patrocinar progresso, criar vida.

Nascemos para reinventar o mundo, e isto tanto pode significar criar do nada uma empresa, como desenvolver uma maneira mais eficaz de atender um cliente.

Alguns líderes já ouviram corretamente o clamor do empreendedorismo.

Este é o caso de Altinópolis, uma cidade do interior do Estado de São Paulo, que tornou em 2004 **obrigatório** o ensino da cultura do empreendedorismo nas escolas públicas.

Agora os estudantes do ensino fundamental de Altinópolis têm uma disciplina nova na sua grade escolar: vão aprender como montar e gerenciar um pequeno negócio.

O programa é desenvolvido em parceria com o SEBRAE/SP, que elaborou um curso chamado **Primeiros Passos**, ensinando de maneira divertida e fácil as diversas fases do empreendedorismo.

Na primeira série, por exemplo, o PN é vivenciado por meio da montagem de uma fábrica de bolas.

É vital despertar o empreendedorismo desde a série inicial.

Primeiro, porque o emprego tradicional está cada vez mais difícil para as pessoas que chegam à fase adulta, e segundo, porque numa cidade do tipo de Altinópolis existe um ciclo histórico, em que o jovem ao completar o ensino médio sai para continuar estudando ou para trabalhar em outro local.

Ao se despertar na criança, e depois no adolescente o interesse de algum dia empreender por conta própria, é grande a probabilidade de eles permanecerem no município, abrindo um negócio que lhes dará ocupação, podendo até empregar outras pessoas.

Para que o ensino do empreendedorismo seja de boa qualidade o SEBRAE treinou em Altinópolis 35 professores, que estão agora aptos a ensinar como se deve proceder para empreender.

Educadores de outras cidades do Brasil ensinam também a empreender e um exemplo fantástico é o de São José dos Campos onde o prefeito empreendedor Emanuel Fernandes está fazendo um trabalho exemplar para dinfudir o empreendedorismo entre os jovens.

Empreender é a solução!!!

Professores brasileiros, modifiquem sua forma de ensinar para que possamos acabar com o analfabetismo funcional!

Obtidas essas duas vitórias, sem dúvida estaremos formando uma juventude no meio da qual surgirão inúmeros empreendedores, pessoas que em **"lugar de derrubar florestas irão procurar irrigar desertos"!!!**

2.3 AÇÕES CONCLUSIVAS.

Evidentemente entre as ações que um indivíduo que quer ser empreendedor deve efetivar destacam-se as seguintes:
1. Aprender como elaborar o seu PN.
2. Estabelecer uma data para pô-lo em prática.
3. Investigar as vantagens e as desvantagens de ser o único proprietário, de ter sócios, ou ser uma incorporação.
4. Descrever o local perfeito para o seu negócio. Por que ele seria perfeito?
5. Elaborar a lista de tudo que vai precisar (ou não precisar) nesse local.
6. Pesquisar a região onde quer instalar o seu negócio – indicadores do tráfego, das pessoas que transitam em frente ao seu negócio, as taxas cobradas, os concorrentes que existem nas proximidades, as facilidades disponíveis (bancos, supermercados, polícia, hospitais, etc.), disponibilidade de mão-de-obra, segurança das propriedades e das instalações comerciais, etc.
7. Conversar com uma empresa de seguros e estimar os custos das várias coberturas que o seu negócio pode necessitar.
8. Comparecer a vários encontros profissionais nos quais estejam sendo discutidas as tendências relacionadas de alguma forma ao negócio que deseja abrir.
9. Ir a diversos almoços privados ou a uma reunião com banqueiros para criar uma **rede de relacionamentos**.

AUTO-AVALIAÇÃO – TESTE O SEU CONHECIMENTO EM RELAÇÃO AO PN.

1. Você realmente deseja abrir a sua empresa e conhece alguns procedimentos para escrever o seu PN. Na sua opinião este é um documento que vai importar:
   a) aos investidores, ou seja, os *angel investors* da empresa;
   b) aos sócios ou parceiros do negócio;
   c) aos trabalhadores da empresa;
   d) a todos acima citados.

2. Um verdadeiro empreendedor compreende que a ocasião favorável para abrir um negócio está:
   a) no lançamento de um produto (serviço) que não existe no mercado;

b) numa necessidade não satisfeita;
c) no crescimento extraordinário da demanda de um certo produto (serviço);
d) em todos os motivos citados acima.

3. Para preparar minuciosamente o seu PN, uma informação que não pode deixar de estar nele é o ciclo de vida do produto. O ciclo de vida é função direta:
a) do prazo de financiamento recebido de um banco;
b) do tamanho da sua empresa;
c) do *marketing* que for feito sobre o produto;
d) da tecnologia utilizada e da funcionalidade do próprio produto.

4. Um elemento muito importante para o sucesso de um novo negócio no mercado é a transparência da empresa, aliás isto no fundo significa ética nos negócios. O empreendedor que quer uma empresa transparente procurará comunicar aos seus clientes:
a) as suas parcerias;
b) suas demonstrações financeiras e fatos conexos às suas operações;
c) a descrição minuciosa de fabricação de seus produtos ou da prestação de seus serviços;
d) a maneira como constrói o preço dos seus produtos (serviços).

5. Um empreendedor que implementa entre as suas políticas internas a possibilidade de compra de ações da empresa por parte dos seus funcionários tem como objetivo principal:
a) fazer com que o seu negócio seja socialmente responsável;
b) incrementar o capital da empresa;
c) motivar e reter os seus colaboradores-chave, além de poder pagar dessa maneira alguma remuneração extra aos seus empregados, principalmente os talentosos;
d) tornar a empresa mais transparente.

6. Você vai definir o preço do seu produto (serviço) para a sua empresa iniciante. Esse valor depende fundamentalmente:
a) do preço praticado pelos seus futuros competidores;
b) do custo de fornecimento do produto (serviço);
c) da margem de lucro desejada;
d) de todos os itens citados acima.

7. Se você é o responsável pela elaboração de um PN, a sua primeira ação deve ser:
a) a preparação de um resumo do que vai ser fornecido ao mercado;
b) a definição de quantos empregados terá a empresa;

Capítulo 2
Planejando o essencial

c) a estruturação do formato do negócio, designando claramente o que será a empresa e que produtos (ou serviços) ela irá oferecer;

d) a elaboração de uma planilha financeira com os gastos e as receitas.

8. Quem quer abrir um negócio deve saber "sonhar acordado", ou melhor, saber fazer projeções de mercado utilizando a estratégia de estabelecer cenários cuja finalidade mais nobre é indicar:

a) as possíveis evoluções do mercado para um certo produto (serviço);

b) a melhor maneira para vender o seu produto (serviço);

c) os elementos de segmentação do mercado;

d) com precisão onde está o ponto de equilíbrio (*break-even point*).

9. O ponto de equilíbrio (*break-even point*) econômico financeiro da empresa significa:

a) a quantidade vendida para a qual a receita iguala a soma dos custos com mais os custos variáveis;

b) a quantidades vendida que permite superar os competidores;

c) a quantidade vendida que corresponde ao custo dos empregados;

d) a quantidade vendida com a qual se consegue pagar as matérias-primas adquiridas pela empresa.

10. Na constituição da equipe de gestão de um negócio a componente mais importante a considerar para a eficácia da mesma é:

a) a estrutura de salários;

b) a qualificação profissional de cada integrante;

c) a complementaridade dos seus perfis profissionais;

d) a idade e o equilíbrio dos sexos.

As respostas destes testes são as seguintes:

1-d   2-d   3-d   4-b   5-c   6-c   7-c   8-a   9-a   10-c

Capítulo 3
Dados, informações, dinheiro e tempo

A IMPORTÂNCIA DOS REGISTROS.

Por que é necessário manter registros de um negócio?

São vários os motivos, porém os principais são:
1. É necessário pagar impostos, e a receita federal a qualquer momento poderá querer verificar se você está tocando o seu negócio com toda a lisura perante as exigências governamentais nos vários níveis.
2. Um banco dificilmente lhe dará um empréstimo se não tiver uma clara comprovação da saúde financeira de sua empresa.

3. Os empreendedores criativos e com aptidões gerenciais sempre podem fazer bom uso das mesmas a fim de estabelecer novas estratégias para o negócio.

➡ **Qual é a diferença entre dados e informações?**
- **Dados** são uma coleção de fatos.
- **Informações** são os dados interpretados com a finalidade de algum uso.

Infelizmente todos os dias somos bombardeados sem cessar por milhares de dados inúteis ou fúteis que realmente não se constituem em informações para nós.

É claro que o empreendedor criativo é aquele que consegue perceber ou vislumbrar muita informação útil em dados aparentemente imprestáveis...

A importância da boa informação e de muito trabalho é bem explicada por Luiz Sebastião de Araújo Rosa, dono da Imaginarium, uma rede de 63 lojas espalhadas pelo Brasil – fundada em1991. Ele, que é um empresário muito diferente, frisa: "Se for para fazer um copo, tem que ser sempre um copo diferente e se possível divertido...

Toda vez que um cliente entrar de novo em uma das nossas lojas deve encontrar algo que o surpreenda.

Minha fórmula para criar continuamente coleções inovadoras é sempre a mesma: **muita informação e muita transpiração.**"

Mas o empreendedor precisa estar preparado para não sucumbir diante de tanta informação, como a que existe no século XXI.

O cérebro humano, segundo estudos, possui mais de 100 bilhões de neurônios.

Cada um deles envia sinais para outros 20 mil neurônios.

Essa intrincada rede, que capacita o cérebro a receber, assimilar e registrar informações, tem sofrido sérios abalos.

A razão: é que o homem moderno – em particular o empreendedor – está cada vez mais exposto a um volume imensurável de informações que chegam a todo instante, de forma veloz e pelos mais diversos meios, o que costuma provocar muita ansiedade.

Os empreendedores, especificamente, são pessoas que buscam absorver o máximo de informação no menor tempo possível, mas comumente têm muita dificuldade para organizar de maneira adequada esse volume de informações.

O resultado final é um sentimento de frustração, desgaste mental, fadiga dos neurônios e, em muitos casos, o aparecimento de quadro de estresse com conseqüências danosas para o organismo.

De fato, o grande desafio para os seres humanos no século XXI – e aí estão incluídos os empreendedores – é o de conseguir lidar bem com uma avalanche de *bits*, de números, gráficos, tabelas, imagens, frases e sons.

É por isso que particularmente o empreendedor precisa aprender a lidar com todas essas informações, priorizando as que são relevantes e descartando as que não são, para não ficar na situação daquele empresário que confidenciou: "Fico bastante ansioso para tentar ir atrás de tudo que a concorrência faz, para ficar atualizado.

Porém não é nada fácil lidar com todo esse volume e velocidade de informações. E muitas vezes as notícias vêm incompletas ou erradas.

Aí então, além de tudo, você tem que desconfiar da informação."

É indiscutível que a atenção do ser humano é limitada e focalizada, sendo bem difícil – para não dizer impossível – ter concentração em dois pontos.

O mais angustiante disso é que, se a capacidade de percepção é multifatorial, **a de retenção não é!!!**

Ou seja, as pessoas identificam os estímulos externos diferentes e simultâneos, como conversas paralelas ou o som do rádio, ou ainda da televisão, entretanto não conseguem assimilá-los e ao mesmo tempo manter a atenção no que estavam fazendo.

A pessoa pode até ter a ilusão de que está registrando as informações vindas de duas fontes, mas ela logo vai esquecer uma delas, se não esquecer as duas!?!?

E mais ainda, a atenção ineficiente pode significar, no futuro, dificuldade de **memorização**.

Quando uma pessoa busca na memória uma determinada informação, o seu cérebro tenta "imitar" o circuito estruturado durante o recebimento e o registro dessa informação.

Se houver confusão durante a elaboração desse circuito, na hora de resgatar a informação uma confusão análoga vai acontecer, e a pessoa não vai conseguir se lembrar do que de fato ocorreu.

Nossa percepção do mundo é simultânea, mas infelizmente a nossa ação é seqüencial, e assim se o empreendedor não estabelecer prioridades, certamente vai sobrecarregar seu cérebro além da conta.

Deixar-se levar pela avalanche de informações é uma das fontes de danos ao cérebro.

Porém não é a única.

Por exemplo, não concluir as tarefas começadas pode até ser pior.

Quando um indivíduo interrompe uma tarefa, automaticamente inibe os circuitos cerebrais que estavam constituídos para que a informação fosse decodificada.

Ao começar uma outra atividade, o cérebro vai ter que formar um novo circuito.

Esse vaivém é muito desgastante e pode provocar lapsos de memória.

Outras vezes uma atividade não é interrompida voluntariamente, mas, suponhamos, pára por causa do telefone que toca, de alguém que surge falando alto, ou pelo rádio ou TV que dá uma notícia bombástica.

Em vista disso, alia-se à interrupção dos circuitos cerebrais o fator irritação, que incrementa mais ainda o desgaste.

Os neurocientistas já confirmaram que os neurônios são suscetíveis à fadiga.

Na realidade, não se sabe até agora como é que os **neurônios ficam cansados** e o que especificamente causa essa fadiga neuronal, mas um indício disto é a sonolência.

Os neurocientistas acreditam que a expansão excessiva e permanente da árvore dendrítica – região dos neurônios que estabelece quantas conexões a pessoa consegue realizar – diante da quantidade e da velocidade das informações, se uma pessoa não se organizar bem poderá sobrecarregar essa estrutura.

Aí talvez ocorra uma liberação de cortecosterona – hormônio que mata alguns neurônios – associada a um evidente quadro de estresse, o que se nota claramente nos indivíduos que trabalham como operadores de vôo num aeroporto, ou naqueles que passam o dia inteiro comprando e vendendo ações na agitação da Bolsa de Valores.

Essas reações podem gerar desde uma simples irritação a um quadro que envolve os seguintes prejuízos orgânicos a pessoa:

- Uma demora muito grande para se "desligar" das atividades diárias do trabalho, mesmo quando está fora delas.
- A produção no trabalho ou nos estudos vai caindo gradativamente.
- Distúrbios de sono e de alimentação, agitação fora do comum, dores musculares e lapsos de memória.
- Apesar de ler, ler e reler um certo assunto, ela nota que não consegue absorver nada (ou quase nada) dos conteúdos.
- Começa a ler, escrever ou digitar palavras com letras trocadas e qualquer ruído a irrita.

Para evitar chegar a esse ponto é preciso estabelecer uma rotina, de modo a arquitetar bem as informações recebidas e usar o bom senso.

Atualmente o que está começando a fazer bastante mal à saúde é o *e-mail* (correio eletrônico) do chefe.

Realmente o empreendedor deve estar ciente de que o uso inadequado de *e-mails* no trabalho pode ser uma fonte adicional de estresse para os funcionários do seu negócio, prejudicar as relações entre os colegas e comprometer a integração na empresa, isto é, o trabalho em grupo.

No Reino Unido recentemente foi feito um estudo entre as empresas britânicas, que não é totalmente conclusivo, através do qual foi possível identificar uma elevação da pressão arterial dos funcionários quando eles recebiam *e-mails* de seus superiores, especialmente quando a mensagem estava escrita em tom de crítica ou de cobrança.

A recomendação de especialistas em saúde ocupacional e psicologia é que *e-mails* **nunca devem ser usados para criticar** a atitude profissional de um funcionário, fazer cobrança e dar ordens ou transmitir más notícias!?!?

O especialista em saúde e psicologia no trabalho Gary Cooper, autor do livro *Shut Up and Listen! TheTruth About How to Communicate at Work* (Cale a boca e ouça! A verdade sobre como se comunicar no trabalho), diz: "Se colocássemos na balança os benefícios e os malefícios provocados pelo uso de *e-mails* no trabalho, o resultado neste início do século XXI seria equilibrado.

Quando o *e-mail* surgiu, diria que era 70% a favor e 30% contra.

Mas agora, em vista do abuso, acredito que já é de 50% a 50%.

Existem muitas exemplos do uso inadequado de *e-mail* no trabalho.

Acho que o primeiro deles é a **dificuldade de priorizar** diante da grande quantidade de mensagens recebidas, muitas delas inúteis ou pouco importantes.

O funcionário de uma empresa precisa, pois, desenvolver a capacidade de identificar as que são realmente importantes e dar preferência a elas.

Quando recebíamos cartas pelo correio, era mais fácil priorizá-las por ordem de importância.

Atualmente, somos compelidos a ler e responder a tudo (ou quase tudo) que recebemos, sem avaliar convenientemente sua importância.

Assim perdemos muito tempo inutilmente.

Lamentavelmente tem muita gente achando que a quantidade de *e-mails* que cada um recebe no início do dia ou durante um período de férias é símbolo de *status*.

Não é nada disso!!!

O segundo grande erro é aquele de incluir na lista de destinatários pessoas que não precisam necessariamente receber a mensagem.

Além de contribuir para a *overdose* de *e-mails* recebidos a cada dia, essa prática freqüentemente indica uma tentativa de se livrar de responsabilidades.

Assim é comum um funcionário encaminhar um *e-mail* para vários colegas com a finalidade de repartir a sua responsabilidade.

Um terceiro erro muito comum é o de privilegiar as mensagens eletrônicas em detrimento dos contatos pessoais com colegas que trabalham perto, às vezes a apenas algumas mesas de distância.

Com isso empobrece o relacionamento entre os colegas, e os funcionários da mesma empresa ficam cada vez mais reclusos.

Não é bom enviar *e-mails* para pessoas que estão perto de você.

Por que não falar com elas pessoalmente?

O contato direto ajuda a construir as relações pessoais, melhora o trabalho em grupo e estimula a criatividade.

Naturalmente o *e-mail* tem as suas utilidades, como manter contato com colegas que estão longe ou com clientes, fazer circular informações que possam ser úteis ao trabalho das pessoas, e acompanhar o progresso de um certo serviço.

Porém o *e-mail* não é o meio adequado para buscar soluções criativas(?!?!?!), dar ordens, definir diretrizes e analisar ou criticar o desempenho de alguém.

A substituição das relações individuais pelo **excesso de comunicação eletrônica** tem como conseqüência o desenvolvimento de uma baixa moral no trabalho.

As pessoas passam a se sentir apenas uma peça ou um "acidente geográfico" dentro da empresa, tão desimportantes que nem merecem um tratamento face a face."

É interessante que já existem muitas organizações privadas e públicas britânicas que estão fazendo experiências com o intuito de combater o fenômeno da aceleração da comunicação eletrônica, estabelecendo **"dias livres de *e-mails*"** entre os funcionários.

Em 2003, o Liverpool City Council (LCC), responsável pela administração dessa cidade britânica com cerca de 500 mil habitantes, adotou uma medida inédita: "baniu" a troca de *e-mails* entre os 19,5 mil funcionários do órgão em todas as quartas-feiras.

Dessa maneira, uma vez por semana os funcionários foram estimulados a evitar o uso de *e-mail* e a resolver seus problemas por telefone ou pessoalmente. Matthew Finnegan, responsável pela mídia do LCC, comenta: "Essa experiência tem principalmente uma finalidade educativa e buscou-se provocar uma mudança de comportamento.

Ela demonstrou ter sido eficaz para que as pessoas examinem por que usam e-*mail* e quando ele é realmente o melhor instrumento à disposição.

Percebemos no LCC que muitos funcionários recorriam a *e-mail* como uma maneira de evitar solucionar um problema!?!?

Nossa missão é a de oferecer um serviço de primeira qualidade, e constatamos que os nossos funcionários em lugar de buscarem uma solução rápida, limitavam-se a encaminhar um *e-mail* para colegas pedindo sua opinião sobre algum problema, postergando uma decisão.

Assim, em muitos casos o *e-mail* passou a ser uma camuflagem para não agir, isto é, não buscar a solução.

No LCC houve no início uma resistência por parte dos funcionários, mas com o passar do tempo, as quartas-feiras tornaram-se o dia de trabalho com menor tensão e mais liberdade!!!

As pessoas conversaram mais e se movimentaram mais também.

Percebeu-se uma certa sensação de alívio e de maior liberdade..."

É interessante que também no Brasil muitas empresas já estão constatando os problemas provocados pelo uso inadequado de *e-mails*, como é o caso da Petrobrás, que tem 38 mil funcionários contratados e cerca de 80 mil terceirizados.

Anneliese Schmidt, gerente de comunicação de tecnologia e informática da Petrobrás, evidencia: "No momento estamos de fato revendo as normas de utilização de *e-mails* e pretendemos fazer uma campanha de conscientização.

Detectamos três problemas dentro da empresa: uso equivocado da linguagem, envio desnecessário de mensagens a muitos destinatários, e repasse indiscriminado de mensagens que não foram verificadas e, muitas vezes, são inteiramente falsas.

Os funcionários devem se conscientizar de que o *e-mail* é mais uma ferramenta de trabalho que a empresa coloca à sua disposição.

Ela precisa ser bem usada."

Bem, o empreendedor moderno e criativo tem que estar ciente de que o *e-mail* é um "brinquedo" de comunicação relativamente novo, e que se está aprendendo ainda a fazer bom uso dele. Entretanto ele não pode gerar estresse no empreendedor e nem nos seus colaboradores.

Por outro lado, o empreendedor não pode esquecer que a atual rapidez na comunicação facilita a ambigüidade das mensagens, o que pode levar a desentendimentos.

Nesse caso, ele deve aconselhar que a melhor coisa que uma pessoa pode fazer ao receber um *e-mail*, que por algum motivo considera desagradável, é ligar para o colega de trabalho ou procurá-lo para conversar pessoalmente.

Às vezes, alguém pode achar que o *e-mail* que recebeu contém uma crítica, quando na realidade não é isto.

Nessa circunstância, um telefonema ou um bate-papo pode ajudar a solucionar mal-entendidos antes que seja tarde...

Embora os *e-mails* sejam naturalmente mais informais do que outras ferramentas de comunicação, esta informalidade não significa escrever com displicência.

Por isso, eles devem ser escritos de forma concisa, clara, educada e gramaticalmente correta.

Quais são as ações vitais que devem ser feitas por um empreendedor para ter bons registros e controle do seu negócio???

1ª Ação – Escrever sempre as **instruções** – o mais claras possível – para todos os procedimentos e processos comuns.

Isto economiza muito tempo perdido e minimiza e execução de tarefas de forma inadequada, principalmente pelos empregados recém-contratados.

2ª Ação – É preciso dar autonomia, mas sem perder o controle...

É essencial periodicamente executar uma auditoria gerencial.

Ela é bem similar a uma auditoria financeira, com exceção de que nesta ação o que se procura rever são os procedimentos gerenciais em vez dos procedimentos contábeis.

Esta auditoria permite sempre tomar alguma atitude corretiva sobre o produto, o processo ou o comportamento de algum funcionário.

3ª Ação – Estabelecer por meio de um documento uma rotina que deva ser religiosamente seguida pelos empregados para que a empresa demonstre organização e dinamismo.

Esse documento conduz a dois efeitos principais:

1. Ele exige alguma ação?

   Em caso afirmativo, isto significa que ela deve ser tomada, delegada imediatamente a alguém, ou ser inserida na agenda da empresa numa data na qual impreterivelmente a ação será executada por alguém.

2. Ele é apenas uma informação que deve circular?

   Em caso afirmativo, assegure-se de que todos que precisam tomar ciência da mesma já o fizeram, e em caso contrário arquive-a, ou simplesmente jogue-a fora.

   Não adianta arquivar tudo na esperança de que algum dia vai usar a informação. Na era da informação existem outras formas mais eficientes de voltar à mesma do que guardá-la nos arquivos ou equipamentos de uma pequena empresa.

4ª Ação – Registrar sempre todas as decisões e manifestações importantes tomadas no decorrer do tempo de trabalho na empresa para evitar futuros confrontos e discordâncias do tipo: "Eu disse.... *"versus"* "Você disse..."

No fundo deve-se manter em várias situações, não só nas cruciais, registros escritos (ou armazenados no computador) e assinados (comprovadamente recebidos, estando cientes aqueles para os quais foram enviados).

Como estamos na era digital, cada conjunto de teclas tocadas, por incrível que possa parecer, na realidade constitui uma nova oportunidade para se introduzir algum tipo de erro.

É por isso que se deve usar o mesmo *database* sempre que possível para não introduzir ruídos no sistema de dados e informações da empresa.

Contudo, apesar de estarmos no século XXI – na era digital – existem ainda coisas que podem ser feitas de forma mais eficiente "à mão" do que com computadores.

O empreendedor criativo é aquele que sabe equilibrar o uso da tecnologia da informação (TI) com o do seu cérebro, lembrando sempre aquele famoso *slogan* divulgado por alguns cursos preparatórios para o ingresso nas faculdades: **"Leve a cola no seu cérebro!!!"**

Não faça, porém, mais nada manualmente que possa ser feito muito mais rápido e eficientemente usando o computador.

5ª Ação – Fazer com que os seus relatórios e comunicados sejam lidos.

Por exemplo, você tem um relatório de 18 páginas que deve mandar para um cliente (fornecedor) que vive em outra cidade.

O que deve fazer?

Evidentemente não lhe mande tudo por *fax*, nem o force a "ler" tanta coisa na tela. Talvez o melhor seja enviar isso pelo correio...

Lamentavelmente, nenhuma tarefa ou serviço estará completo até que a leitura da "papelada" tenha sido feita.

Concluindo, os três conselhos finais são:

1. Mantenha todos os registros dos seus negócios, e hoje existem excelentes *softwares* que permitem realizar isto com certa facilidade.
2. Esteja ciente, principalmente no Brasil, das leis fiscais vigentes e das suas alterações, para manter-se em dia com as suas obrigações no tocante ao pagamento das taxas e impostos.
3. Mantenha-se atualizado sobre a melhor forma de ter o registro de todos os dados e informações importantes relacionados com o seu negócio.

NOTÍCIA LAMENTÁVEL – EXCESSO DE BUROCRACIA E DE TRIBUTOS ATRAPALHA MUITO O SURGIMENTO DE MPEs.

Consideradas por **dez entre dez analistas** do mercado de trabalho como as maiores detentoras de potencial de gerar empregos – de que tanto o Brasil necessita – as micro e pequenas empresas (MPEs) têm se mobilizado em diversas frentes para garantir condições tributárias e legais de sobrevivência.

Hoje, estudos feitos pelo SEBRAE apontam que de cada dez empresas abertas, três não completarão um ano de atividade, e em cinco anos outras seis deixarão de existir, afogadas na equação ingrata constituída pelo excesso de burocracia e de tributos, na dificuldade de acesso ao crédito, e na falta de planejamento de negócios montados por impulso ou por absoluta necessidade.

Isto significa claramente que é necessário um "carinho" maior por parte das autoridades no sentido de facilitar a vida das MPEs, e inclusive com isto quem sabe tirar tantas delas da informalidade.

Segundo o presidente do SEBRAE nacional, Silvano Gianni, atualmente cerca de 9,5 milhões de MPEs vivem na mais absoluta informalidade, ocupando mais de 14 milhões de pessoas e representando algo próximo a 25% da população ocupada (ou ativa) no meio urbano.

Argumenta Silvano Gianni: "O governo deveria reduzir significativamente a cobrança de impostos que incidem sobre as MPEs, pois isto as estimularia a sairem da informalidade.

As projeções mais conservadoras indicam que reduzir à metade a carga tributária sobre as MPEs possibilitaria elevar a arrecadação em mais de 1.000%."

O governo federal parece estar propenso a alterar a legislação referente às empresas de menor porte, complementando a Lei-Geral da MPE.

Alencar Burti, presidente do SEBRAE do Estado de São Paulo, afirma: "É imperioso que haja redução da burocracia e diminuição das exigências trabalhistas que inibem a formalização de empreendimentos e a contratação de funcionários.

Não se pode exigir que um empresa – cujo faturamento e folha de pagamento superam o PIB de muitos países – tenha os mesmos encargos legais que uma que tem seis funcionários, a maioria parentes e amigos, e outros que mal ganham o mínimo para sobreviver.

Os sindicatos, tanto os patronais como o dos trabalhadores, precisam se unir para avaliar juntos o melhor caminho a tomar dentro de uma realidade totalmente diferente daquela em que foram criadas as leis trabalhistas brasileiras.

O mundo não tem mais os empregos do século XX; precisamos nos adequar a uma situação completamente nova, com soluções novas, unindo os dois sindicatos para evitar o abuso do poder econômico, mas também assegurando a estabilidade social e a responsabilidade pela saúde, por exemplo, que são do Estado."

Entre as medidas que os representantes dos empresários apontam como fundamentais para facilitar a sobrevida das MPEs está a flexibilização da legislação trabalhista, em especial no que refere ao seu arcabouço jurídico.

Joseph Couri, presidente do Sindicato da Micro e Pequena Indústria (SIMPI) de São Paulo, aponta algumas outras mudanças necessárias: "É preciso alterar as leis existentes dando aos empreendedores a possibilidade de parcelar o pagamento das indenizações trabalhistas, modificar o cálculo dos impostos sobre o faturamento, além de apressar os processos que chegam à Justiça do Trabalho.

O Brasil tem hoje quase 1,75 milhão de processos trabalhistas em julgado e não tem de onde cobrar, porque as empresas processadas já fecharam, ou melhor, faliram.

De alguma forma deve ser perdoado ou zerado o passivo trabalhista das empresas referentes ao período em que estavam na informalidade.

Os microempresários precisam ser anistiados do período informal, caso contrário não vão se formalizar nunca!!!

É necessário também criar uma linha de crédito especial para auxiliar no pagamento de impostos.

Não se pode aceitar os argumentos de muitos representantes do setor bancário, de que as MPEs constituem-se em um risco muito alto de inadimplência.

O governo, principalmente o federal, deve ter como prioridade auxiliar as MPEs que praticamente vivem do mercado interno, que precisa ser forte, e para fortalecê-lo é vital estimular o progresso das MPEs. Dessa maneira, a mudança que se aguarda para aumentar o número de MPEs formais no Brasil é política, e este é o desafio que está apresentado agora para os nossos governos."

EXEMPLO A SER SEGUIDO – EMPREENDER EM VÁRIOS SEGMENTOS.

O empreendedor Miguel Krigsner, depois de consolidar O Boticário como uma das maiores e mais importantes redes de franquia do Brasil, continua sendo impelido por uma inquietude existencial que o leva a criar coisas novas constantemente.

E um exemplo claro disto é um dos seus novos negócios – a inauguração no final de março de 2004 da Estação Embratel 21 Convention Center, em Curitiba.

Esse novo espaço para congressos e exposições exigiu um investimento de quase R$ 50 milhões, tem uma área útil de 25 mil m², com capacidade para receber até 5 mil pessoas em programações simultâneas, tendo três pisos multiusos com salas que variam de 150 a 2.700 lugares.

Pois é, o "homem dos perfumes", além de ter construído a Estação Embratel 21 Convention Center – o que seguramente fará com que mormente os curitibanos aumentem o seu capital intelectual –, também tem hoje participação em grandes *shoppings centers* de Joinville, Porto Alegre e Maringá.

Mas, sem dúvida, partiu para a área de eventos porque levou em conta uma pesquisa do SEBRAE que indicou que esse setor movimentou em 2003 algo em torno de R$ 37 bilhões!!!

Ele fundou O Boticário em 1977, e hoje quase 900 empresários comandam as 2.200 lojas, uma média de um pouco mais de duas lojas para cada franqueado.

Obviamente cada franqueado é um empreendedor, isto é, uma pessoa que num dado momento de sua vida resolveu investir num sonho tendo o próprio negócio, e alguns deles em certas situações até abandonaram empregos bem tranqüilos e confortáveis, financeiramente falando.

Em vista de sua experiência e do seu sucesso, Miguel Krigsner ensina que: "Ser empreendedor significa ter uma vontade muito grande de realizar, de enfrentar desafios.

Por outro lado, o empreendedor precisa ter muita energia para querer sempre fazer algo que seja importante para a sociedade.

Vivemos hoje em um mundo no qual a inovação é essencial.

Dessa maneira, a coragem de ousar e de inovar tem que ser permanente dentro de qualquer empreendimento, e o empreendedor é aquela pessoa que demonstra continuamente uma inquietude existencial, sempre querendo obter novas conquistas através de produtos ou serviços que a sociedade percebe que têm muito valor agregado.

No O Boticário lançamos inúmeros produtos novos todo ano, pois o cliente exige isso. Aliás, ao lançarmos um produto novo, já estamos pensando em como e quando vamos surpreender o cliente com um novo lançamento.

Acho que não mais de 10% da população é constituída por pessoas que são inquietas, ousadas, e que querem assumir riscos.

Lamentavelmente algo como 90% dos indivíduos são os clássicos **'matadores de idéias'**, aquelas pessoas que freqüentemente dão o seguinte conselho: 'Isso que você quer fazer não vai dar certo!?!'

Por outro lado, todas as pessoas do mundo não podem ser empreendedoras!?!?

O empreendedor é uma pessoa diferenciada que deve estar rodeada de pessoas dispostas a seguir rotinas, disciplinadas, com conhecimento para gerenciar os negócios que ele vai abrindo.

A mente do empreendedor é comumente muito inquieta e com freqüência ele não consegue num primeiro momento explicar o que quer fazer, porém na sua cabeça as idéias estão em ebulição e conectadas...

Hoje, como empreendedor, tenho o sonho de construir algo importante para Curitiba, cidade onde O Boticário nasceu.

Curitiba está passando por um novo ciclo, ou seja, saindo do ciclo da industrialização para aquele de prestação de serviços.

A capital paranaense tem atualmente todas as condições de desenvolver intensamente setores ligados à tecnologia da informação e da comunicação (TIC).

E o centro de convenções que contruí será um espaço que possibilitará integrar esse novo ciclo econômico da cidade, de troca de conhecimentos, de idéias, de aproximação das pessoas, de geração de empregos.

E esse novo projeto tem tudo a ver com a missão de O Boticário, que é **unir pessoas**!!!

Já para o jovem que quer ser empreendedor, eu diria que o essencial é **não ter medo**!!!

É preciso que ele saiba assumir riscos e que não tenha uma visão que só chegue ao aparente.

É necessário também desenvolver uma competência vital, ou melhor, a capacidade de ver o que está por detrás das coisas e não apenas aquilo que está aparecendo.

É imprescindível sempre procurar uma inovação muito grande e ter coragem de sair do lugar comum.

É, no fundo, obrigatório ousar corajosamente, sem naturalmente ser louco.

O jovem deve ir atrás do seu sonho, ouvindo o seu coração e não apenas o cérebro.

Não deve querer ser mais ou menos, pois o mundo está cheio de gente mediana.

Ser mais ou menos é ser igual a uma alface.

O empreendedor é aquele que quer sentir a vida na sua plenitude seguindo o que diz o seu coração..."

3.2 COMPORTANDO-SE DE FORMA ÉTICA COM AS FINANÇAS.

É importantíssimo que o empreendedor aprenda a entender o que sinalizam as finanças e obedecer aos alertas dos registros financeiros do seu negócio.

Uma regra que jamais deve ser esquecida pelo empreendedor ético é:

"Nunca minta para o banco."

Se você precisa ser "exageradamente criativo" com o gerente do seu banco, este é o primeiro indício de que você está **mentindo para si mesmo** sobre o seu negócio.

Ademais, o empreendedor inteligente é aquele que ao gastar dinheiro consigo – débito pessoal – não compra coisas das quais não precisa, principalmente se elas só servem para impressionar pessoas (muitas das quais ele nem gosta...).

Ao gastar o dinheiro da empresa – débito do negócio –, o empreendedor não deve comprar coisas que apenas impressionem, mas essencialmente deve adquirir o que necessita para gerar mais dinheiro com as atividades do negócio.

É vital, pois, ter o controle completo das finanças da empresa, isto é, estar ciente da retidão de todas as compras efetuadas e sobretudo do débito com os bancos.

O débito com um banco – o empréstimo recebido – é uma quantia que obrigatoriamente deve ser paga.

Qual é o custo desse débito?

O principal, significando o valor emprestado e os juros que incidem sobre o mesmo, que no Brasil em certas circunstâncias são tenebrosos...

Uma das grandes preocupações do empreendedor deve ser com os juros. **O juro é o custo do dinheiro.**

É fundamental, portanto, obter do banco o produto correto (linha de crédito, empréstimo a curto ou longo prazo, etc.).

É essencial também conseguir do banco o menor custo (a menor taxa de juros), o que no Brasil é uma tarefa bem árdua...

LEITURA RECOMENDÁVEL – ALÉM DE TER DINHEIRO, É PRECISO TER COMPETÊNCIA.

O economista José Carlos Flesch, autor do livro *O Lucro, a Empresa e Você* (Editora Gente), de maneira brilhante discute e responde na sua obra à seguinte questão: Por que será que muitos profissionais talentosos são incapazes de administrar o próprio dinheiro?

Inicialmente ele afirma que isto acontece porque não fomos ensinados a lidar bem com dinheiro, nem em casa e nem na escola.

De uma certa forma isto é decorrência

da cultura ocidental, na qual associa-se muito o dinheiro ao negativo conceituando-se o dinheiro como algo sujo ou que é um mal ?!?!

Talvez seja algo parecido com o sexo, como era visto até pouco tempo atrás, com a mesma conotação de sujeira, de algo sobre o que não se deve falar muito abertamente e nem tampouco praticar de forma "transparente"...

Muitos já ouviram expressões como: "Dinheiro é um mal necessário", ou "Aí está o vil metal".

Infelizmente, só agora se pensa em introduzir o empreendedorismo no ensino fundamental, quando aí seguramente os alunos brasileiros começarão a ser **alfabetizados financeiramente**, além de se lutar para que não sejam analfabetos funcionais.

Porém, pode-se dizer que atualmente algo como 80% dos brasileiros de todos as classes sociais **não sabem** usar bem o seu dinheiro.

José Carlos Flesch reconhece: "Depois de milhares de horas em cursos e consultoria com pessoas físicas e jurídicas, percebi que em geral as pessoas têm medo do dinheiro e da riqueza, embora a maioria delas negue isto, e que há ainda muito preconceito contra o lucro no coração de inúmeros empresários, o que é facilmente perceptível quando se presta um mínimo de atenção ao desconforto – quanto não à vergonha – com que eles falam do seu desejo de lucrar.

Uma coisa é quanto cada um acha que quer ganhar e outra bem diferente é quanto nos permitimos (?!?!?!), quanto aceitamos que temos o direito de conquistar para nós mesmos.

No Brasil continua poderosa a influência de crenças inconscientemente adquiridas, particularmente na infância, de que o dinheiro é perigoso para a saúde e o caráter, de que o lucro é a **ilegítima exploração** do mais fraco pelo mais forte, e de que não somos capazes nem merecedores de uma vida com menos trabalho e mais folgada financeiramente.

Da mesmo forma que é impossível aprender a nadar ou a andar de bicicleta sem vencer o medo, o mesmo acontece com ganhar dinheiro.

Por mais que uma pessoa se prepare técnica e profissionalmente, nada de muito significativo ocorrerá se o principal obstáculo, que é o **medo de ganhar dinheiro**, não for vencido.

Na realidade, o empreendedor é aquele que não tem esse medo e, ao contrário, o medo dele é de não ganhar o dinheiro que acha que pode..."

Os teóricos costumam dizer que a grande conquista da modernidade é a descoberta de que, ao mudar as atitudes internas de sua mente, uma pessoa – em especial o empreendedor – pode mudar também os aspectos externos da sua mente.

Claro que todos os indivíduos com crenças contra o dinheiro deveriam reprogramar a sua visão e acreditar que **dinheiro traz felicidade!!!**

Apesar de muitas pessoas criticarem esta afirmação, dizendo que nenhum rico conseguiu comprá-la, também é verdade que nenhum pobre conseguiu vendê-la!!!

Não se deve evidentemente confundir adquirir o que dá felicidade com "comprar" a felicidade...

Só o fato de o dinheiro facilitar a nossa vida na hora de comprar e vender já é, por si só, uma bênção, o que é motivo mais que suficiente para não chamá-lo mais de vil metal, de mal necessário, de fonte de todo mal?!?!?!

Uma vez aceito que o dinheiro é muito importante, deve-se também aprender não só a ganhá-lo, mas também a gastá-lo de forma equilibrada.

Uma das maiores tentações no século XXI é comprar sem ter dinheiro.

O crédito ao consumidor (ou para o empreendedor) é um obrigatório instrumento da vida capitalista.

Mas as taxas elevadas cobradas dos clientes (dos empreendedores) têm provocado uma verdadeira transferência de riqueza, em que uma grande parcela de pobres (empreendedores falidos) transfere boa parte de sua renda para poucos que conseguem emprestar dinheiro (bancos e instituições financeiras).

O resultado são dívidas e mais dívidas.

E no nosso País há uma tolerância muito grande com a dívida.

Aliás, há um ditado que resume esta crença: "Quem não têm dívida não tem nada!"

Portanto, os juros altos de hoje fizeram dessa prática uma grande destruidora de riquezas.

É preciso, por conseguinte, ter consciência e implementar uma disciplina financeira: adiar a compra, juntar dinheiro, só comprar à vista e investir a longo prazo, fugindo da histeria do mercado no curto prazo.

E aí vão alguns conselhos para quem quer ganhar mais dinheiro e usá-lo adequadamente:

1. Torne-se um empreendedor.
2. Gaste menos do que você ganha, saiba poupar.
3. Evite dívidas, sempre que isto for possível. Não esqueça que vive no Brasil, onde os juros ainda são exorbitantes.
4. Aprenda a investir corretamente. Sele o compromisso de investir em fundos de ações ou numa carteira de ações, pelo menos 10% de seus rendimentos em aplicações de longo prazo.
5. Viva em imóvel próprio.
6. Faça um seguro de vida e de saúde, para você, sua família e seus empregados.
7. Permita a si mesmo alguns prazeres, ou seja, "coma algumas cenouras" para comemorar os seus bons resultados no trabalho e os financeiros.
8. Busque continuamente aperfeiçoar a sua educação financeira, adquirindo mais conhecimentos sobre Economia, Direito, Contabilidade e Matemática Financeira.
9. Quando tiver dúvida em questões financeiras não use a intuição, mas sim recorra à ajuda de um especialista neutro.
10. Entenda sempre que o dinheiro é apenas um meio – muito importante, por sinal – mas não é um fim por si mesmo.

AUTO-AVALIAÇÃO – VERIFIQUE SE A SUA VIDA ESTÁ NO AZUL.

1. Você sabe onde e como gasta o seu dinheiro?
2. Você não está deixando escapar algo?
3. Você sabe resistir às tentações?
4. Você sabe usar a taxa de juros a seu favor?
5. Como é que você planeja os gastos com sua vida pessoal?
6. Se já estiver no prejuízo, como é que administrará essa "fatalidade"?
7. Quando o seu negócio precisa de dinheiro, como procura resolver esse problema?

As possíveis respostas para estas perguntas relativas às dívidas ou gastos, ou ainda às necessidades de uma pessoa – um empreendedor, de preferência – são as seguintes:

1. Parece óbvio falar que todo mundo deveria fazer um orçamento doméstico, entretanto parece que menos de 15% dos brasileiros têm o hábito de mapear e controlar suas despesas.

    O resultado é que aproximadamente apenas 1 em cada 7 indivíduos sabe onde e como é gasto seu dinheiro.

    Todo aquele que não quiser ter surpresas desagradáveis deve começar a mudar a sua forma de se relacionar com o dinheiro que custou tanto a ganhar.

2. De maneira geral, as pessoas só controlam os números grandes.

    No caso das despesas domésticas, sabem quanto custa o aluguel, a prestação do carro, a escola dos filhos, etc.

    Mas geralmente não fazem a menor idéia das "miudezas", tais como: um presentinho aqui, uma lembrancinha ali, revistas e CDs, remédios esporádicos comprados na farmácia, o restaurante de sexta-feira à noite, etc.

    Quem você conhece que anota esse tipo de gastos?

    Pois passe a fazer isso, que lhe será muito útil também no seu negócio.

3. Hoje em dia as promoções nos jornais, as propagandas na televisão, os *jingles* no rádio, os *out-doors* espalhados por toda a cidade constituem-se em enormes veículos que querem nos atrair para alguma aquisição.

    É difícil resistir a tanta tentação...

Como resultado, a pessoa passa a pagar algo com cartão de crédito, um pouco com cheques pré-datados, toma emprestado algum dinheiro de um parente, etc., e geralmente não se dá ao trabalho de registrar e anotar na sua agenda eletrônica as datas de vencimento de cada dívida...

Brasileiro é assim, gasta agora e vê como pagar depois.

Não deveria ser deste modo, pois este é o caminho rápido para perder o controle e entrar em desespero total, afundado nos juros das dívidas...

4. No cheque especial e no cartão de crédito, o Brasil tem uma das taxas de juros mais altas do mundo, estando próxima de 10% ao mês.

É imprescindível que a pessoa não entre nessa ciranda e é vital saber usar os juros a seu favor.

Os automóveis são um dos raros produtos no País pelos quais que **não vale a pena pagar à vista**, uma vez que os bancos das montadoras os financiam com juros módicos, alguns de menos de 1% ao mês.

5. A melhor maneira é pôr no papel todas as despesas: do passado, do presente e do futuro.

Todas, das menores às maiores, e recorrendo a uma planilha como o Excel, criando divisões como: aluguel, escola, alimentação, vestuário, lazer, saúde, etc., para abranger todas as possibilidades de saída de dinheiro.

Usando essa planilha deve-se calcular quanto a pessoa gasta e no quê, em porcentagem.

Isso é muito útil para se ter uma noção melhor da sua realidade financeira.

Mais tarde, caso precise cortar despesas, com essa visão ampla e detalhada cada um tem maior facilidade para detectar onde deve passar a tesoura.

É evidente que não adianta controlar os biscoitos ou o sorvete dos filhos se o pai "sonegar" informações dos seus gastos em alguma festinha após o trabalho, ou a mãe não contar que comprou um vestido novo...

Para que o planejamento financeiro dê certo é preciso ter uma colaboração coletiva da família.

O empreendedor que quer controlar os gastos na sua empresa precisa incutir nos seus colaboradores que é uma missão coletiva o controle dos custos.

6. A primeira providência é parar de gastar em coisas novas, ou seja, implantar a política do **gasto zero,** pois com isto deixa-se de aumentar o saldo negativo.

A segunda medida é a de eliminar despesas que não sejam essenciais à sua sobrevivência, e se você tiver mapeado os seus gastos não terá muitas dúvidas sobre o que deve ser cortado.

Neste quesito podem entrar TV por assinatura, vários cartões de crédito – ficando-se apenas com um – para não pagar anuidades inutilmente, cabeleireira, manicure, e até o telefone celular, a menos que seja indispensável.

Talvez seja até necessário vender alguma coisa como, por exemplo, o automóvel.

Uma outra providência pode ser a renegociação das dívidas.

As empresas que vendem por crediário preferem receber menos a provavelmente não receber nada...

E existem ainda outras alternativas, como recorrer ao seu fundo de garantia, ao gerente do banco, aos pais ou parentes que tenham algum dinheiro na poupança.

Peça emprestado a essas pessoas mais chegadas a você, que possivelmente lhes pagará um juro menor que o de um banco...

7. Dizem que para criar uma empresa de sucesso é preciso **90% de trabalho duro, 9% de capital e 1% de sorte.**

Trabalho depende só do empreendedor e sorte faz parte do imponderável.

Resta, portanto, obter o capital!?!

Quando se fala em financiamento, a primeira coisa que vem à mente são os grandes bancos.

Esqueça inicialmente isso, porquanto os juros por volta de 10% ao mês vão quebrá-lo.

Mas não se desespere, que existem outras portas para bater.

Claro que os que vão ajudá-lo são investidores, que têm por seu turno um único objetivo comum e óbvio: **obter retorno sobre o seu investimento.**

Entre esses investidores temos:

■ **Capital de risco.**

Nesta categoria entram incubadoras, pequenos fundos de investimento e os *angels* ou, em português, anjos.

Muitas vezes, *angels* são amigos ou familiares que acreditam no seu negócio e apostam nele. Existem também os pequenos investidores de capital de risco que apostam em empresas que já estão operando e precisam de um "gás" para melhorar sua infra-estrutura ou capital de giro.

Aliás, esse tipo de investimento se popularizou durante a fase de loucura dos investimentos em empresas na Internet.

Já para quantias maiores há os fundos de *private equity* – grandes bancos de investimento que raramente apostam em negócios de menos de R$ 5 milhões.

Em todos os casos citados, o dinheiro pode ser simplesmente emprestado ou trocado por uma participação na empresa.

■ **Incubadoras de negócios.**

São empresas que só injetam capital em troca de participação na empresa. Mas, em vez de só colocar dinheiro, também cooperam na gestão do negócio.

Este tipo de investimento é indicado para quem é muito bom em uma certa área do negócio, mas precisa de ajuda em outras.

Algo como ser um ótimo técnico ou especialista em certa área, mas um fraco comerciante, ou ainda excelente estrategista ou homem de *marketing*, porém um péssimo executivo.

■ **Outras fontes.**

O empreendedor pode bater na porta de ONGs como a Endeavor (seu *site* é www.endeavor.org.br), que auxilia o empreendedor a acelerar o desenvolvimento do seu negócio, achando-lhe algum investidor.

Ele pode ainda procurar a ajuda de entidades como o SEBRAE, a FINEP, e bancos privados e estatais que oferecem condições especiais para pequenos negócios.

Se o empreendedor entrar em um *site* de buscas, como o www.yahoo.com.br ou o www.google.com.br, e digitar "capital de risco", achará certamente os *sites* das principais empresas de investimento.

Para conseguir mais referências sobre essas organizações, é conveniente ter um contato com o pessoal da Associação Brasileira de Capital de Risco (entre no *site* www.abcr-venture.com.br).

Apesar de todas essas opções de capital de risco, geralmente elas não são suficientes para atender ao volume todo de empreendedores que precisam de investidores.

O fato concreto é que uma parcela mínima obterá um cheque assinado para depositar na sua conta a fim de tocar o seu negócio.

Por isso, a melhor forma para abrir o seu próprio negócio e se isto for possível, é por conta própria do empreendedor, que vai usar seu capital proveniente de alguma poupança.

Se o seu negócio for realmente bom ele prosperará, e aí sim será bem mais fácil encontrar investidores para dar um grande salto e se tornar um enorme sucesso.

ALERTA VITAL – O BRASIL PRECISA DE REDES DE *ANGEL INVESTORS*.

Certamente o Vale do Silício, no Estado da Califórnia, EUA, não existiria se não tivessem lá surgido numerosas redes de *angel investors* – **investidores-anjos** em uma tradução literal, ou indivíduos que investem em empresas que lhes geram retornos maiores do que os que teriam com investimentos tradicionais.

E são os *angel investors* que estão alavancando cada vez mais o empreendedorismo nos EUA, fazendo nos últimos anos um trabalho mais significativo que os próprios investidores de risco.

Na realidade, os investidores de risco parecem ter-se tornado os menos dispostos a assumir riscos entre todas as comunidades do Vale do Silício.

Quando decidem se envolver com alguma empresa, os *angel investors* já

estão lá há anos, assumindo os enormes riscos de investimentos iniciais e sustentando pessoalmente as inexperientes empresas iniciantes – as chamadas *start-ups*.

O Google, por exemplo, deve seu surgimento em parte a Andy Bechtolsheim, um dos fundadores da Sun Microsystem, e conhecido pela experiência que tem em *angel investing*.

Bechtolsheim foi um investidor tão "iniciante" que os fundadores do Google, Sergey Brin e Larry Page, ao receberem dele um cheque inicial de US$ 100 mil, tiveram que **fundar a empresa** para poder descontá-lo pois ele era nominal ao Google.

Claro que outros *angel investors*, como David Cheriton, Jeff Bezos – o criativo fundador da Amazon – e Ram Shiram desempenharam papéis vitais na história inicial do Google.

Mesmo assim, até agora a comunidade dos *angel investors* vem tendo pouco reconhecimento pelo trabalho que tem realizado.

Ressalte-se que há uns 10 anos, durante o *boom* das empresas ponto.com, os *angels* muitas vezes foram considerados uma fonte de financiamento de segunda classe, aos quais uma empresa recorria quando não conseguia garantir investimentos de capital de risco.

Porém, com os fundos de capital de risco bancando tantos negócios parecidos naqueles anos, havia pouca demanda pelas práticas de investimentos sem restrições dos *angels investors*. Obviamente eles não teriam financiado tantas empresas iniciantes da era **ponto.com** caso estivessem administrando os fundos de capital de risco.

Isso porque eles são empresários veteranos e escaldados.

Eles sabem como farejar uma boa oportunidade de negócio e sabem por experiência e instinto o que é necessário fazer para constituir uma boa equipe administrativa.

Os investidores de risco têm as suas conexões com os bancos de investimento, mas empresas jovens precisam de mãos experientes, que é o que as comunidades de *angel investors* do Vale do Silício proporcionam.

Contudo, mais do que a experiência administrativa, é a **semente das atividades de investimentos** que realça muito o Vale do Silício no momento, e isto deveria ser muito bem observado por todos os nossos órgãos de fomento do empreendorismo para, quem sabe, surgir rapidamente a rede angelical brasileira.

Recentes pesquisas executadas pela empresa de consultoria Pricewaterhouse Coopers (PwC) sobre os investimentos de risco feitos, mostram uma queda contínua dos mesmos por parte dos fundos de capital de risco, pois "parece" que eles estão se tornando cada vez mais avessos ao risco.

A maior parte dos financiamentos está indo para investimentos já em estágios de desenvolvimento bem mais adiantados, quando as oportunidades de lucro são mais claras e os riscos de perda conseqüentemente são bem menores.

Certamente que sem esses investimentos iniciais, a próxima safra de novas companhias no Vale do Silício poderá ser pequena.

É verdade que os *angel investors* estão se esforçando muito para reverter essa situação.

Um exemplo típico é a organização The Indus Entrepreneur (TIE), que é a maior rede de *angels investors* do Vale do Silício, e que cresceu a partir de um grupo empresarial cujos membros eram principalmente de origem indiana e que hoje incluem outros que não são.

Esses investidores dizem que "amam" a TIE por causa da elevada qualidade dos negócios de investimento que a organização lhes apresenta, o que no final das contas significa grande lucratividade.

Infelizmente, em muitos casos o importante trabalho dos *angels investors* não é adequadamente reconhecido. Raramente os *angels investors* são mencionados como ocorreu com John Doerr, descrito numa edição do *The New York Times* como um dos mais bem-sucedidos investidores de risco do Vale do Silício, especialmente pelo seu apoio ao Google.

É preciso lembrar que na época da fundação do Google, nenhum fundo de capital de risco se aproximou da empresa. Os serviços de busca na Internet eram considerados uma *commodity* de baixas margens de lucro e dominados pela Yahoo! e Inktomi.

Somente os *angels investors* do Google foram capazes de ver o potencial de sucesso que ele possuía.

Naturalmente existem centenas de exemplos nos EUA, em que os *angels investors* levantaram a maior parte do peso, muito antes que investidores de risco conhecidos tenham se envolvido.

Um exemplo recente é o da eASIC, uma companhia iniciante com uma tecnologia que diminuiu radicalmente os custos de projeto e produção de *chip* personalizados de US$ 20 milhões para cerca de US$ 2 milhões.

Assim, Vinod Khosla, que disputa com John Doerr a coroa de principal investidor de risco do Vale do Silício, entrou no conselho da eASIC, e a Kleiner Perkins Canfield & Byers, da qual ele é sócio, fez um investimento de US$ 5 milhões na mesma.

Entretanto, foi um outro grupo de *angels investors* que percebeu o potencial da eASIC muito cedo, cerca de dois anos antes.

Conhecida como Silicon Ventures, ela é a segunda maior rede de *angels investors* do Vale do Silício, constituída principalmente por empreendedores de origem israelense. O seu fundador e diretor-gerente, Gadi Behar, revela: "Nós temos o hábito de investir durante todo o período de retração. Trabalhamos bem perto das empresas e isto está valendo a pena. Aliás, como exemplos de sucesso posso citar o investimento que fizemos na InterVideo, que abriu o capital em 2003, e na WebAppoint, que já foi adquirida pela Microsoft."

O trabalho dos *angels investors* no Vale do Silício pode muito bem ser o componente mais difícil de ser recriado em outras partes do mundo.

Muitas outras regiões dos EUA e de outros países vêm tentando imitar o Vale do

Silício, seguindo suas pegadas. A fórmula comum é estabelecer um parque industrial ao redor de uma universidade ou de uma instituição de ensino superior, injetar alguns recursos e esperar que grandes empresas despontem.

Em muitas situações, quando as empresas iniciantes têm um sucesso modesto, pode-se creditar isso em grande parte à falta do componente *angel investor*, que lamentavelmente não pode ser encomendado.

O que devemos desenvolver o mais rapidamente possível no Brasil é a nossa rede de "investidores angelicais", pois este é o caminho para dar um salto quântico no desenvolvimento do empreendedorismo no País.

Não havendo os *angels investors,* a saída é buscar um crédito de alguma instituição financeira.

Todo empreendedor que desejar algum microcrédito deve estar ciente de que a maioria das instituições que o concedem tem sua base no capital de giro (matéria-prima ou mercadorias) da micro ou da pequena empresa; do seu capital fixo (máquinas, equipamentos, ferramentas novas ou usadas) e do capital para manutenção ou ampliação do negócio (consertos de máquinas, equipamentos ou veículos utilitários e melhoria e/ou ampliação de instalações, desde que destinados ao negócio).

Os valores e prazos seguem comumente uma política de ganhos progressivos e são negociados conforme a capacidade de pagamento do empreendedor. O crédito é concedido principalmente para capital de giro com prazo de até 180 dias. Desta forma, estabelece-se um calendário de pagamentos, e o empreendedor sabe que ao pagar corretamente o seu empréstimo estará se tornando apto a receber outro empréstimo do mesmo valor, ou maior se assim necessitar, sempre dispondo de recursos para manter seu capital de giro.

É óbvio que o tomador de crédito, para obtê-lo, deve ainda apresentar um avalista/fiador.

POSICIONAMENTO NOTÁVEL – O BANCO DO BRASIL AJUDANDO OS EMPREENDEDORES.

Nos últimos anos, uma das principais ações do Banco do Brasil tem sido a de atender os proprietários das empresas de pequeno porte interessadas em linhas de crédito fáceis de ser contratadas, com taxas de juros mais baixas que a média do mercado.

Entre essas linhas destaca-se a do BB Giro Rápido, carro-chefe do banco em capital de giro. O número de empresas beneficiadas com o BB Giro Rápido foi de 70 mil em 1999, e em 2004 passará de 600 mil.

Tudo isso se deve ao fato de o governo federal ter registrado como uma das prioridades o desenvolvimento da micro e da pequena empresa. Na realidade, a maior dificuldade das micro e pequenas empresas não é a disponibilidade do crédito, mas sim o acesso a ele.

Edson Machado Monteiro, vice-presidente da área de varejo e distribuição do Banco do Brasil, comenta: "Criou-se agora no Banco do Brasil uma área específica para estimular o crescimento das micro e pequenas empresas, e agora é o banco que vai até os empreendedores.

Promovemos uma redução de taxas de juros e para 2004 dispomos de R$ 12 bilhões para as pequenas empresas.

Hoje, o BB Giro Rápido já representa 61% de todos os empréstimos para capital de giro no banco.

A filosofia do BB Giro Rápido está calcada na simplicidade e na facilidade de concessão de crédito para capital de giro.

Para receber um empréstimo, o Banco do Brasil exige que a empresa **não tenha** um faturamento anual superior a R$ 10 milhões. Depois de feita a sua avaliação cadastral o limite de crédito é calculado automaticamente. Ele pode variar de R$ 2 mil a R$ 100 mil. O pagamento é parcelado em 12 vezes e com a taxa de juros relativamente baixa – em novembro de 2003 era de 2,83% ao mês – em razão de nossos custos serem menores do que nas operações convencionais, que envolvem muita manipulação de papel.

A empresa também não precisa quitar um empréstimo se precisar pegar outro!?!?

A inadimplência nestes últimos cinco anos tem sido baixa, variando na faixa de 3% a 5% dos que receberam os créditos.

Nós percebemos que existem muitas empresas que precisam de menos de R$ 2 mil de crédito para capital de giro, e do nosso atual um milhão de clientes – pessoas jurídicas –, 700 mil estão habilitados ao crédito.

Foi por este motivo que foi criado o novo produto – o BB Giro Automático –, pelo qual concedem-se empréstimos de 500 reais a 5 mil reais, destinados a empresas com faturamento anual inferior a R$ 500 mil.

Aliás, ele também tem uma taxa de juros mais baixa, que no início de 2004 estava em 2,42% ao mês.

3.3 LIDANDO ADEQUADAMENTE COM O BANCO E O GOVERNO.

➡ **Você sabe quais são os cinco Cs para obter crédito de um banco?**

Se você, meu caro empreendedor não sabe, o gerente do seu banco ou quem lá o atende sabe muito bem. Os cinco Cs essenciais para se obter crédito são:

- caráter;
- colateral (ou garantia);
- condições;
- capital;
- capacidade.

Quando o empreendedor recorre a um banco, imediatamente percebe que ele está interessado no seu **caráter**, ou seja, vai querer saber como é a sua **reputação** fazendo perguntas do tipo:

- Você cumpre o que promete?
- Você já prometeu pagar a alguém e "quebrou" a promessa não pagando, ou fazendo isto muito mais tarde e não de acordo com o que foi combinado?
- Você obedece às leis vigentes?
- Você está sofrendo algum processo ou já foi preso alguma vez?
- Tem sido honesto com as suas obrigações com o governo?
- Tem entregado o seu Imposto de Renda regularmente e pagou todas as taxas devidas (licenciamento de veículo, utilização de energia elétrica, gás, água, etc.)?

O funcionário do banco vai querer saber também sobre a sua possibilidade **colateral** de honrar o empréstimo: quais são as garantias que oferece à instituição financeira, como um veículo ou alguma casa de sua propriedade.

O banco sempre quer saber antecipadamente como pode recuperar da forma mais fácil o dinheiro emprestado caso ocorra o pior com o seu negócio – **a falência**.

Tanto você como o seu banqueiro precisam conhecer bem as **condições** da economia do País e a mundial, bem como da indústria na qual particularmente o negócio vai atuar. Caso todas estejam em baixa, o risco do banco em investir no seu negócio é grande!

Uma outra coisa que o banco realmente quererá saber é sobre o **capital** próprio. Em outras palavras, quanto de recursos próprios e de seu dinheiro estão investidos no negócio? Você e eventualmente outros sócios (ou investidores) comumente têm que mostrar que assumiram uma parte do risco. Se nem você investiu praticamente nada no seu negócio, por que o banco deveria tomar esse risco?

➡ Qual é o lucro líquido que pode proporcionar o seu negócio?

O seu banqueiro comumente está interessado na sua **capacidade**, por isso ele quer respostas claras e objetivas para perguntas do tipo:

➡ Quanto de seu lucro atual já é utilizado para pagar empréstimos e dívidas antigas?

➡ Quanto do seu lucro atual pode ser destinado a pagar um novo débito?

O **conselho básico** para o empreendedor que quer ser bem-sucedido é: tenha um capital próprio de reserva que lhe permita operar durante pelo menos seis meses, ou então uma adequada linha de crédito!!!

Mantenha também sempre separados os fundos para o seu negócio dos fundos pessoais – aqueles para poder viver bem. É vital saber fazer as transferências adequadas para cada um desses fundos.

Como é que um contribuinte, estando aí o empreendedor, deve proceder para diminuir os custos de sua empresa no tocante principalmente aos impostos?

A nossa melhor e mais tradicional revista para o empreendedor é sem dúvida a *Pequenas Empresas & Grandes Negócios*, que deu no seu nº 179 (dezembro de 2003) as seguintes "dicas":

1. **Escolher o Simples, o lucro presumido ou o lucro real de acordo com a conveniência do momento.**

   A opção, pelo regime tributário (Simples, lucro presumido ou lucro real) é fundamental porque determina como a sua empresa será taxada pelo Fisco. Por isso, deve ser feita com cautela e atenção. O assunto é árido, porém se você passar pelo purgatório, poderá economizar um bom dinheiro.

2. **Mudar de sistema de tributação durante o ano, caso seja necessário.**

   Oficialmente, o regime tributário só pode ser revisto uma vez por ano, na data do primeiro recolhimento, em fevereiro. Mas existem formas de alterá-lo durante o exercício caso as previsões de faturamento e de lucro, para cima ou para baixo, não se confirmem.

3. **Identificar todos os créditos que a empresa possa ter e não deixar de aproveitá-los.**

   Assim, por exemplo, se a sua empresa for tributada com base no lucro real, ela não deve esquecer de cobrar os créditos que tem com o Fisco, como os do PIS (Programa de Integração Social), ICMS (Imposto de Circulação de Mercadorias e Serviços) e IPI (Imposto sobre Produtos Industrializados).

4. **Instalar-se realmente numa cidade que cobre menos ISS.**

   A mamata de alugar uma "caixa postal" numa cidade que cobra ISS (Imposto Sobre Serviço) de 0,5% sobre o faturamento e prestar serviço em outra que cobra 5%, como a maior parte dos municípios brasileiros, chegou ao fim. O cerco aos contribuintes por parte das prefeituras que se sentem prejudicadas é cada vez maior, mas é possível ainda estar instalado numa cidade que cobre um ISS mais baixo.

5. **Fazer um empréstimo de pessoa física para a jurídica, em lugar de capitalizar a sua empresa.**
Esta é a melhor forma de emprestar, pois as despesas financeiras gerarão créditos que poderão ser usados para abater o valor de tributos federais, como PIS e COFINS (Contribuição para o Financiamento de Seguridade Social).

6. **Terceirizar os serviços que não fazem parte de sua atividade principal.**
Isto além de ajudá-lo focar a sua atenção no seu negócio, oferece também vantagem fiscal deduzindo as despesas do PIS.

7. **Especificar os descontos concedidos aos clientes em nota fiscal.**
Esta é a forma mais eficiente de viabilizar o desconto, e estima-se que uma empresa possa economizar no pagamento de tributos (IR, PIS, COFINS, etc.) até 34% do valor do desconto.

8. **Pagar juros sobre o capital próprio antes do fim do ano.**
Se o pagamento dos juros ocorrer antes da data do balanço anual, em 31 de dezembro, essa despesa poderá ser deduzida do lucro real e do capital social.

9. **Preferir o *leasing* (arrendamento) em vez de financiamento ao comprar um bem.**
A compra de um bem por meio de uma operação de *leasing* possibilita que a sua depreciação seja feita de forma acelerada, isto é, num prazo menor do que nos financiamentos convencionais ou nas compras à vista com capital próprio. Conseqüentemente, a empresa poderá reduzir o valor do seu imposto a pagar.

10. **Adotar a remuneração variável para seus funcionários.**
As empresas têm, hoje, liberdade para definir sua política salarial e podem congelar os salários de seus funcionários para evitar o crescimento dos encargos, que atingem cerca de 70% da folha de pagamento. Em troca, podem compensar a diferença com o pagamento de um "salário" variável, como distribuição de lucro isento de encargos.

11. **Receber seus rendimentos como "distribuição de dividendos".**
Se você ainda faz suas retiradas mensais sob a forma de pró-labore, está pagando mais imposto do que deveria. A melhor maneira de fazê-lo é por meio da distribuição de dividendos, isentos do pagamento de Imposto de Renda.

12. **Abrir uma empresa imediatamente, caso você seja autônomo.**
Parece incrível, mas muita gente ainda trabalha como autônomo ao invés de atuar como empresa. Apesar do custo contábil ser muito mais alto, é muito melhor, de acordo com especialistas, tornar-se uma pessoa jurídica, pois paga-se bem menos Imposto de Renda (IR).

13. **Dividir a sua empresa se seus produtos tiverem margens de lucro diferentes.**
Caso a sua empresa seja tributada pelo lucro real e negocie produtos com margens de lucro muito diferentes, poderá ser mais econômico, segundo os tributaristas, separar as unidades de produção ou de comercialização em empresas independentes. Desta forma, cada unidade poderá aderir ao sistema mais conveniente (lucro presumido ou lucro real).

14. **Separar as atividades de prestação de serviço das atividades industriais ou comerciais.**

Quem não fizer isso terá de pagar os tributos com aumento sobre toda a receita, mesmo a originária de atividades comerciais e industriais.

15. **Repassar um imóvel onde está localizada a empresa, já depreciado, para os seus sócios.**

Caso sua empresa se enquadre no sistema de lucro real com imóvel próprio, cuja depreciação já foi totalmente deduzida como despesas, então vale a pena repassar esse imóvel para os sócios, que poderão alugá-lo para a própria empresa, que daí poderá deduzir o valor desse aluguel no seu IR.

16. **Vender sempre um imóvel próprio por meio de uma pessoa física ou de uma incorporadora.**

Para vender o imóvel através de uma incorporadora, é necessário repassá-lo a pre-ço de custo por meio de uma operação de aporte de capital. Caso o imóvel fosse repassado para um sócio, o imposto seria maior. Entretanto, a operação ainda vale-ria a pena, e para executá-la deve-se promover uma redução de capital com o repasse do imóvel pelo valor de custo.

3.4 FLUXO DE CAIXA.

Esteja sempre preparado (financeiramente) para pagar seus empregados, seus for-necedores, suas despesas gerais (aluguel de equipamento, telefone, Internet, energia elétrica, etc.) bem antes de receber o pagamento pelos seus serviços executados ou produtos vendidos.

O empreendedor que falhar no pagamento do fluxo de caixa pode fechar antecipa-damente um negócio que poderia ser muito lucrativo.

Nunca esqueça que aquilo que você aluga (ou faz *leasing*) já é um custo no primeiro dia do mês!!!

Assim o empreendedor precavido é o que tem a resposta precisa para a pergunta: Quanto você tem em caixa das suas vendas no primeiro dia de cada mês?

As 10 maneiras para estabelecer e melhorar um bom fluxo de caixa são:

1. Desenvolver um bom plano de curto prazo (três meses) e de longo prazo (12 me-ses).
2. Incluir todos os encargos e eventuais taxas que deverão ser pagos, se isto for possível.
3. Pagar todas as contas nas datas certas, a menos que haja algum desconto especial para pagamentos antecipados.

4. Reduzir o estoque para ter nele apenas os itens indispensáveis.
5. Vender os itens difíceis de serem adquiridos pelos menores preços do mercado.
6. Arrendar em vez de comprar equipamentos, desde que isto seja comprovadamente mais barato e eficaz.
7. Fazer os depósitos no banco o mais rapidamente possível.
8. Comprar a sua matéria-prima, os equipamentos indispensáveis e outros suprimentos da maneira mais cuidadosa possível.
9. Aumentar suas vendas.
10. Aumentar os seus preços.

3.5 COMPRAR OU NÃO COMPRAR...

Quando o empreendedor estiver pensando em acrescentar para a empresa novas máquinas, melhores ferramentas, maior número de empregados, etc., deve fazer isto à luz das seguintes três questões-chave:

➡ Isto aumentará as vendas?
➡ Isto diminuirá de alguma forma o percentual das despesas gerais?
➡ Isto dará mais tempo para fazer outras coisas?

Caso você não possa dizer um sonoro "sim" para as três perguntas, deve repensar imediatamente na necessidade desse aumento de custos ou dessa mudança. Use pois, meu caro empreendedor o miniteste acima, cujas respostas só você poderá dar para identificar as suas necessidades reais e eliminar dessa forma os "desejos perigosos"...

Os dois conselhos financeiros finais são:

1º Conselho – Um centavo economizado é um centavo ganho. Aumente o seu pessoal de piso de fábrica ou de primeiro contato com o cliente, porém fazendo isto sempre de maneira sábia, gastando de maneira extremamente consciente.

2º Conselho – Nunca esqueça que o muito barato pode tornar-se muito caro, principalmente quando você compra matéria-prima de baixa qualidade, ou não gasta nada em treinamento para capacitar melhor os seus empregados.

Na realidade, a menor porcentagem (%) de produtos com defeitos que você possa produzir é muito mais importante que a economia de dinheiro que você consegue adquirindo materiais de 2ª linha de seus fornecedores, todavia com isso aumentando provavelmente as reclamações dos seus produtos pelas deficiências que venham a apresentar no futuro.

LEITURA RECOMENDÁVEL - O EMPREENDEDOR QUE CONSEGUE ESTAR EM DOIS LUGARES AO MESMO TEMPO.

Dependendo do tipo de negócio que o empreendedor abrir, devido ao pequeno número de colaboradores que tem a empresa no início, existem casos em que ele deve desempenhar vários papéis, principalmente aquele de visitar muitos clientes, ficando com freqüência longe do seu escritório em viagens terrestres ou aéreas.

Nessa "vida dupla", ou às vezes até tripla, o empreendedor além de trabalhar na sua empresa, precisa estar conectado com o seu negócio enquanto está viajando e fazer muito trabalho na própria casa.

Ronni Eisenberg e Kate Kelly escreveram um livro especial para esse tipo de empreendedor, cujo título é *Organize sua Viagem de Negócios*, que serve muito para descomplicar a vida de quem vive viajando muito.

As "dicas" dos autores para que o empreendedor viajante possa comandar o seu negócio a distância são as seguintes:

1. Criar um método de acessar todos os *e-mails* pelo *laptop* ou outro dispositivo.
2. Mandar entregar as correspondências urgentes, revistas e jornais importantes em sua casa.
3. Deixar sempre uma cópia detalhada do itinerário da viagem com a secretária.
4. Organizar um miniescritório ambulante contendo uma pasta, cartões de apresentação, *laptop* e telefone celular sempre prontos.
5. Encarar toda viagem como rotina e não como um evento extraordinário.
6. Aproveitar ao máximo as salas *vip* dos aeroportos para continuar trabalhando nos projetos que exigem concentração, até porque as possibilidades de ser interrompido são bem menores enquanto se está em viagem.
7. Ter sempre alguém na empresa que possa ser acionado nas 24 horas do dia!!!
8. Enfrentar os imprevistos durante as viagens com naturalidade (atrasos ou cancelamentos dos vôos), e durante as mesmas reservar um tempo para atividades de lazer visitando museus, pontos históricos, bons restaurantes, livrarias, etc., pois isto além de aumentar a cultura e a criatividade ajuda a manter a sanidade mental do empreendedor com uma vida tão turbulenta!!!

3.6 USE BEM O SEU TEMPO.

➡ **Se você não tem tempo para fazer algo direito, quando é que vai achar tempo para fazer isto de novo?**

Realmente, no século XXI vivemos sob a terrível **pressão** de falta de tempo, apesar de tantas economias que a TIC tem trazido aos homens. A pressão inclusive tem assumido diversas formas. Ela pode ser criada por outras pessoas, por situações ou até ser auto-imposta.

Pode acontecer que o empreendedor (e os seus colaboradores) esteja trabalhando com prazos muito exíguos, que ele tenha que desempenhar vários papéis na sua empresa ou que precise lidar com muitos contratempos ou mudanças.

Grandes mudanças (tecnológicas, políticas, comerciais, etc.) geram um alto nível de pressão sobre o empreendedor, que aí pode ser envolvido por incerteza, ansiedade e até um certo desespero, com o que procrastina muitas ações ou deixa de fazer adequadamente certas atividades pertinentes ao seu negócio.

Cada um reage à pressão de sua maneira. Assim, o que para uns é um desafio, para outros é uma pressão insuportável. Mas nenhum empreendedor pode esquecer que a pressão é um fato da vida moderna, por isto é vital aprender a lidar com ela. E para que a pressão trabalhe a seu favor, é preciso que o empreendedor saiba reavaliar suas reações e aprenda algumas estratégias a seu respeito.

Não se pode esquecer que uma pressão moderada tem o seu aspecto positivo porque estimula o corpo e a mente. Neste sentido, o empreendedor deve descobrir como a pressão pode melhorar o seu desempenho e a criatividade, aumentando sua confiança e promovendo uma sensação geral de bem-estar.

Pesquisas têm mostrado que as pessoas que reagem bem à pressão são as que cuidam da sua saúde física através de exercícios regulares e de uma boa dieta, tendo interesses e *hobbies* diversos, além de uma boa rede de relacionamentos e apoio da família.

Uma forma de reconhecer se você vive sob pressão é ver de que lado você está em relação à frase dita pelo escritor russo Máximo Gorki: "Quando o trabalho é um prazer, a vida é uma felicidade. Quando o trabalho é um dever, a vida é escravidão."

Caso o empreendedor esteja se sentindo como escravo no negócio em que atua, talvez tenha aberto o negócio errado...

Faça agora um auto-teste para avaliar o seu nível de pressão, mas seja honesto na hora de marcar as alternativas que são as seguintes: marque 1 para **"nunca"**, 2 para **"às vezes",** 3 para **"freqüentemente"** e 4 para **"sempre".**

AUTO-AVALIAÇÃO – NÍVEL DE TENSÃO DO EMPREENDEDOR.

⇒ Então, como você, caro empreendedor, reage às seguintes situações?

Pontos	1	2	3	4
1. Ao se sentir pressionado fica transtornado?	☐	☐	☐	☐
2. Sob pressão você recorre ao álcool ou a antidepressivos?	☐	☐	☐	☐
3. Sob pressão você come demais (doces principalmente...)?	☐	☐	☐	☐
4. Você fuma muito quando está sob pressão?	☐	☐	☐	☐
5. É uma pessoa muito competitiva e não gosta de perder?	☐	☐	☐	☐
6. Acha muito complicado encontrar tempo para relaxar?	☐	☐	☐	☐
7. Nas férias fica entediado rapidamente?	☐	☐	☐	☐
8. Acredita que assumiu muitas responsabilidades na sua vida?	☐	☐	☐	☐
9. Adora fazer todas as coisas velozmente?	☐	☐	☐	☐
10. Gosta quando tem muita coisa para fazer?	☐	☐	☐	☐
11. Não gosta quando precisa sair da rotina?	☐	☐	☐	☐
12. Acha que não é adequadamente apreciado pelos outros?	☐	☐	☐	☐
13. Tem dificuldade para se concentrar?	☐	☐	☐	☐
14. Apresenta a tendência de esquecer o que prometeu e os compromissos em geral?	☐	☐	☐	☐
15. Tem dificuldade para encontrar tempo para se exercitar?	☐	☐	☐	☐
16. Responde de forma agressiva sem motivo evidente para isso?	☐	☐	☐	☐
17. Tem dificuldade para achar tempo para o lazer?	☐	☐	☐	☐
18. Sua rotina é imprevisível?	☐	☐	☐	☐
19. Tem dificuldade de lidar com pessoas complicadas?	☐	☐	☐	☐
20. Estabelece padrões de desempenho muito elevados para si mesmo?	☐	☐	☐	☐
21. Imagina que o pior pode lhe acontecer?	☐	☐	☐	☐
22. Assume responsabilidade pelo que faz?	☐	☐	☐	☐
23. Acha que outras pessoas se aproveitam de você?	☐	☐	☐	☐
24. Acredita que sua vida está desorganizada?	☐	☐	☐	☐
25. Está perdendo muitas coisas pessoais?	☐	☐	☐	☐
26. Sente que tem coisas demais para fazer?	☐	☐	☐	☐
27. Tem a impressão que vive num entra-e-sai contínuo de crises?	☐	☐	☐	☐
28. Acha que delegar tarefas é arriscado?	☐	☐	☐	☐
29. Acredita que tem recebido muitas críticas?	☐	☐	☐	☐
30. O atendimento lento o incomoda?	☐	☐	☐	☐
31. Não gosta de ter de dizer "não" às pessoas?	☐	☐	☐	☐
32. Faz as coisas na última hora?	☐	☐	☐	☐
Total	☐	☐	☐	☐

Após somar a sua pontuação, veja a seguinte análise:

De 32 a 64 pontos – No momento sua vida parece estar livre de pressões intensas. Aliás parece até que você precisa estar submetido a um certo grau de pressão para inclusive sentir-se mais desafiado e motivado.

De 65 a 95 pontos – Você está sob a influência de uma pressão moderada e deve assegurar-se se tem recursos (físicos, financeiros, mentais, etc.) para enfrentar toda essa pressão e não afundar o seu negócio devido ao estresse a que está submetido.

De 96 a 128 pontos – Sem dúvida, meu caro empreendedor, você está sob um alto grau de pressão, e é claro que poucas vezes tem tempo para fazer algo direito. Está correndo o risco de realmente dirigir muito mal o seu negócio, além do que toda essa sobrecarga se evidenciará logo na sua saúde, que entrará em declínio. Está mais que na hora de você começar a usar a risada como um antídoto para tanta ansiedade e, além disso, desenvolver uma visão mais relaxante e positiva da sua vida num aspecto holístico, começando a praticar as seguintes ações:

- Sou um otimista, vou me concentrar mais nas coisas boas da vida.
- Preocupar-me tanto com o que ocorreu no quadro político nacional não vai melhorar as coisas. É só um desperdício de tempo e energia valiosos.
- Não há razão para me preocupar com coisas que estão fora do meu controle.
- Quanto mais me preocupo pior me sinto, por isto vou parar de me preocupar já...
- Seja lá o que acontecer, vou poder mais tarde lidar com isso.
- Etc.

3.7 AÇÕES CONCLUSIVAS.

➠ **Quanto vale o tempo do empreendedor?**

Em muitas situações é mais sábio – tanto no que se refere ao tempo como ao dinheiro – contratar ou pagar outra pessoa para fazer algo que o próprio empreendedor esteja fazendo. Realmente, ele pode usar melhor seu tempo de muitas formas, por exemplo, desenvolvendo um planejamento estratégico para o próximo ano, gerenciando melhor o seu plano de *marketing*, ou até reservando um tempo para pensar e desenvolver uma nova linha de produtos ou serviços.

Pensamento enxuto: Se isto não for necessário, não faça!!!

As ações que o empreendedor deveria tomar após ter lido este capítulo são:

1. Fazer uma lista daquilo que você necessita para poder iniciar o seu negócio.
2. Detalhar cada necessidade do item anterior.
3. Descrever todos os seus gastos pessoais (ou familiares).
➠ Quanto é que você precisa para poder viver condignamente?
➠ Do que você está disposto a abrir mão para facilitar a seu negócio "sair do chão e começar a voar tranqüilamente"?
4. Elaborar um orçamento para o seu negócio.
5. Ir a alguns simpósios financeiros relacionados com pequenas e médias empresas e fazer algum curso para aumentar sua compreensão sobre os problemas financeiros de sua empresa.

Capítulo 4
Quem compra o seu produto/serviço?

COMPREENDENDO MELHOR O CLIENTE.

Inicialmente vamos tentar descrever o que vem a ser um cliente perfeito.

Antes de mais nada, quem busca ter um negócio de sucesso não pode esquecer o seguinte conselho: *"É preciso sempre conquistar novos amigos, porém é vital manter os antigos!!!"*

Um bom cliente é o melhor amigo da sua empresa!!!

No fundo, tudo isso significa que se deve ter um bom relacionamento com o cliente.

Como se pode tirar proveito dos relacionamentos com os clientes?

Um dos principais objetivos de um empreendedor deve ser o de obter o máximo lucro possível de cada relacionamento que tem com um cliente.

Para conseguir isso é necessário ter a chave que abre a carteira dele, ou seja, estimulá-lo a gastar com os seus produtos e/ou serviços.

De fato, relacionamentos bem estabelecidos com os clientes possibilitam ao empreendedor saber as seguintes coisas sobre eles:

- o que valorizam;
- quais são seus sonhos, metas e objetivos;
- que obstáculos encontram no caminho para adquirir seus produtos/serviços;
- quanto gastam com você e com os seus concorrentes;
- o que é importante para eles;
- de que sentiriam falta se sua empresa desaparecesse;
- o que você faz para eles que ninguém mais faz;
- o que ninguém está fazendo para eles;
- o que você faz que não lhes interessa;
- o que você faz que os irrita;
- quem gosta e quem não gosta de você na empresa em que eles trabalham;
- com quais empresas-clientes você não deveria mais fazer negócios;
- com que assiduidade deveria telefonar (ou mandar *e-mails*) para os mais importantes. Etc.

Mesmo as empresas que usam sofisticados *softwares* de gerenciamento de relacionamento com o cliente (*customer relationship management*) não estão sabendo ainda aproveitar-se bem das vantagens que a tecnologia de informação (TI) lhes oferece.

As pesquisas também têm mostrado que as empresas não estão alcançando os benefícios que esperavam conseguir com os investimentos feitos em gerenciamento de relacionamentos com o cliente (GRC).

Aliás, não faz o menor sentido desenvolver um GRC, se o empreendedor não estiver disposto a colocar o cliente no centro do universo e a investir em aprender o máximo possível sobre ele, para depois usar essas informações e mudar a forma como administra seu próprio negócio.

Em outras palavras, faz pouco sentido investir em GRC, a menos que você esteja preparado para tornar sua empresa devotada ao cliente.

Naturalmente o cliente com quem mais facilmente você pode criar um relacionamento é aquele que você já tem, e portanto, seu grande esforço vai poder persuadi-lo a dar-lhe maior participação nas suas compras.

Quaisquer que sejam os critérios usados para classificar os clientes, o empreendedor não deve esquecer que são os relacionamentos que lhe permitem estabelecer as estratégias que o levam a dispensar aqueles que geram mais custos que receitas, ou melhor, os não-rentáveis.

Já os bons clientes, isto é, aqueles do nicho do mercado de negócio do empreendedor – que o têm mantido – deveriam ser o objetivo de todas as suas campanhas de ação de vendas.

Para os seus **clientes principais** o empreendedor precisa tentar de todas as formas obter as respostas para as seguintes perguntas, nem que sejam aproximadas:

- Onde vivem?
- Que tipo de função exercem?
- Quanto ganham?
- Quais são os seus *hobbies* e interesses principais?
- Que carros gostam de dirigir?
- A que programas assistem na TV?
- Que livros, jornais e revistas lêem?
- O que fazem nas horas de lazer?
- Como gastam o dinheiro disponível?
- Quais são os seus sonhos?
- Do que têm receio?
- Quais são as suas preocupações maiores?
- Que processos usam para chegar à decisão de uma compra?
- Na família, quem é que toma a decisão pela aquisição de produto e/ou serviço?

O empreendedor que tiver essas respostas vai certamente poder vender mais!!!

Voltando ao tema da classificação dos clientes, é fundamental que o empreendedor não tenha dúvidas sobre as seguintes questões:

- **O que vem a ser um bom cliente?**

Pode-se dizer que é aquele:

- compreende a sua linha de produtos(serviços);
- conhece a sua empresa;
- compra regularmente de você;
- adquire vários produtos da sua empresa;
- compra uma grande quantidade de seus produtos;
- paga sempre em dia;
- é agradável;
- fala bem da sua organização para os outros.

Se algo foi esquecido, o leitor pode completar...

Assim, o objetivo primordial de quem quer a sobrevivência do seu negócio é: **não perder nunca um bom cliente!**

Obviamente o desejo de qualquer empreendedor é ter como grande maioria os clientes bons (ou até perfeitos...).

Infelizmente esta não é a realidade nos negócios, e uma parcela significativa dos clientes cai nas categorias de razoável e "fronteiriço" ou instável.

O pior de tudo é quando o cliente começa a dar prejuízo, ou deixa de ser lucrativo.

Nas grandes empresas é geralmente mais fácil saber e classificar os clientes quanto ao lucro que proporcionam, até porque essas organizações têm setores específicos que cuidam apenas dessas análises.

Assim, por exemplo, a Telefonica constatou em 2004 que os clientes que dão lucro não passam de 10% do total de 12,3 milhões de seus assinantes.

Mais "incrível" ainda é que o valor da conta pago mensalmente por 54,75% dos clientes da empresa não cobre seus custos.

Outros 36,1% equilibram (são os "fronteiriços" talvez...) e os lucrativos, que geram rentabilidade para a empresa, são de fato 9,15%.

E o que é pior, os concorrentes da Telefonica estão atacando por meio de forte propaganda de divulgação entre os 9,15% de seus assinantes "bons" ou que lhe dão lucro, para que troquem de operadora.

Torna-se claro que essa é uma concorrência predatória, e o setor de telecomunicações do Brasil como um todo deveria discutir em conjunto o problema para se estabelecer um cenário de evolução para todas as operadoras, isto é, estabelecer um **programa ganha-ganha**.

Atualmente quem analisa, digamos, os números da Telefonica – faturamento de R$ 11,8 bilhões e um lucro de R$ 717 milhões em 2003 – nota imediatamente que, não obstante esses números significativos, a sua rentabilidade comparada ao valor investido vem sendo muito baixa.

Deve-se recordar que a empresa espanhola Telefonica já investiu no Brasil mais de US$ 19 bilhões.

Uma análise recente elaborada pela consultoria Accenture, fundamentada em dados de 2000 a 2002, mostra que em cada US$ 100 investidos, as operadoras de telefonia no Brasil tiveram uma rentabilidade média de 3,6% ao ano.

Como comparação, é útil citar que o resultado da Telmex no México é de 20,48%, e em seus países de origem, a Telecom Itália obtém 14,04%, a Telefonica na Espanha fica com 5,56%, a Portugal Telecom tem 10,55%; a France Telecom, 6,51% e a Telecom Argentina, 4,97%.

Portanto, o retorno sobre o capital investido na telefonia fixa brasileira é baixo e é preciso encontrar rapidamente uma fórmula para resolver o problema do grande percentual de contas deficitárias – quase 55% no caso da Telefonica – pois, ao contrário, desenvolver campanhas para atrair clientes lucrativos será uma ação totalmente predatória, e hoje no Brasil temos a Telefonica, a Telemar, a Telmex, que comprou a Embratel, etc., brigando acirradamente pelo bom cliente!!!

O empreendedor no Brasil deve estar ciente desse tipo de problema, porque em menor escala também atinge o seu negócio...

⇒ O que é que normalmente um cliente deseja?

Comumente três coisas ao mesmo tempo:

- um produto de qualidade;
- um preço competitivo;
- receber o que deseja no lugar e momento certos.

⇒ Como se pode definir um cliente razoável?

É aquele que:

- conhece seu produto (serviço);
- sabe a respeito da sua empresa;
- compra ocasionalmente de você;
- adquire apenas um produto;
- paga com certas restrições ou então às vezes atrasa;
- fica satisfeito com a empresa.

Um objetivo do empreendedor deve ser: transformar esse cliente "razoável" em um bom cliente!!!

O empreendedor eficaz é aquele que sabe que é mais fácil desenvolver ou levar um cliente existente ao nível de consumo almejado do que encontrar um novo cliente já atendendo a esse critério.

Isso não quer dizer que não se deva buscar novos clientes.

O que é preciso é ter muito cuidado com o cliente **"fronteiriço"** ou **instável**.

Este é aquele que:

- pensa que sabe tudo sobre o seu produto (mas na realidade não sabe...);
- compra o seu produto de vez em quando;
- paga eventualmente, depois de muitas reclamações ou de ser acionado judicialmente;
- raras vezes declara-se satisfeito após a transação;
- freqüentemente fala mal do seu negócio para os outros.

O objetivo do empreendedor nesse caso é: avaliar com clareza se é preciso fazer um esforço para tornar o cliente instável em pelo menos um cliente razoável, ou se a alternativa melhor é fazer com que ele passe a ser um **ex-cliente**!!!

LEITURA RECOMENDÁVEL – SISTEMAS DE APOIO.

Sem dúvida nenhuma, o mais completo texto sobre o Empreendedorismo em língua portuguesa é aquele de autoria de Robert D. Hisrich e Michael P. Peters.

É um livro denso, dividido em quatro partes, cada uma delas subdividida em diversos capítulos.

Justamente na primeira parte, no Capítulo 3, os autores fazem uma explicação muito interessante sobre os sistemas de apoio ao empreendedor, destacando a grande importância dos relacionamentos para o sucesso do novo negócio.

É indiscutível que o empreendedor precisa de um forte apoio e de um sistema de aconselhamento em todas as etapas do novo empreendimento.

Claro que esse sistema de apoio é muito mais importante durante a fase inicial, pois o empreendedor é carente de boas informações, precisa de conselhos e orientação sobre diversos assuntos, como estrutura organizacional, obtenção de recursos financeiros necessários, um plano de *marketing*, etc.

Como o empreendedorismo desempenha um papel que faz parte de um contexto social, é essencial que o empreendedor estabeleça conexões com esses recursos de apoio logo no início do processo de formação de um novo empreendimento.

Quanto mais freqüente, profundo e mutuamente benéfico for um relacionamento, mais forte e mais durável será a rede entre o empreendedor e as outras pessoas.

Embora a maioria das redes não seja formalmente organizada, uma rede informal para apoio moral e profissional é extremamente benéfica para o empreendedor.

Entenda-se por uma **rede de apoio moral** aquela constituída por indivíduos que dão apoio psicológico a um empreendedor.

Fazem parte geralmente de uma rede de apoio moral os familiares e amigos – uma espécie de torcida organizada.

Essa torcida tem um papel importante durante vários momentos difíceis e solitários que acontecem ao longo do processo de empreender.

A maioria dos empreendedores indica que são os seus cônjuges os maiores apoiadores, mas os amigos também desempenham um papel-chave na rede de apoio moral.

Eles não só podem dar conselhos que muitas vezes são mais honestos do que os recebidos de outras fontes, como também oferecer estímulo, compreensão e até mesmo assistência.

Mas além do incentivo moral, o empreendedor precisa de orientações no decorrer do estabelecimento da nova empresa.

Esses conselhos podem ser obtidos de um mentor, de consultores de associados de associações comerciais ou de afiliações pessoais – todos eles integrantes de uma **rede de apoio profissional**.

Um relacionamento **mentor-protegido** é uma excelente maneira para que um empreendedor possa garantir o aconselhamento profissional necessário, bem como para constituir uma fonte a mais de apoio moral.

Quase todos os empreendedores dizem que tiveram mentores.

⇒ **E aí surge a questão: como é que se encontra um mentor?**

A tarefa pode à primeira vista parecer muito mais complicada do que realmente é.

Como o mentor é um instrutor, um treinador, um defensor, ou alguém com quem o empreendedor pode compartilhar problemas e sucessos – o indivíduo escolhido de preferência deve ser um especialista no ramo.

Naturalmente o empreendedor pode começar o "processo de busca de um mentor" preparando uma lista de especialistas em vários campos – como nas atividades básicas de finanças, *marketing*, contabilidade, criatividade, direito, administração, etc. – que podem suprir o aconselhamento necessário.

Com certeza a partir dessa lista o empreendedor poderá selecionar e inclusive contratar a pessoa que lhe dará a ajuda requerida.

Se o individuo escolhido estiver disposto a atuar como mentor, ele deverá ser periodicamente informado do progresso do negócio, de tal forma que um relacionamento adequado possa ser desenvolvido.

Pode-se também estabelecer uma outra boa fonte de aconselhamento, constituindo uma rede de associados ao negócio.

Esse já é um grupo bem amplo que pode ser composto de indivíduos autônomos que tenham a experiência de iniciar um negócio; clientes ou compradores do produto ou serviço do empreendimento; especialistas, como consultores, advogados ou contadores; e os fornecedores.

Por certo os clientes ou compradores são um grupo particularmente importante a cultivar.

Esse grupo representa a fonte de ganhos do negócio, e sem dúvida é o melhor provedor de propaganda ou publicidade boca a boca.

Não há nada melhor que a propaganda feita por clientes satisfeitos para ajudar a firmar a reputação de uma empresa.

Se os clientes ficarem de fato entusiasmados com a preocupação do empreendedor no sentido de que o seu produto e/ou serviço atenda às suas necessidades, eles fornecerão um *feedback* (realimentação) valioso sobre o atual produto (serviço) e terão condições de sugerir idéias sobre novos produtos ou serviços que estejam sendo desenvolvidos.

Os fornecedores são um outro componente importante na rede de apoio profissional, pois auxiliam a estabelecer credibilidade com credores e clientes.

Todo novo negócio precisa ganhar a confiança dos fornecedores, e com isto garantir a adequada disponibilidade de matéria-prima.

Os fornecedores também podem oferecer boas informações sobre a natureza e as tendências do mercado, bem como sobre a concorrência no setor.

Além dos mentores e dos associados ao negócio, as associações comerciais podem ser uma excelente rede de apoio profissional.

Os membros da associação comercial podem fazer parte de uma rede regional ou nacional, e "cuidadosamente" cultivados servem para ajudar a manter a competitividade do novo empreendimento.

As associações comerciais acompanham a evolução dos novos empreendimentos e podem fornecer dados e informações valiosas sobre o setor.

Finalmente, as afiliações pessoais do empreendedor também podem ser uma parte preciosa de uma rede de apoio profissional.

As afiliações desenvolvidas com pessoas através de *hobbies* (passatempos) comuns, participações em eventos esportivos, clubes, ações cívicas e grupos de ex-colegas de faculdade (ou escola) são excelentes fontes de referências, conselhos e informações.

Todo empreendedor necessita criar uma rede de apoio moral e uma rede de apoio profissional se quiser ser bem-sucedido.

Esses contatos oferecem confiança, amparo, conselhos, dados e informações.

É totalmente válida a declaração de um empreendedor anônimo: "Muitas vezes na própria empresa você está completamente sozinho, até pelo tamanho dela...

É por isso que existe a necessidade imperiosa de estabelecer grupos de apoio para compartilhar problemas e obter suporte quando for necessário para o novo negócio."

Começar a operar um novo negócio envolve considerável risco e esforço para que seja superada a inércia contra a criação de algo novo.

Ao criar e desenvolver uma nova empresa, o empreendedor assume a responsabilidade e os riscos por seu desenvolvimento e sobrevivência e usufrui as recompensas correspondentes. Quem quiser uma compreensão completa do processo de criar e desenvolver um novo empreendimento não pode deixar de ler *Empreendedorismo*, de Hisrich e Peters.

Além do que o livro *Empreendedorismo* é muito compreensível.

Cada um dos seus capítulos começa descrevendo o perfil de um empreendedor cuja trajetória é particularmente relevante para o material do capítulo.

Seguem-se os objetivos do capítulo, acompanhados de inúmeros exemplos.

Importantes *sites* da *Web* para auxiliar na leitura, bem como quadros da revista *Business Week* e informações sobre ética estão incluídos no texto.

Cada capítulo termina com questões para discussão, uma lista de palavras-chave, e muitas outras leituras são recomendadas para se obter mais informações.

Realmente é um livro fantástico para formar empreendedores!!!

Estimado leitor vamos fazer agora uma pausa e meditar especificamente um pouco sobre o empreendedor atuando na área de serviços.

LEITURA RECOMENDÁVEL – EMPREENDEDORES ATUANDO NO RAMO DE SERVIÇOS NUM AMBIENTE DE TRABALHO FELIZ.

Vivemos cada vez mais a era dos serviços e seguramente aí está uma área de grandes oportunidades para que se possa abrir um novo negócio (informática, entretenimento, transportes, educação, etc.).

A bem da verdade, podemos dizer que todos estão no ramo de serviços.

Até as empresas do setor manufatureiro são companhias de serviços.

Aliás, já estão bem longe aqueles dias em que uma empresa podia simplesmente fabricar produtos e vendê-los aos centros de distribuição.

Os clientes querem serviço – nem que seja apenas o de manutenção – junto com os produtos, e só os adquirem de quem lhes proporcionar isso.

O guru da qualidade de serviço Hal Rosenbluth, e a consultora da empresa Rosenbluth International, Diane McFerrin Peters escreveram o livro *O Cliente em Segundo Lugar,* no qual dão uma fórmula para se oferecer um serviço excelente.

Ela é a seguinte:

$$\text{Serviço Excelente} = \text{Atitude} + \text{Arte} + \text{Processo} \quad \rightarrow (4.1)$$

Realmente para oferecer um serviço destacado o empreendedor deve ter na sua empresa pessoas certas.

Mais que isso: pessoas que se importam e queiram cada dia ser melhores.

Isto significa também que as pessoas têm atitudes.

Porém as atitudes são comumente influenciadas por fatores externos.

No entanto, se uma pessoa que se importa com as coisas é posta em um ambiente em que ninguém dá importância a nada, ou se seus esforços demonstrando um desempenho acima da média são frustrados ou desencorajados, sua atitude naturalmente vai esmorecer.

Por isso, a **boa atitude** é na verdade uma questão de o empreendedor contratar para auxiliá-lo a pessoa certa trabalhando no ambiente certo, isto é: ela estar ciente de que está num negócio que espera evoluir muito.

As pessoas precisam de **espaço** para prestar um serviço verdadeiramente excepcional.

Além disso, necessitam de **liberdade** (ou autonomia) para criar e um contínuo incentivo para que possam realizar grandes feitos.

Qualquer pessoa disposta e determinada a lutar por algo especial provavelmente cometerá mais erros do que alguém que executa apenas serviços corriqueiros.

Mas os erros são um preço pequeno a pagar pelo sucesso que muitas vezes se segue a diversas tentativas fracassadas.

Um verdadeiro teste para os serviços excepcionais pode ser encontrado nas ações que os pequenos negócios ou os indivíduos que trabalham neles adotam ao converter os **erros cometidos em experiências positivas**.

Claro que quando cometemos erros, mesmo que os compensemos depois, somos obrigados a senti-los no estômago – sim, como se tivéssemos recebido fortes golpes...

A **atitude** é algo que o empreendedor líder deve querer e inspirar no grupo de pessoas que o ajudam a tocar o seu negócio.

E nesse sentido é importante que ele dê um exemplo semelhante ao que muitos séculos atrás o filósofo chinês Confúcio proporcionou aos seus discípulos quando todos estavam envolvidos numa jornada em uma região seca.

Um dos seus seguidores descobriu uma poça dágua oculta, encheu seu jarro e o ofereceu ao mestre.

Confúcio estava prestes a levá-lo aos lábios quando percebeu os rostos de seus discípulos sofridos pela sede.

Ele então esvaziou o jarro no chão, dizendo: "Seria muito para um e pouco para todos. Vamos continuar caminhando que em breve encontraremos uma fonte que sacie a sede de todos."

Isso que é atitude, não é?

Um serviço notável é aquele no qual o cliente percebe **arte**.

Na realidade, qualquer coisa feita com convicção, com estilo e com perspicácia é arte.

Há inúmeras coisas que podem ser feitas para melhorar uma experiência de serviços.

Por sinal, esse é um dos aspectos mais estimulantes do ramo.

Existem literalmente infinitas oportunidades de aperfeiçoamento e não há **nada 100% perfeito**, mas apenas uma constante aproximação desse objetivo.

Os serviços por isso mesmo são um esforço criativo contínuo, constituindo-se de fato numa arte.

E falando em arte, lembremos a elegância e estilo com que certos atendentes nos servem quando estamos, por exemplo, num restaurante de classe.

Mas esse comportamento deve e pode acontecer mesmo dentro de uma lanchonete-padrão, na qual o empreendedor estimulou os seus funcionários a agirem de forma notável.

Hal F. Rosenbluth relata: "Um dia entrei numa lanchonete-padrão para tomar uma xícara de café e fui servido por uma encantadora garçonete chamada Gisele, que me perguntou se eu era destro ou canhoto.

Vivendo em um mundo de destros, fiquei surpreso com a pergunta, e mais ainda por ter sido feita por uma garçonete de uma simples lanchonete.

Quando respondi que era canhoto, ela reposicionou todas as coisas na mesa para a conveniência da mão esquerda, pondo inclusive a xícara de café à minha esquerda e afastando para o lado os demais objetos.

Antes disso, eu já estava bastante habituado a mudar a minha xícara e tudo mais.

Porém agora que Gisele 'mimou-me' com essa arrumação, sempre que vou a uma lanchonete, a um restaurante, e o garçom ou garçonete pressupõe que sou destro ou nem liga para isso, movo eu mesmo os objetos e penso sempre na prestativa Gisele, que com muita arte trocou a posição de todas as coisas..."

O ponto essencial desse depoimento de Hal F. Rosenbluth é que quando alguém passa por uma experiência de serviço extraordinário e executado com arte, nada mais o satisfaz.

E as pessoas realmente não deviam contentar-se com nada menos que um **serviço excepcional**.

É por isso que o empreendedor criativo é aquele que consegue que seus colaboradores tratem os clientes da empresa de forma profissional, mas com muito estilo e arte, pois aí eles jamais esquecem dessa experiência, e como conseqüência voltam a ter outras transações com a firma.

Os ingredientes atitude e arte da fórmula do serviço excelente são vitais, entretanto sem um processo correto é muito difícil ter domínio sobre o trabalho de atendimento e transformá-lo em algo excelente e inesquecível.

Saber o processo significa no fundo conhecer o melhor jeito de fazer as coisas, e por isso é uma atividade incrivelmente importante.

É o processo que torna tudo possível, trazendo ordem às partes componentes dos serviços, de forma que as pessoas que os executam ficam livres para se concentrarem nos detalhes e retoques que dão vida aos serviços.

Também é o processo que permite a mensuração do progresso, que por sua vez é a chave do aprimoramento contínuo.

Evidentemente não basta ser um processo qualquer.

Ele precisa ser um **processo de qualidade**!!!

A qualidade, por sua vez, deve ser embutida logo no início do processo.

Não adianta tentar injetá-la no fim.

A qualidade embutida no começo do processo, ou seja, do serviço a ser executado, custa menos por mais que se possa pensar o contrário.

Na verdade não há nada que substitua a realização de uma tarefa bem-feita logo na primeira vez.

É por isso que em uma empresa que presta serviços de qualidade a necessidade de um departamento de assistência ao cliente geralmente é mínima.

Nos serviços (ou produtos) de qualidade, os problemas e as reclamações são a exceção, e não a norma.

Para exemplificar o que é qualidade, ou melhor, como se chega a ela, convém recorrer inicialmente à mitologia grega e lembrar de Pigmalião, o rei de Chipre que talhou uma estátua em mármore da jovem de seus sonhos.

Ele se apaixonou por sua criação e aí pediu a Afrodite – a deusa do amor e da beleza – que lhe insuflasse vida!!!

Ela atendeu ao seu desejo, e a estátua se tornou Galatéia, a amada de Pigmaleão, **mulher de qualidade**!!!

Todos somos Pigmaliões em certa medida.

Assim, ao namorar, cada um já deve ter-se flagrado desejando que a mulher cortejada pudesse tomar a personalidade de uma outra pessoa, que fosse possível combiná-la com a aparência de uma outra e talvez acrescentar-lhe o ritmo e a disposição de uma terceira mulher.

Nesse processo naturalmente tentamos criar nosso ideal.

O mesmo acontece quando estamos procurando uma residência e aí pensamos na casa com salas especiais, em um bairro no qual gostaríamos de morar, e tudo isso por um preço acessível.

Em outras palavras, desejamos a casa ideal pelo preço ideal.

O empreendedor deve, pois desde o início do seu negócio, estabelecer a sua filosofia de qualidade de serviços: aquela que reúne os melhores ingredientes em cada etapa e assim constituir um processo ideal para o seu negócio.

O segredo para se ter um negócio de qualidade está em estabelecer sempre metas cada vez mais altas, dizendo como fazem os atletas de salto em altura: "Ponha a barra mais para cima!"

Mesmo nos pequenos negócios é preciso mensurar a qualidade dos serviços e conhecer indicadores, como a velocidade média de atendimento ao telefone ou de consulta de *e-mails*, a data do *e-mail* pendente mais antigo, o tempo médio de resposta em bate-papo, o grau de eficácia na obtenção de materiais mais baratos, a execução pontual de serviços, a satisfação dos clientes, etc.

Por meio desses indicadores ficará evidenciado que sempre haverá espaço para o aprimoramento, pois eles não são definitivos e a tecnologia está aí para ajudar a melhorá-los.

Mesmo que um empreendedor consiga implementar com sucesso seus elementos fundamentais, restará sempre um grande número de aperfeiçoamentos que poderão ser feitos para que uma experiência de serviço seja mais apreciada ainda.

O empreendedor nunca pode se satisfazer com os serviços que presta, nunca deve se sentir como finalmente tenha "alcançado a parede", pois se assim proceder não terá para onde ir, a não ser retroceder...

Não se deve também esquecer que os serviços são uma atitude, uma arte e um processo, mas nenhuma dessas coisas é possível conseguir das pessoas sem que elas se sintam felizes no trabalho.

Para serem bem executados, os serviços exigem empenho, e por isto eles desmoronam se as pessoas que os prestam não estão felizes.

Uma empresa é tão boa quanto o forem seus funcionários.

Todas as empresas podem comprar as mesmas máquinas e ferramentas, entretanto são as pessoas que as utilizam com criatividade.

Podemos contratar consultores que nos instruam, mas no fim das contas, o conselho deles só vale o que valerem as pessoas que o puserem em prática.

A verdadeira força competitiva de um negócio é o seu pessoal.

Toda empresa trabalha com prioridades e estas deveriam ser: **funcionários, serviços, produtos.**

Nesta ordem!

O foco principal de uma empresa deve ser seus funcionários.

São eles que precisam se concentrar nos clientes e os lucros são o resultado final.

Muitas empresas, ao contrário, estão sustentadas por pilares voltados primariamente para os lucros.

Tais pilares não são fortes o suficiente para manter o peso das empresas, sobretudo em tempos de crise.

São os seres humanos felizes que devem ser os pilares da empresa.

É óbvio que quem busca instaurar a felicidade no ambiente de trabalho acaba cometendo erros. Mesmo assim, é fundamental nunca esmorecer em sua busca.

E não se deve esquecer da frase de Samuel Taylor Coleridge: "A felicidade da vida é composta de pequenas porções – as breves e logo esquecidas caridades de um beijo ou de um sorriso afetuoso, um olhar de bondade, um elogio sincero e os inúmeros e infinitesimais lapsos de sentimentos amistosos e aprazíveis."

Realmente, as grandes coisas da vida têm indubitável importância, porém as pequenas coisas podem certamente dar sua contribuição.

Elas tanto podem aumentar a felicidade, o comprometimento e o bem-estar, como podem destruir a auto-estima, instaurar a insegurança e eliminar a perspectiva de progresso das pessoas.

Portanto, para que um empreendedor seja bem-sucedido no ramo de serviços, estes devem ser executados por gente feliz que evidencie o seu estado de espírito através das suas atitudes, executando as tarefas com arte e com pleno conhecimento do seu processo de trabalho.

NOTÍCIA LAMENTÁVEL – A INFORMALIDADE ATINGE QUASE 40% DO PIB DO PAÍS.

Com efeito a idéia é difundir o empreendedorismo e constatar o surgimento de novas empresas.

Porém o que se está verificando infelizmente é o desaparecimento de muitas indústrias, a terrível expansão da informalidade e o aumento dos tributos que desestimulam os empreendedores a ter um negócio legal.

Tomando como exemplo o Estado de São Paulo, constata-se que entre dezembro de 1998 e dezembro de 2003 **desapareceram** nada menos que 34.787 indústrias de variados tamanhos, ou seja, algo em torno de **19,5%** do efetivo.

É chocante sem dúvida o "tamanho do buraco" de arrecadação e de produtividade em terras paulistas, em especial na Grande São Paulo desde os meados de 1990.

Dentro do Estado de São Paulo, a região mais castigada foi a do ABC (Santo André, São Bernardo do Campo, São Caetano, Diadema, Mauá, Ribeirão Pires, etc.), que perdeu 1.665 indústrias nos 60 meses encerrados em dezembro de 2003.

Mas também em Osasco, Guarulhos, Campinas, Sorocaba, São José dos Campos e evidentemente em São Paulo, milhares de indústrias fecharam suas portas no período de 1998 a 2003.

O caso paulista de mortandade industrial, quando confrontado com os números de todo o território nacional, é claramente um definidor de problemas específicos de São Paulo. Assim, em 1998, o Brasil contava com 558.757 indústrias e a participação do Estado de São Paulo chegava a 32%.

Já em dezembro de 2003, o Brasil passou a registrar legalmente 584.799 indústrias e a participação relativa do Estado de São Paulo foi diminuída para 24,64%.

Retirando-se os paulistas, cuja queda de 19,5% comprometeu os números gerais, o ganho do País atingiu expressivos 16%.

São Paulo de fora, o Brasil possuía em dezembro de 1998, 379.843 unidades industriais, contra 440.672 em dezembro de 2003.

Ou seja: enquanto os paulistas perderam 34.787 unidades, o restante do Brasil ganhou **60.829 indústrias**!

E aparentemente a situação do ABC não é pior que a média do Estado, porque perdeu 17,54% de unidades, contra 24,45% da capital, 18,76% de Campinas e 19,42% de Sorocaba.

O problema é que os sete municípios que compõem o ABC paulista tiveram perdas que se sobrepuseram às demais, conforme provam os estudos do Instituto de Estudos Metropolitanos (IEME) sobre o valor adicionado do Imposto sobre Circulação de Mercadorias e Serviços (ICMS), que é a medida de transformação do produto industrial.

Desse modo, boa parte dos demais municípios mais importantes conseguiu elevar a participação relativa no valor adicionado, ou perdeu bem menos que o ABC.

Entre as possíveis explicações da redução de unidades industriais no Estado de São Paulo, a primeira seguramente está ligada à **desenfreada abertura econômica** promovida pelos governos Fernando Collor de Mello (1990-1992) e Itamar Franco (1992-1994), e intensificada de forma bastante predatória em relação à indústria nacional nos dois governos Fernando Henrique Cardoso (1994-2002).

É evidente que um segundo motivo de fechamento foi por conta da globalização que teve um efeito devastador nas sete cidades do ABC – foram mais de 100 mil empregos com carteira assinada ceifados no início dos anos 90, sem falar nos quase 200 mil empregos industriais eliminados.

Uma outra circunstância que ajuda a entender a debandada de empresas do Estado de São Paulo está certamente na corrida de desempregados industriais que se **tornaram empreendedores**!?!?

A maioria que perdeu emprego, devido ao custo relativamente baixo de virar patrão (!?!?), preferiu o setor terciário de comércio e serviços.

Mas os que aderiram ao negócio industrial de pequeno porte constituíram também uma quantidade relativamente expressiva.

Devido a isso, num primeiro momento inflaram as estatísticas de empreendedorismo.

Na seqüência, principalmente depois da desvalorização do real que ocorreu no começo de 1999, os pequenos negócios industriais foram de vez engolfados pelos efeitos da terrível competitividade, que prevaleceu e prevalece até agora entre os grandes conglomerados industriais.

E além deles, foi terrível a inundação do País por artigos vindos da Ásia, mais baratos que os similares feitos aqui, como brinquedos, ferramentas, eletrodomésticos, etc.

Não se pode esquecer a guerra fiscal que também estimulou a saída de empresas para outros Estados, tais como: Ceará, Bahia, Minas Gerais, Paraná e Rio Grande do Sul, que com uma política industrial agressiva – oferecendo renúncia fiscal, terrenos para a instalação, etc. – superou as iniciativas paulistas de atrair e manter investimentos.

Uma grave conseqüência da perda dos empregos foi a evolução alarmante da informalidade na economia.

Segundo um estudo feito pela consultoria McKinsey a pedido do Instituto Brasileiro de Ética Concorrencial (ETCO), a informalidade afetava em 2004, 39,8% do PIB, um índice que supera em quase 20% a média de 133 países analisados em recente pesquisa do Banco Mundial (ver a Tabela 4.1).

Estão também no Brasil na informalidade quase 50% dos empregos não-rurais, e no agronegócio a situação é ainda mais dramática, com praticamente 90% da força de trabalho na informalidade.

As constatações dessa pesquisa reforçam o levantamento feito pelo IBGE de que mais de 9 milhões de trabalhadores brasileiros não têm carteira profissional assinada.

O engenheiro Emerson Kapaz, presidente do ETCO, declara: "Lamentavelmente parece que no Brasil a sonegação compensa, o crime compensa. Atualmente a informalidade afeta mais os setores da construção civil, farmacêutico, varejo, alimentício e combustíveis.

Porém um fato é indiscutível, a informalidade brasileira produz lucratividade de até 300% para as empresas, e por isto não existe logística ou produtividade capaz de enfrentar o negócio informal.

País	Porcentagem (%)
EUA	8,8
China	13,1
Austrália	15,3
Chile	19,8
Índia	23,1
Argentina	25,4
Coréia do Sul	27,5
México	30,1
Colômbia	39,1
Brasil	**39,8**
Rússia	46,1
Média mundial	32,5
Média em países de baixa renda	40
Média em países de renda mais alta	17

Tabela 4.1 – Alcance da informalidade no PIB do País.

Infelizmente a informalidade no Brasil é hoje 40% superior à verificada em outros países que enfrentam esse tipo de ilegalidade (ver Tabela 4.2).

Temos que reconhecer que o nível de informalidade no Brasil é **muito alto**, mas também precisamos compreender que as pessoas, sobretudo as de baixa renda e mais inseridas na informalidade, não têm confiança no Estado."

A informalidade preocupa tanto que em junho de 2004 o governador do Estado de São Paulo, Geraldo Alckmin, anunciou a criação de um Comitê Estadual para diminuir o problema da informalidade, com a participação da iniciativa privada e sociedade civil.

Acentuou o governador Geraldo Alckmin: "Diminuir a informalidade tem que ser uma prioridade do Brasil, dos Estados, de todo mundo.

A informalidade é um entrave ao crescimento da economia porque desestimula novos investimentos, não gera competitividade, não incorpora novas tecnologias, não exporta, causa concorrência desleal e empurra quem está na economia formal para a informalidade.

O governo perde arrecadação e, às vezes, é estimulado a aumentar os impostos cobrando mais daqueles que sempre pagaram...

Acredito que o problema da informalidade não será resolvido apenas com a fiscalização e punição, mas sim com a **redução da carga tributária** e, principalmente, o **alívio de encargos trabalhistas**.

Sem dúvida, é imprescindível introduzir, entre outras ações, um sistema de simplificação dos impostos, complementado com a redução de alíquotas.

Nesse sentido, devemos nos espelhar em experiências vitoriosas no combate à informalidade como as aplicadas na Espanha, onde o emprego formal saltou de 47% da população economicamente ativa em 1994, para 60% em 2002.

Se quisermos ter uma expansão do empreendedorismo legal no Brasil é vital combater a informalidade, porém isto significa que se deve facilitar a **'vida tributária'** dos empreendedores."

Países	Porcentagem (%)
África subsaariana (sul da África)	80
Filipinas, Índia, Indonésia, Paquistão	70
Brasil, Tailândia, Turquia	50
México	40
Chile	38
Portugal	30

Tabela 4.2 – Participação da economia informal (mão-de-obra sem registro) sem incluir o emprego rural.

Fonte: Banco Mundial e McKinsey&Company.

4.2 ASPECTOS DO COMPORTAMENTO DE UM CLIENTE NO QUE SE REFERE ÀS COMPRAS.

Um fato que está comprovado é: a boca do povo só funciona depois que a sua empresa conquistar o seu **primeiro cliente plenamente satisfeito.**

É preciso, pois, ter um plano de *marketing* para atrair clientes e depois divulgar a opinião de todos aqueles felizes com a sua empresa.

Outro fato constatado: pessoas satisfeitas dificilmente deixam o lugar onde obtiveram essa satisfação!!!

Um empreendedor só será bem-sucedido quando aprender a ouvir o que os seus clientes estão dizendo.

Realmente o empreendedor precisa conhecer bem a "arena" ou nicho onde está desenvolvendo seus negócios, devendo saber tudo sobre:

- o seu negócio;
- os recursos humanos;
- a política;
- os avanços conseguidos nas universidades;
- as tendências do governo;
- a opinião dos militares;
- o lazer das pessoas;
- as convicções religiosas;
- os serviços comunitários e o trabalho das ONGs.

Os diferentes setores têm regras, procedimentos e comportamentos diferentes.

O empreendedor deve estar sempre seguro de que está enquadrado dentro das regras da sua área de atuação, mas por outro lado deve também procurar romper algumas delas desde que isto alavanque o seu negócio sem entrar em choque com as leis do governo...

Uma pergunta para a qual o empreendedor deve ter uma resposta convincente é: **"O que é que está se querendo vender?"**

Isto não é a mesma coisa que: "Quais são os seus produtos ou serviços?"

As pessoas no século XXI querem **comprar soluções** para os seus problemas e **satisfação** (ou superação) das suas **necessidades** (desejos).

É por isso que o empreendedor precisa conhecer bem as características notáveis do seu produto (serviço) para poder encantar os clientes.

Sempre que estiver interagindo com um agente de compra, ou seja, um potencial cliente, nunca lhe deve perguntar: **"O que é que a sua organização (ou você) compra?"**

O empreendedor vendedor precisa estar preparado para explicar de forma atraente o que a sua empresa vende (produto ou serviço) e pronto para perguntar: "Em qual dos setores do seu negócio seria possível usar o nosso produto/serviço?", ou então: "Com quem é que eu deveria falar sobre o nosso produto/serviço?"

Todo empreendedor para ser bem-sucedido deve tornar-se mestre na arte de negociar e convencer os outros sobre a necessidade de adquirir o produto/serviço da sua empresa.

Ele, porém, precisa ser cuidadoso e minucioso principalmente com os acordos de venda que estabelece, bem como com os contratos que assina.

Deve lembrar que assinar um contrato não significa que isto é igual a ter dinheiro!!!

Todo empreendedor necessita aprender a ler meticulosamente todas as palavras inseridas num contrato, tanto de compra como de venda de seus produtos/serviços.

Por exemplo, num contrato poderia estar escrito que uma empresa só comprará produtos/serviços quando isto lhe for necessário!?!?

E isso significa que se a demanda não surgir as compras não serão feitas!?!?

Um contrato como esse no mínimo dá muita insegurança, pois não se sabe ao certo o que se vai vender, o que significa que não se sabe bem se deve produzir, e com isto pode-se não ter o dinheiro esperado...

O empreendedor, preocupado com as taxas de juros e também não querendo prejudicar as suas vendas deve aceitar com ressalvas o pagamento com cartões de crédito.

Estamos, entretanto, caminhando para uma época na qual em breve poderão ser aceitos todos os cartões de crédito para o pagamento das compras dos produtos/serviços de uma empresa (AMEX, VISA, MasterCard, etc.)

Tudo faz crer que num curto espaço de tempo as taxas cobradas pelas empresas de cartões de crédito no Brasil serão tão apropriadas como aquelas de outras linhas de financiamento. Isto ocorrendo, será um grande benefício para os empreendedores.

Vamos torcer para que isso aconteça o mais breve possível no nosso País, como já sucede em praticamente todos os países desenvolvidos onde com o cartão de crédito são feitas compras desde as de valor irrisório até aquelas bem significativas.

Aliás, o cartão de crédito, sem taxa de juros abusiva, pode também ser usado pelo empreendedor para comprar até matéria-prima para sua empresa.

O empreendedor deve, entretanto, ter a certeza, ou pelo menos uma grande convicção de que o mercado para o seu negócio durará no mínimo tanto quanto o prazo que ele tem para pagar a sua dívida com os bancos ou com os cartões de crédito.

É claro que é importante facilitar os canais de aquisição dos seus produtos/serviços para os clientes, mas mais importante do que isso é o empreendedor ter um bom conhecimento sobre o próprio processo de compra e estar plenamente convencido do tipo de solução que oferece com o seu negócio.

Em relação às compras, é conveniente lembrar os passos básicos da **psicologia da compra**:

1º Passo – Todas as pessoas são impelidas por necessidades.

2º Passo – A necessidade não satisfeita transforma-se em um **problema**.

3º Passo – O problema do cliente é a **principal** e **única** razão de você ter entrado (ou querer entrar) no mundo dos negócios.

4º Passo – As pessoas vão às compras em busca de **soluções**.

5º Passo – Qualquer característica de seu produto/serviço que resolva o problema das pessoas passa a ser considerada uma **vantagem** do seu negócio.

6º Passo – Qualquer característica que não solucione o problema dos clientes deve ser tomada como uma **ação ruinosa** no seu coração.

7º Passo – Qualquer coisa que o cliente gastar, seja dinheiro, tempo ou esforço físico, deve ser considerada como um **custo**.

8º Passo – Os clientes vão **querer encontrar valor** no produto e comprá-lo se acreditarem que as vantagens superam os custos.

Aí vai um questionário – na realidade é um miniteste do conhecimento do empreendedor – sobre como vão as suas vendas, ou seja, o seu negócio.

Voce deve ter boas respostas para as seguintes perguntas:

1. Você vai competir no mercado em preço, em valor, ou em ambos?
2. Seu pessoal está mais concentrado em finalizar tarefas ou em criar valor?
3. Você sabe de fato o que os clientes estão comprando?
4. Que tipo de reação os clientes têm com você, quando acreditam que não estão recebendo as vantagens condizentes com o preço que pagaram?
5. Em que medida você consegue compreender o que os clientes estão querendo, e que problemas os estão aborrecendo?
6. Com que freqüência seus clientes recebem algum "não posso atender"? Que modificações seriam necessárias para que os clientes escutassem com a menor freqüência um "não" dos seus atendentes para as suas solicitações?
7. Que custos financeiros os clientes pagam para obter os seus produtos/serviços? Você poderia reduzi-los de alguma forma?
8. Em que produtos/serviços você poderia dar aos clientes um extra, isto é um bônus?
9. Como poderia aprender mais sobre a que os clientes dão mais valor?
10. Como poderia usar essa informação para capacitá-lo a "convencer" os seus clientes a pagarem mais?

O empreendedor inteligente é aquele que está convencido de que a única pessoa que pode determinar corretamente que características dos seus produtos e/ou serviços merecem um preço mais alto é o **cliente**.

Em vista disso, o empreendedor deve investir pesado em recursos como tempo e dinheiro (desde que isto seja possível...) para compreender exatamente a que os clientes dão valor.

É lamentável que em detrimento do próprio negócio, muitos empreendedores caiam na "armadilha da arrogância", montada por eles mesmos, acreditando que sabem isso perfeitamente.

Vimos que os negócios existem porque os clientes têm problemas e estão dispostos a pagar alguém para resolvê-los.

Desse modo, a zona mais fundamental de valor – a **zona de comodidade** – é a que contém **a solução básica do problema do cliente** e, quem sabe, um pouquinho mais.

A solução básica é sempre simples, disponível de imediato, e é muito pouco diferente do que o seu concorrente pode fornecer.

Mas se tudo que um negócio tiver para oferecer for a solução básica, então não haverá outra opção senão competir pelo preço.

Porém existe uma outra zona, a de **bronze**, que não abrange simplesmente uma solução básica.

O empreendedor cujo negócio atue na zona de bronze busca fornecer todos os componentes essenciais do serviço de atendimento aos clientes num nível considerado bom.

O importante é que tudo isso precisa ser oferecido de forma consistente, e não **de vez em quando!!!**

Muitos são os clientes que acham o preço importante, mas confiabilidade é muito mais.

Outros dois componentes valiosos da zona de bronze são a rapidez e a conveniência.

Há momentos em que os clientes precisam de tratamento personalizado e informações especiais, e vão pagar para tê-los.

Mas o mercado está cada vez mais competitivo e muitos concorrentes já estão operando na zona de bronze.

É necessário, portanto, evoluir para a **zona de prata**, que vai na realidade um pouco além de fornecer serviço personalizado aos clientes e de transformar a compra numa experiência espetacular para eles, que deve começar no próprio processo de venda.

Quanto mais os produtos/serviços puderem fazer em prol do cliente, mais valor vão parecer ter, e isto significa que é vital aumentar a sua **funcionalidade** (pense no celular moderno com múltiplas funções, sendo uma delas permitir falar com outros...).

Quem atua na zona de prata reconhece que os clientes compram seus produtos/serviços para que tenham não apenas seus problemas resolvidos, mas para tornar sua vida mais fácil e prazerosa.

Assim, eles valorizam muito o serviço de suporte, aquele de pós-venda.

Isto se torna particularmente importante quando o cliente está comprando produtos e serviços complexos ou técnicos, sobretudo computadores e *softwares*.

As pessoas gostam de ofertas especiais, que são um meio interessante de adicionar o valor extra necessário para persuadir os clientes a pagarem mais.

Hoje em dia, por exemplo, os programas de fidelidade constituem-se em uma ferramenta poderosa para atrair novos clientes.

É preciso, para atuar bem na zona de prata, ir além do que os clientes querem hoje para mantê-los amanhã.

É forçoso, dessa maneira, descobrir os resultados ou vantagens que estão procurando, e desenvolver novos meios de ajudá-los a experimentar esses resultados.

Porém, é possível ir mais além e ter um negócio atuando na **zona de ouro**, isto para buscar não apenas a melhor qualidade de vida das pessoas, mas enriquecê-la, a ponto de elas se sentirem mimadas!!!

Na zona de ouro, um certo negócio procura ser o "reino da satisfação dos desejos dos clientes", no qual eles estão dispostos a pagar pelo luxo do conselho de especialistas, querem fazer compras em ambientes suntuosos, desejam ser atendidos por um específico *personal trainer*, ou então almejam viajar de avião na 1ª classe para ser paparicados...

O ponto máximo na hierarquia de valor é a **zona de platina**, acessível apenas a uma pequena fatia do mercado.

O empreendedor que quiser abrir um negócio para se valer dos clientes desse nicho deve saber que vai precisar ir bem além do "sentir-se bem" da zona de prata, ou mesmo da "gratificação" da zona de ouro.

Na zona de platina estão os clientes que valorizam o *status*, que é um nível acima da auto-estima.

Status é mais do que se sentir satisfeito consigo mesmo.

É de se esperar que todos os indivíduos tenham uma excelente auto-estima, mas apenas poucos têm *status*.

Muitas pessoas lutam por isso e estão dispostas a pagar mais por produtos e serviços que lhes possam trazer exatamente a tal condição, isto é, *status*.

Aí pode-se dizer que o negócio do empreendedor deve estar dentro da **categoria luxo**.

Aliás, esta é a explicação, por exemplo, para a venda de roupas de grife por preços cinco a dez vezes maiores do que aquelas sem as etiquetas da moda, embora estas últimas não pareçam nem muito piores e sirvam para os mesmos propósitos...

Um exemplo típico de *status* na industria foi a criação dos competentes gestores da Intel – fabricantes de *chips* de computador –, que conseguiram convencer os fabricantes de computadores que para eles seria muito prestigioso colar um adesivo no lado de fora dos seus equipamentos com os dizeres: *Intel inside*.

CONSELHO DE UM VENCEDOR – AS ESTRATÉGIAS DESENVOLVIDAS NO MAGAZINE LUIZA.

Luiza Helena Trajano Inácio Rodrigues, do Magazine Luiza, é uma empreendedora admirada e exemplo de empresária que dirige um negócio em constante crescimento apesar da economia brasileira estar ainda patinando...

Em 2003, quando o PIB brasileiro registrou um crescimento nulo, a rede Magazine Luiza com suas 177 lojas alcançou um faturamento de R$ 920 milhões, 31% a mais que em 2002.

A extraordinária empreendedora Luiza Helena Trajano Inácio Rodrigues, cujas filhas se formaram em administração na FAAP, relata e aconselha: "Temos crescido em média 25% ao ano nos últimos cinco anos, e pretendemos acelerar ainda mais esse crescimento.

Porém isto está sendo feito de forma planejada, com o envolvimento do maior número possível de pessoas.

Aliás, todo ano, em outubro, iniciamos o processo de envolvimento dos nossos colaboradores apresentando-lhes três importantes perguntas sobre a empresa:

- O que a empresa faz e não deveria fazer?
- O que a organização faz e deveria continuar fazendo?
- O que o Magazine Luiza não faz, mas deveria fazer?

As respostas dos nossos funcionários são uma bússola para o planejamento operacional do próximo ano.

Eu acredito mais no planejamento feito de baixo para cima, e bem pouco no planejamento de cima para baixo, principalmente quando uma organização atinge o tamanho da nossa, atuando em tantos lugares.

Acho também que o Brasil precisa de um taxa de juros menor para estimular o surgimento de novos empreendedores, o que faria o índice de emprego subir e o crescimento do País seria maior.

Por outro lado, os impostos precisam ser menores e mais justos, pois a situação atual só estimula a informalidade.

Continuamos adotando o remédio certo para a doença errada, ou seja, a política de juros altos é correta para um país que vive inflação de demanda, o que definitivamente não é hoje o nosso caso.

Temos, sim, um problema muito sério e pouco abordado de inflação de custo, o que dificulta muito o surgimento de empreendedores.

Por sinal, boa parte de nossos fornecedores tem tido dificuldades para manter seus preços, pois seus custos de matéria-prima têm crescido muito em decorrência de elevadas exportações de produtos primários como o aço e a madeira."

POSICIONAMENTO NOTÁVEL – O BRASIL OCUPA O 3º LUGAR DO MUNDO EM *FRANCHISING*.

Cada vez mais o sistema de *franchising* no Brasil vem crescendo e ganhando destaque na economia.

Além de empregar uma significativa parcela da população economicamente ativa do País – cerca de 550 mil pessoas em 2004, 30% mais do que em 2003 –, hoje o Brasil é o 3º colocado no *ranking* mundial de *franchising*, atrás apenas dos EUA e do Japão.

É evidente que o sistema conta com vários apoios, e o principal sem dúvida é a Associação Brasileira de *Franchising* (ABF), que divulga os conceitos e os vários modelos de franquias.

De acordo com a ABF, o setor de *franchising* deve movimentar aproximadamente R$ 31 bilhões em 2004. Essa projeção foi feita pela ABF em conjunto com o Instituto de *Franchising*, após um levantamento minucioso sobre o desempenho do setor no País em 2003, ano no qual o segmento apresentou um crescimento de 4% comparado com o de 2002 e movimentou R$ 29 bilhões.

Este crescimento é bem superior aos outros índices da economia brasileira, com destaque para alguns setores como os de alimentação e de educação e treinamento.

O número de redes deve aumentar algo como 5%, e isto mostra que independentemente de qualquer crise que o País esteja atravessando, o *franchising* mantém um crescimento consistente.

O sistema de *franchising* é muito importante para a economia nacional, pois gera divisas ao País, visto que 90% das redes de franquias são genuinamente nacionais e dezenas delas já estão expandindo suas atuações no exterior.

O Brasil realmente está começando a despontar como exportador de franquias levando várias redes de lojas – Casa do Pão do Queijo, Habib's, Vivenda do Camarão, O Boticário, Wizard, etc. – ao Oriente Médio, Japão, Europa, EUA e diversos países da América Latina.

Por exemplo, do *shopping* das Amoreiras, em Lisboa, passando pelo Japão e o Paraguai, O Boticário esta desenvolvendo um programa de expansão para os mercados internacionais que iniciou desde 1985.

Sua primeira loja fora do Brasil foi aberta na capital portuguesa, e hoje possui a maior rede de lojas próprias de Portugal, 69 lojas.

Atualmente, dos 10 países em que está presente, dois são com operações próprias (Portugal e México).

Nos demais, em cinco trabalha com franqueadores (Bolívia, Paraguai, Peru, Uruguai e no Oriente).

Aliás, O Boticário até o final de 2004 terá uma nova unidade na Arábia Saudita.

Agora O Boticário, com sede em São José dos Pinhais, no Estado do Paraná, quer crescer no México, onde já tem oito lojas próprias e 48 pontos de venda.

Lá a previsão é chegar a 100 lojas em 2007, das quais 45 até o início de 2005.

Hoje as exportações representam só 2% do faturamento da rede O Boticário, porém o objetivo é que nos próximos quatro anos se chegue a 10%.

Com 2.240 lojas no País, a rede faturou R$ 1,5 bilhão em 2003.

As indústrias têxteis catarinenses Hering e Marisol também avançam com lojas exclusivas para seus produtos no Oriente Médio e outras regiões.

A Marisol já tem lojas franqueadas no Líbano, Qatar e Kuwait.

E a Hering já estruturou duas unidades novas na Arábia Saudita em 2004.

O ensino de idiomas é outro campo de boas oportunidades.

Assim a rede Fisk, com 622 escolas no Brasil, já tem 82 endereços na Argentina, seis no Japão e dois no Paraguai.

Em 2004, quem ganhou o prêmio de franqueador do ano foi Richard Fisk, criador da rede de escolas de idiomas Fisk.

Esta, por sinal, é a primeira vez que um estabelecimento de ensino de línguas ganha o prêmio ABF Destaque *Franchising*.

A rede Fisk foi fundada em 1958 num pequeno sobrado de São Paulo.

Atualmente, somando os estudantes da *Pink and Blue*, outra marca do grupo, cerca de 3 mil professores dão aula a mais de 300 mil alunos distribuídos em 700 escolas, incluindo-se as unidades na Argentina, Paraguai e Japão.

Foi prioritariamente pela qualidade do serviço e pelo bom relacionamento que consegue manter com seu exército de franqueados que a Fisk ganhou o selo máximo de excelência.

Vale assinalar que cerca de 60% dos franqueados da Fisk estão em média há 25 anos na instituição.

A sua concorrente Wizard está também se expandindo para o México e Portugal, depois de ter aberto escolas nos EUA e no Japão.

Especializada no comércio de botas, mochilas, bolsas e acessórios para a prática de aventuras, a Tribo dos Pés fincou seus pés também no Chile e na Europa em 2004.

Com 43 lojas franqueadas e uma própria, a empresa, com sede em Franca, interior do Estado de São Paulo, espera faturar em 2004 R$36 milhões, 12% a mais em termos reais quando comparados ao exercício de 2003.

O investimento inicial da franquia chilena é de US$ 110 mil sem o ponto comercial.

Bem, aí estão alguns exemplos da pujança do setor de *franchising* brasileiro.

A pesquisa feita pela ABF mostra que a área de esporte, saúde e beleza teve um reforço do setor de lazer, e com isto em 2003 elevou seu faturamento em 29%, apesar da redução no número das unidades franqueadas.

O dado demonstra que a preocupação do brasileiro com saúde e bem-estar é grande.

O setor de móveis, decoração e presentes também evoluiu, com um aumento de 19% no faturamento e 5% no número de redes, totalizando 600 unidades abertas em 2003.

O segmento de alimentação teve em 2003 um faturamento de R$ 3,85 bilhões, e o setor de educação e treinamento faturou R$ 3,46 bilhões, com alta de 6% e 2% respectivamente em relação a 2002.

As redes de alimentação abriram 450 novas unidades, e as de educação e treinamento, mais de mil unidades.

Ao terminar 2003 havia no Brasil 678 redes de franquias diferentes com 53.564 unidades próprias ou franqueadas.

Que bom que o modelo brasileiro de franquia está sendo levado para o exterior, e com isto estamos começando a ter as nossas grifes globalizadas, não é?

Obviamente que no Brasil há muita coisa criativa, de qualidade e interessante, que será amplamente aceita pelos clientes de outros países!!!

CONSELHO DE UM VENCEDOR – A FILOSOFIA "HENRIQUÍSTICA".

Há 11 anos, a Tenda era uma pequena construtora mineira com faturamento anual de R$ 20 milhões, e hoje este é quase o seu faturamento mensal. Ela mantém mais de 2 mil funcionários registrados, e em 2003 comercializou 2.250 apartamentos, tornando-se a quinta maior construtora em área construída, segundo o *ranking* nacional da construção imobiliária.

O principal motivo desse progresso está seguramente no estilo de gestão muito particular desenvolvido por Henrique Alves Pinto, atual presidente da Tenda, filho do fundador José Olavo Mourão Alves Pinto.

Henrique Alves Pinto tem um faro incrível para as oportunidades de negócio – aliás esta é a essência do espírito empreendedor –, e hoje investe também nas áreas de entretenimento, bebidas, estacionamentos e exportação de granito.

Ele não teve nenhum tipo de vergonha ao imitar ou fazer aquilo que fizeram os empresários de sucesso.

Assim, procurou inicialmente seguir o conselho que Milton Nascimento dá em uma das suas canções: **"estar onde o povo está".**

Dessa maneira, instalou o escritório da sua construtora no centro antigo da cidade de São Paulo, ao lado de uma loja do Baú da Felicidade, do Sílvio Santos, a mais conhecida do varejo popular.

Depois de se inspirar na logística de Sílvio Santos quanto à localização, passou a imitar Samuel Klein, fundador e proprietário das Casas Bahia, na forma de vender seus prédios.

Em vez de agir como um empreiteiro tradicional, que monta estandes no terreno em que o seu prédio vai ser construído, usou as técnicas consagradas pelas Casas Bahia – na exposição da mercadoria e na sua promoção –, relacionando-se de forma mais íntima com os seus futuros compradores, o que incrementou a comercialização dos apartamentos.

Eis um pouco da filosofia "henriquística", repleta de idéias que conduzem ao empreendedorismo bem-sucedido:

"Quando me perguntam se abrir uma pizzaria é um bom ou mal negócio, respondo que nem bom, nem ruim.

Você pode ter a melhor receita do mundo, o ponto mais bem localizado, a concorrência menos (ou mais) acirrada e tantas outras coisas, porém não é isso que faz um empreendimento ser bom ou ruim.

O que realmente faz um negócio decolar (ou não) é a **gente**!!!

Gente com mão boa para a massa; gente cordial oferecendo um atendimento primoroso; gente competente para administrar; gente disposta a todo momento a aperfeiçoar os processos de trabalho na empresa.

Atualmente, recebo um monte de propostas de novos negócios todo mês. São diversas pessoas me oferecendo oportunidades de negócio e de cada 30 gosto de uma, que vai para a frente.

E o que me faz aceitar a proposta não é apenas o negócio em si, mas as pessoas que por sinal estão por trás dele.

Gente, de novo!!!

Quero saber se o meu possível futuro sócio tem bom caráter, é trabalhador, é empolgado, é competente, é eficiente, é criativo, é obcecado por fazer a empresa dar certo.

Se não for, estou fora!!!

Se for tudo isso, estou dentro – ainda mais porque sou daqueles que se alguém tiver uma boa idéia pode me ligar às duas da manhã que discuto a mesma com a maior empolgação!!!"

ALERTA VITAL: REGRAS PARA O SEU NEGÓCIO NÃO QUEBRAR.

Lamentavelmente muitas pessoas no Brasil abrem uma empresa quase por impulso depois de terem sido demitidas e não conseguirem se empregar logo, sem ter analisado adequadamente o mercado para saber se existe espaço para o novo negócio.

Aí vão as cinco regras práticas, que se forem seguidas ajudam muito o negócio a não quebrar em pouco tempo...

Regra Nº 1 – É vital **ficar atento ao mercado** no qual você tenciona investir, com ênfase para os movimentos de seus futuros concorrentes. Dessa maneira, você perceberá se realmente existe espaço para um novo negócio nessa área.

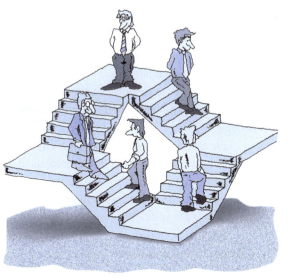

Regra Nº 2 – Deve-se conhecer o **melhor possível a região** aonde vai se atuar, bem como o setor escolhido, para saber o momento certo de abrir o empreendimento.

Regra Nº 3 – É imprescindível **fazer uma auto-avaliação** e verificar se você tem capacidade técnica, criativa e gerencial para tocar o negócio que pretende iniciar. Caso concluir que existem dificuldades, é conveniente capacitar-se antes de começar.

Regra Nº 4 – Ser **diferente (ou cheio de idéia novas)** é a chave para se manter no mercado. É essencial, pois, oferecer algo novo, que seus concorrentes ainda não oferecem.

Regra Nº 5 – É necessário **pensar e imaginar todos os gastos futuros**. Em outras palavras, é obrigatório elaborar um bom e preciso fluxo de caixa antes de abrir o seu negócio.

Você deve não esquecer nunca que nos primeiros meses (e às vezes até no primeiro ano...) as pequenas empresas não faturam muito.

Deve-se, portanto, ter um dinheiro em caixa (ou alguém a quem recorrer...) para sustentar o negócio no período inicial.

4.3 OBSERVANDO ATENTAMENTE O QUE FAZEM OS COMPETIDORES.

Não existe nada igual em complexidade do que a concorrência.

Se um empreendedor pensa que pode abrir um negócio sem nenhum tipo de competição, então realmente não sabe nada sobre o mercado!!!

No século XXI a concorrência usa ferramentas que alcançam todos os lugares, como o envio pelo correio de catálogos ou então mensagens instantâneas pela Internet.

E se isso não bastasse, o uso do telefone é cada vez mais fácil, alcançando os seus clientes em qualquer lugar e a qualquer hora.

Não se deve esquecer que ainda os seus concorrentes usam outros meios de comunicação com alcance global, e não se contentando com isso enviam seus vendedores às residências das pessoas que você julga que são seus clientes.

O problema principal porém não é o tipo de comunicação que a concorrência usa, mas o que ela comunica, principalmente quando divulga que tem preços mais baixos que os seus!!!

Em relação aos preços dos produtos e/ou serviços, é conveniente prestar alguns esclarecimentos...

Devemos salientar de início que existe o mito de que um negócio para sobreviver precisa equiparar seus preços aos da concorrência.

Esse mito talvez seja conseqüência de outros dois:

- O preço de um produto/serviço é sempre o maior problema.
- É o mercado que fixa o preço.

Só para rebater esses dois mitos convém citar duas "verdades":

Nos negócios *on-line*, os internautas dão mais valor à marca e ao serviço do que ao preço.

Duas novas pesquisas também desafiam a crença popular de que compradores de *business to business* (empresa para empresa) usam a Internet quase que exclusivamente para correr atrás de pechinchas. Elas asseguram que os compradores de *business to business* (B2B) dão mais valor às marcas famosas e à qualidade do serviço que ao preço.

É então um engano vender *on-line* com abatimento no preço, se o empreendedor tiver de cortar os serviços personalizados do seu negócio para com isto diminuir também seus custos.

Ao contrário, ele deve usar a Internet para reforçar a excelência da sua marca e para melhorar os seus serviços prestados aos clientes enquanto mantém os seus preços inalterados.

E para provocar um pouco o nosso leitor – futuro empreendedor – aí vão algumas perguntas com cujas respostas farão com que ele mesmo comprove que o preço não é sempre o maior problema:

1. Você ficaria satisfeito de ser operado por um cirurgião que dá desconto?
2. Você busca achar promoções antes de adquirir o produto de marca que gosta?
3. Alguma vez você já desistiu de uma compra pois achou que o preço era muito barato?
4. Quando você compra por puro prazer, pensa muito no preço?
5. Algumas vez você já pensou: "Será que não estou errando em não comprar qualidade?"
6. Então por que acredita que seus clientes pensariam ou se comportariam de maneira diversa?

Ninguém pode obrigar o empreendedor a permanecer passivo e aceitar quanto o mercado quer oferecer pelos seus produtos/serviços.

É claro que o empreendedor criativo é aquele que sabe usar bem o *marketing*, e mais do que isto, ele pensa em oferecer aos seus clientes comodidade, rapidez, credibilidade, serviço personalizado, especialização, luxo, etc., tomando assim a iniciativa para modificar os preços e convencendo os seus consumidores a adquirir o que vende sem reclamar do valor.

Assim, o empreendedor não-criativo é aquele que acredita que o preço é o problema, ou que este é fixado pelo mercado, oferecendo o seu produto/serviço pelo mesmo preço dos seus concorrentes.

E o pior, às vezes até procura vender mais barato, e aí com certeza perde até as vendas.

Na verdade, o único momento em que é preciso nivelar seus preços com os dos concorrentes é quando não há **nenhuma** diferença entre o negócio do empreendedor e os de seus concorrentes.

Nenhuma diferença em termos de oferta, de empresa, de marca, de *marketing* e de capacidade de venda.

O preço se transforma em problema quando os clientes notam que o produto à venda é algo do tipo *commodity*, ou seja, uma mercadoria disponível em vários estabelecimentos de qualidade tão boa (ou tão ruim...) quanto qualquer outra.

Por exemplo, de certa forma os bancos no mundo todo têm esse problema.

Para a maioria dos clientes, uma conta-corrente é apenas uma conta-corrente, com a agravante de que, de acordo com alguns estudos, todos nós, salvo raras exceções, não nos "orgulhamos" muito do banco com o qual operamos, e freqüentemente não o trocamos por outro porque achamos que não vai fazer a menor diferença...

Com certeza nessas circunstâncias os novos clientes talvez façam escolhas com base no preço.

A rivalidade natural entre concorrentes é um resultado direto de cada um para melhorar a sua posição no mercado, o que para grandes organizações significa conquistar uma maior fatia do mercado, do *market share*.

Um exemplo atual e interessante é o da indústria de telefonia móvel no Brasil.

No início do processo de privatização, as empresas operadoras que se estabeleceram aqui tinham um amplo mercado a explorar.

Naquele tempo havia uma longa fila de clientes à espera da possibilidade de poder utilizar o serviço de um celular.

As empresas não precisavam "brigar" diretamente entre si, pois havia um mercado não atendido à espera do produto.

À medida que o mercado foi sendo atendido pelas empresas, e já não havia mais tantos clientes sem o produto, as operadoras passaram a um confronto direto.

As principais armas utilizadas foram o lançamento de campanhas publicitárias em que cada uma buscou atrair clientes dos concorrentes.

Para isso, cada qual ofereceu melhores planos e preços mais baixos!?!?

Como resultado dessa competição, o preço dos serviços realmente caiu, diminuindo naturalmente a rentabilidade do negócio.

A permanência dessas empresas no mercado ficou no mínimo abalada, e depende agora cada vez mais da capacidade de introduzir novos produtos e serviços (com o celular é possível tirar fotos, ouvir músicas, assistir a programas de TV, conectar-se ao computador, etc.), com o aumento das garantias oferecidas e a melhoria das condições comerciais.

Enfim, cada empresa está buscando outros caminhos para atender de forma diferenciada – até com outro preço, que pode ser maior (!?!?) – às necessidades dos seus usuários.

Todas essas dificuldades podem ser evitadas caso o empreendedor no seu negócio conseguir estabelecer um diferencial para o seu produto, construir uma marca bem distinta das outras, aprender a vender o valor extra que desenvolveu e, além disso, ter a adequada competência para explicar aos que eventualmente reclamam por que o seu preço é maior.

Nada disso é fácil, claro; por outro lado, não é nada simples também tentar obter lucro enquanto se corre atrás de um concorrente que esteja a fim de destruir as margens de lucro do setor no qual você tem o seu negócio.

No final das contas, o problema não está na forma como os clientes interpretam o seu preço ao compará-lo com os dos concorrentes, mas como interpretam o **valor extra** do seu produto/serviço comparado com aquele dos produtos/serviços da concorrência.

O que ocorre é que quase sempre o **preço é inimigo da diferenciação**.

E no momento em que um empreendedor, com sua estratégia principal, começa a equiparar o seu preço ao da concorrência para fechar negócios, pode estar certo de que fracassará na tentativa de diferenciar-se dos seus competidores.

Um exemplo extraordinário de empreendedorismo em que a diferenciação levou ao sucesso, vendendo-se mais caro aparentemente o mesmo produto, é o da Starbucks.

No fim dos anos 1980, a General Foods, a Nestlé e a Procter&Gamble dominavam o mercado norte-americano de café.

Os consumidores tomavam o café, como parte da rotina, e o produto era considerado uma *commodity*, um segmento marcado por grandes reduções de preço (!?!?), pela disputa ferrenha por uma fatia do mercado.

A indústria já tinha habituado os consumidores a comprar com base no preço, em cupons de desconto (isso nos EUA...), e sempre a presença das mesmas marcas, um esquema que custou fortunas às grandes companhias para se tornarem líderes do mercado.

Howard Schultz, criador da rede Starbucks – hoje com mais de 4500 lojas no mundo, e que nos três primeiros trimestres de 2004 apresentou uma receita de US$ 3,8 bilhões, 28% mais que no mesmo período em 2003 –, em 1987 comprou uma empresa que estava em dificuldades por US$ 250 mil, a qual na época vendia grãos integrais de café a varejo.

A fim de transformar a empresa, Howard Schultz iniciou um plano de organização concentrada em uma força de trabalho qualificada. Sua intenção na época da compra era transformar um negócio local em uma empresa varejista nacional, e para isto ele precisava de funcionários leais que se orgulhassem do seu trabalho e levassem essa atitude positiva ao cliente.

E por que eles se orgulhavam do seu trabalho?

Porque acreditavam que estavam trabalhando num negócio em que se transformou o simples ato de tomar café numa experiência emocional, explicando aos clientes que eles, ao entrarem na Starbucks, estavam no "**oásis da cafeína**".

As três grandes companhias vendiam um tipo de *commodity*: café em linda embalagem; mas a Starbucks passou a vender um conceito de varejo: a **cafeteria**.

As cafeterias oferecem um ambiente sofisticado, muita classe, divertimento, conversa animada e diferentes sabores de café, servidos com criatividade.

A Starbucks transformou o café numa experiência emocional e alçou as pessoas ao nível dos peritos, e para elas o "salgado" preço atual de US$ 4 para uma xícara de café (ou mais...) parece razoável e até justo!!!

Quase sem propaganda, a Starbucks tornou-se inicialmente uma marca conhecida nos EUA e agora globalmente, com margens de lucro em torno de cinco vezes maiores que a média da indústria.

Esse é o belo exemplo que todo empreendedor criativo deve ter em mente para enfrentar sem temor a concorrência com seus produtos/serviços com preços maiores que os dos competidores!!!

UM EXEMPLO A SER SEGUIDO - O SONHO DE TRABALHAR POR CONTA PRÓPRIA.

Alberto Saraiva é o fundador e presidente da rede Habib's, e tudo faz crer que é hoje a maior *fast-food* de comida árabe do mundo!!!

Ele é também o autor de *Os Mandamentos da Lucratividade*, um verdadeiro **Manual do Empreendedor**.

Como diz o governador do Estado de São Paulo, Geraldo Alckmin, na apresentação do livro: "É uma história de vida; a trajetória de alguém que enfrentou dificuldades, superou todos os obstáculos e venceu.

É, portanto, uma experiência de valor inestimável, não só para todos aqueles que pretendem entrar para o mundo dos negócios, mas para qualquer pessoa que busque o sucesso profissional."

Alberto Saraiva expressa no seu livro: "Aos 20 anos perdi meu pai em um assalto na padaria, época em que cursava o meu primeiro ano da faculdade de Medicina.

Naquele tempo, já pensava diferente dos meus colegas de faculdade.

Todos desejavam se formar para ganhar dinheiro com consultas médicas. **Eu, não!!!**

Enquanto meus colegas pensavam em ganhar dinheiro em seus consultórios, cobrando consultas, eu planejava algo diferente.

Todas as minhas consultas seriam de graça, sem cobrar um centavo por elas.

Mesmo assim, procuraria dar o melhor atendimento possível, com qualidade, profissionalismo e seriedade nos serviços prestados.

'Isto seria possível, ou seja, daria para sobreviver sem cobrar consultas? Como ficaria a lucratividade?'

Bem, se eu me especializasse em Dermatologia, por exemplo, montaria uma clínica de estética.

Ofereceria tratamentos modernos e eficácia comprovada para manter por mais tempo a vitalidade da pele.

Coisas do tipo: como ficar mais jovem evitando rugas.

Faria tudo do melhor, tudo que atendesse às expectativas e aos desejos dos meus clientes.

Nos meus planos e na minha imaginação, essa clínica lotaria todos os dias.

O lucro apareceria e eu acreditava que não seria necessário cobrar por consultas...

No final, o destino alterou meus sonhos e nada disso se tornou realidade.

Acabei me formando médico, mas minha especialidade se tornou *restauranter* – dono de restaurante.

Quando somos pobres e temos de vencer pelas próprias mãos, enfrentamos obstáculos e dificuldades com mais coragem e determinação.

Temos a bravura de um touro na arena.

Não nos abatemos por nada.

Vamos em frente, não importa o que possa acontecer.

Não temos nada a perder, a não ser o próprio desejo de vencer.

Quando cultivamos o desejo de vencer pelas próprias mãos, tornamo-nos diferentes, passamos a ter algo mais.

Temos o que chamo de **diferencial**.

Se você não tem uma único diferencial, prepare-se para figurar entre a grande maioria de pessoas comuns.

Mas se você encontrou algum **diferencial** tem boas possibilidades de vencer, porque é isto que faz a diferença na busca de vitórias.

É vital que o diferencial exista, seja percebido, potencializado e corretamente utilizado por quem quer ser um empreendedor bem-sucedido.

É com o diferencial que se faz a diferença.

Além disso, é importante saber que se você acreditar sempre em seu desejo maior de vencer, tudo é possível.

Eu sempre lembro e segui o conselho que meu pai me deu: **'Não desista; é preciso caminhar.'**

Aliás, fiz isso sempre com muita fé!!!"

Alberto Saraiva é hoje um exemplo no mundo empresarial brasileiro de persistência, determinação e arrojo empreendedor, pois conseguiu transformar uma pequena lanchonete na maior rede de *fast-food* do País, com capital 100% brasileiro.

No seu livro ele desvenda os mandamentos que seguiu para obter lucratividade na sua rede, e são os ensinamentos que todo aquele que almeja alcançar um sucesso próximo de Alberto Saraiva deve seguir.

Os mandamentos da lucratividade de Alberto Saraiva:

1º→ Andar sempre com o mapa das despesas do seu negócio no bolso.

2º→ Manter a folha de pagamento enxuta, com rigor, coragem e convicção, sem descuidar-se e sem mudar o rumo.

3º→ Gastar o mínimo com terceiros, ou seja, verticalizar tudo o que puder.

4º→ É imprescindível qualificar as vendas, priorizando os 4 Qs, isto é: o **q**ue se vende; **q**uanto se vende; para **q**uem se vende e **q**uem cuida da venda.

5º→ Criar continuamente motivações financeiros e de reconhecimento durante o ano todo.

6º→ Manter os funcionários "colunas mestras", ou seja, aqueles eficientes e comprometidos com a lucratividade.

7º→ Servir bons produtos da maneira mais rápida, sempre com muita atenção aos menores preços possíveis, em local agradável e limpo.

O presidente da rede Habib's, que hoje tem mais de 120 milhões de clientes e emprega mais de 12 mil funcionários diretos, promete para breve enunciar mais três dos seus mandamentos.

Para se inspirar e seguir melhor a "receita" de sucesso de Alberto Saraiva, a sugestão é uma só: leia *Os Mandamentos da Lucratividade*.

4.4 AÇÕES CONCLUSIVAS.

Em suma, as atitudes que devem ser tomadas por um empreendedor são:

1. Fazer um minucioso acompanhamento da concorrência, pessoalmente e através da Internet.
2. Efetuar uma descrição do que seria um cliente perfeito.
3. Onde é que se poderia encontrar um cliente perfeito?
4. Como é que o cliente perfeito poderia saber da existência da sua empresa?
5. Você está adotando a postura para ser um empreendedor vendedor de sucesso?
6. Você já aprendeu a causar sempre uma boa impressão positiva, visto que é assim que se superam as barreiras e objeções para ter um bom relacionamento com os clientes?
7. Vender deve ser uma estrada de mão dupla. Você sabe que se ajudar os seus clientes a construírem seus negócios, eles não hesitarão em ajudá-lo a construir o seu?
8. Você já constituiu uma boa rede de relacionamentos que lhe permite receber bons conselhos?
9. Certifique-se se que cada cliente potencial precisa de seu produto e/ou serviço, se

pode pagar o seu preço e se tem condições para comprá-lo. Em caso contrário, não vacile e pare de perder seu tempo e o dele...

10. Os clientes estão cada vez mais sábios e espertos do que nunca. Eles querem fazer negócios de forma pessoal e honesta. Você está totalmente convencido de que a honestidade é a melhor política, não é?

O empreendedor em momento algum deve esquecer que quanto mais trabalha, mais sorte terá!!!

A propósito, trabalho árduo só traz benefícios, pois:

- faz você sentir-se bem consigo mesmo;
- afeta positivamente a sua atitude;
- fornece valor agregado a seus clientes;
- é uma apólice de seguro para você e seus clientes.

Na realidade, não é uma questão de trabalhar muito, mas de trabalhar bem.

O trabalho árduo, por si só, não garante sempre o sucesso.

Cabe evidentemente ao empreendedor determinar como e quando trabalhar mais e melhor, para assim poder dançar conforme o ritmo do seu corpo...

Para trabalhar é conveniente que o empreendedor consiga antes de dormir esvaziar a sua cabeça, para poder estabelecer as prioridades do seu trabalho no dia seguinte.

Isso deve ser uma rotina para quem quer ser um empreendedor bem-sucedido, em particular nas vendas para os seus clientes.

O decálogo para o trabalho eficaz é o seguinte:

1. Elaborar uma lista diária do que precisa fazer e das pessoas a quem deve visitar, telefonar ou mandar *e-mail*.
2. Não esquecer de planejar os pequenos passos.
3. Manter o foco, concentrando-se no momento certo.
4. Se você cair, levante-se logo.
5. Se não conseguir entrar pela porta, tente ver se há uma janela aberta....
6. Pedir auxílio quando for necessário.
7. Ser paciente e persistente.
8. Ser flexível.
9. Nunca ficar parado, pois sempre há algo para fazer.
10. Manter a fé.

Uma outra coisa que o empreendedor vendedor deve conseguir é tornar-se consultor para o seu cliente.

O brilhante conferencista e presidente da HSM do Brasil, Carlos Alberto Júlio, no seu magnífico livro *A magia dos grandes negociadores* diz: "Esse conceito de consultoria vai muito além do que cabe numa descrição convencional de venda. Enquanto um vendedor apenas vende um produto ou serviço, o empreendedor consultor oferece solução e assessoria.

Enquanto o vendedor simples planeja com simplificada a sua venda e improvisa na frente do cliente, o empreendedor consultor faz um planejamento antecipado e criterioso dos aspectos técnicos da venda, já que ele é quem melhor conhece o que faz o seu produto/serviço e por que faz melhor!!!

Por fim, infelizmente muitos vendedores são apenas 'tiradores' de pedidos, apesar de possuírem todos algum verniz de sofisticação em vendas, já o empreendedor consultor constitui o verdadeiro elo duradouro e convincente entre o seu negócio e os seus clientes."

AUTO-AVALIAÇÃO – A IMPORTÂNCIA DE ESTUDAR OS COMPETIDORES.

Se você, meu caro empreendedor, não estiver preocupado com os seus competidores, então realmente o seu negócio é algo inédito e sem concorrência. Mas quem não está preocupado com os concorrentes pode um dia ser abandonado pelos seus clientes.

Para que isso aconteça, é vital que você tenha continuamente as melhores e mais atualizadas respostas para as seguintes perguntas:

1. O que é que garante a existência dos seus concorrentes?
2. Por que os seus clientes compram mais nos seus concorrentes?
3. Em quais dos seus clientes os seus concorrentes estão mais interessados agora?
4. Como é que os concorrentes fazem para manter ou até para ter uma lucratividade superior a sua?
5. Você depende mais (ou menos) que os seus concorrentes de fornecedores externos?
6. Você tem alguma noção do que o seu principal concorrente pretende fazer no ano seguinte?
7. Esses planos futuros que ele está desenvolvendo prejudicarão a situação do seu negócio?
8. Você sabe o que deveria fazer agora para voltar novamente à liderança, ou ao menos ficar entre as empresas que estão bem situadas no mercado?
9. Podem surgir novos competidores no mercado?

10. Se você fosse um cliente ou usuário, que motivos poderiam "desviá-lo" para o produto ou serviço de uma empresa concorrente?

Possíveis respostas às questões de auto-avaliação estratégica do seu negócio:

1. De um lado, porque é muito difícil e às vezes até proibido em certas nações livres que uma única empresa domine todo o mercado.

   Claro que falando das micro, pequenas e médias empresas, há aquelas que oferecem algo que não existe inicialmente, porém logo começam a surgir outras empresas para operar o filão.

   Para ser único durante um certo tempo, é preciso ser muito criativo e eventualmente patentear algum produto que as outras empresas não consigam copiar, ou soltar algo similar.

2. Os clientes podem estar comprando mais nos concorrentes devido a fatores como: melhor qualidade, preços mais atrativos, melhor serviço de atendimento, formas de pagamento, pontos de venda melhor localizados e com estacionamentos grátis, serviço de manutenção, ou seja, atendimento pós-venda exemplar, etc.

3. Inicialmente devemos destacar que manter e conhecer a clientela é vital para qualquer negócio – principalmente para os pequenos – e por isto quanto melhor o empreendedor conhecer a sua, maiores serão as suas possibilidades de sobrevivência. Para tanto ele deve ter um esquema que lhe permita saber os motivos que levam os clientes do seu negócio a adquirir também os produtos de concorrentes.

4. Entre as informações para responder a esta pergunta estão questões como:
   - Eles têm parcerias com grandes empresas?
   - São franquias?
   - Conseguem preços melhores com os fornecedores?
   - Têm custos operacionais menores?
   - Usam métodos e processos de produção mais eficientes que os seus?
   - Eles têm um grande fluxo de caixa?

   Realmente, essas informações não são fáceis de ser obtidas, até porque algumas são confidenciais, porém você deve estar atento, buscando sempre se inspirar nos concorrentes que têm melhor desempenho econômico que o seu.

5. A resposta a esta questão auxilia muito o empreendedor a identificar os eventuais problemas com suprimentos, sobretudo em épocas de alta demanda – Páscoa, Natal, Dia dos Namorados, Dia da Criança, etc. Obviamente, se o seu competidor tiver melhores fornecedores, seguramente ele estará mais bem preparado para lidar com oscilações repentinas da demanda. Ciente disto, o empreendedor precavido pode e deve reorganizar a sua estratégia de compras, fazendo parcerias com fornecedores mais confiáveis.

6. Na verdade não basta ter uma "noção", mas é preciso adivinhar ou antecipar-se aos futuros passos do principal competidor. Para conseguir isto não é necessário obrigatoriamente montar um serviço de espionagem ou ferir demais os princípios

éticos. Pode-se chegar a preciosas conclusões observando atentamente o concorrente, conversando com os fornecedores que podem até também ser os seus, inquirindo os gerentes de bancos ou de outras instituições financeiras sobre a saúde financeira da concorrência e sobre os eventuais investimentos que o competidor pretende fazer, falando com os clientes dele, e finalmente contratando, quando for possível, os seus empregados talentosos e que tenham algum poder de mando. Uma outra fonte de informações valiosa são os seus próprios empregados que conversam com os funcionários dos concorrentes; por exemplo, aqueles que trabalham em vendas ou *marketing*. Com este "ardil" deve-se, porém, tomar muito cuidado e discrição para não acabar recebendo informações distorcidas ou até ser processado.

7. Naturalmente se a resposta for um "sim", torna-se urgente revisar a estratégia do seu negócio o mais depressa possível, para que a supremacia eventual do concorrente não destrua o seu negócio. Procedendo desta forma, a sua empresa pode neutralizar antecipadamente a vantagem do competidor. O conselho é evitar copiar o que ele pretende fazer. O ideal é conseguir dar um passo à frente do concorrente – é aí a criatividade desempenha um importante papel –, valendo-se do fato de já saber o que ele pretende fazer!!!

8. Se a pergunta é óbvia, a resposta geralmente não é simples.
Muitas pessoas acreditam que tudo é uma questão de preço, ou melhor, os indivíduos trocam um produto (serviço) – desde que seja similar – por aquele de menor custo. Mas existem atualmente fatores intangíveis que pesam muito, como a cortesia no atendimento, a confiança na marca e a própria qualidade do produto (serviço). Sem dúvida, uma grande diferença no atendimento compensa com folga um preço um pouco maior do que o do competidor no que se refere à atração e retenção de clientes.

9. É claro que sim, basta o seu produto (serviço) ser algo para o qual a demanda esteja crescendo. O empreendedor precavido sempre sabe olhar para mais longe e ser capaz de antever a possibilidade de ocorrerem enormes mudanças no seu setor. É assim que poderá "adivinhar" que tipo de futuros problemas terá com a sua concorrência, inclusive antecipar-se ao surgimento de novos concorrentes capazes de explorar os nichos de mercado onde atua, graças ao aparecimento de novas tecnologias como, por exemplo, o comércio eletrônico.

10. Uma boa maneira para responder a esta questão é imaginar todas as coisas que irritam o seu cliente e fazer uma lista se essas coisas não fazem parte do que produz ou dos seus procedimentos. Em seguida faça exatamente o contrário: elabore uma relação de todas as coisas que deixam o seu cliente extremamente satisfeito. Se você não souber isto exatamente, contrate uma empresa especializada que lhe faça essa lista, pois se atuar em cima desses pontos fortes dificilmente deixará de reter os seus clientes e atrair novos, principalmente se minimizar os seus pontos fracos, ou seja, aquelas coisas que irritam os seus clientes e que você pratica às vezes...

Capítulo 5
O empreendedor lidando com as pessoas

A FORMA DE SE RELACIONAR E DE SE COMUNICAR DO EMPREENDEDOR.

Estamos na era de relacionamentos feitos à velocidade da luz.

É imprescindível para todo empreendedor ter uma boa rede de relacionamentos.

Na era digital o tempo está ficando cada vez mais precioso e, portanto, deve-se saber utilizá-lo sabiamente.

Os relacionamentos exigem, contudo, que se mantenha o hábito de trocar cartões de visita, os *business cards* !!!

O empreendedor organizado é aquele que anota a data e local em que encontrou uma nova pessoa que pode servir para aumentar o *network* (rede de relacionamentos) do seu negócio.

A bem da verdade, deveria também acrescentar no verso desse cartão algo mais sobre cada nova pessoa para não esquecê-la, porém mantendo essas observações sob sigilo, sob seu controle único!!!

Nesses relacionamentos e diálogos uma atitude que todo empreendedor deve adotar é: **sempre que tiver alguma dúvida, não ter vergonha de perguntar até entender.**

Por outro lado, sempre que estiver descrevendo algo para os seus empregados (devem existir alguns pelo menos no seu negócio...), inicialmente deve explicar com máxima objetividade o problema, para só depois expor o detalhamento sobre como planeja resolver a questão.

Assim haverá uma grande possibilidade de o problema ser bem entendido.

Além disso, os empregados de uma pequena empresa deveriam ler o manual de procedimentos (isto quando ele existe...) e assinar uma declaração que compreenderam todas as regras vigentes na organização.

O empreendedor deve também aprender a responder religiosamente a todos os telefonemas recebidos em no máximo dois dias úteis, e se possível no mesmo dia, assim que estiver livre.

É ainda indispensável que ao menos 90% dos *e-mails* recebidos sejam respondidos no mesmo dia.

Todo empreendedor deve estar ciente de que é grande a proporção de clientes que só telefonam para uma empresa **uma vez** caso percebam que não estão sendo bem atendidos, ou se têm dificuldade para ter acesso à sua empresa.

A comunicação por telefone com os clientes difere significativamente em um aspecto do contato por escrito (e isto inclui o *e-mail*) – é interativa e eficiente do ponto de vista de custo.

A comunicação por escrito pode ser pré-planejada, e muita importância deve ser dada ao estilo e ao teor das mensagens.

O telefonema geralmente é espontâneo (isto na maior parte das vezes, porém há situações em que ele foi totalmente planejado) e é, digamos, uma forma não-pré-roteirizada de comunicação.

Assim como um programa de rádio ao vivo, algo dito ou transmitido não pode depois ser apagado...

O empreendedor que deseja aproveitar ao máximo os telefonemas não deve permitir que os funcionários da empresa que recebem (e fazem) telefonemas passem uma impressão totalmente distorcida do seu negócio, não estando, por exemplo, atentos ao impacto que as suas palavras proporcionam.

Um funcionário pode afastar para sempre o cliente de uma empresa porque o primeiro contato entre eles foi negativo para o cliente.

Imagine, o efeito que o seguinte diálogo teria sobre um cliente:

Cliente: Bom dia, meu nome é Cristina. Posso falar como o dr. Henrique?

Secretária: Não!!!

Este é um relato autêntico, e note-se que a funcionária não se estendeu na resposta. Não foi oferecida uma explicação para a indisponibilidade do gerente (ou do médico). A resposta foi fria, indiferente, e isto por certo deve ter indisposto a cliente.

O pior é que o contato telefônico abrange inúmeras atividades, sendo algumas:

- procura de novos negócios ou prospecção;
- marcação de entrevistas;
- realização de vendas e compras;
- administração de contas;
- chamadas de *follow-up* (mala direta);
- pesquisa telefônica;
- avaliação da concorrência;
- assistência (*helpline*);
- informações gerais;
- cobrança;
- etc.

➡ **Como então deve proceder o empreendedor ao deixar uma mensagem no correio de voz?**

Ao menos tomando os seguintes cuidados:

- Sempre deixar o número do seu telefone, pois o seu cliente ou algum fornecedor pode estar fora do escritório ou ocupado quando receber a sua mensagem.
- Falar o seu número de telefone vagarosamente e de maneira bem clara para que seja entendido.

➡ **O empreendedor deve saber que é necessário às vezes marcar horário para telefonar?**

Claro que sim, especialmente quando quer falar com alguém muito ocupado como um médico, um professor que dá muitas aulas por dia, um especialista no seu negócio, alguém que não pode receber telefonemas em certos períodos de trabalho, etc.

Nesses casos e em outros similares é imprescindível marcar a data, a hora e o tempo disponível para poder conversar.

➡ **Com o que o empreendedor (ou um operador do negócio) deve se preocupar ao fazer (ou receber) um telefonema a um cliente?**

Precisa planejar o que vai dizer antes de fazer a ligação, pois é diferente ter que falar com um cliente para convencê-lo a comprar um produto, ou acalmá-lo quando ele está irritado com a empresa por algum motivo, ou solicitar um novo empréstimo ao gerente do banco, ou ainda reclamar com um fornecedor que enviou um lote errado.

Pode-se aplicar uma fórmula básica a todas as situações de ligação citadas anteriormente, planejando os telefonemas para ter um maior sucesso.

Toda ligação requer uma estrutura porque é isto que dará a seus operadores, ou vale dizer, aos que ligam, os sentidos de propósito e direção quando estiverem envolvidos nas chamadas.

Não importa se for o empreendedor que estiver fazendo a ligação ou a recebendo.

Mesmo ele, se houver falta de estrutura, em ambos os casos poderá ter como resultado da chamada a perda de uma oportunidade de negócio.

Imagine então se for o caso de um funcionário da empresa, com uma paixão não muito grande por ela, com que ânimo ele fala ao telefone com algum cliente...

A estrutura deve se basear na seguinte fórmula:

1. **Introdução** – Esta é a oportunidade que você tem para estabelecer um relacionamento com o cliente atual ou prospectado.

Planeje pois como você quer abrir a conversa e qual será a sua estratégia.

Se necessário, escreva antes algumas frases apropriadas para ajudá-lo na conversa.

Sua abertura deve ser destinada a captar a atenção da pessoa para a qual você está ligando, pois é necessário engajar o cliente (ou quem for) numa conversa de duas vias.

2. **Coleta de informações** – Faça sempre perguntas que lhe permitam obter as informações que deseja

3. **Identificação das necessidades do cliente e oferecimento de uma "solução"** – Estimule o desejo do cliente em aceitar sua proposta, seja a marcação de uma entrevista para ele comprar algo, seja ainda para que o cliente concorde com um futuro plano de ação.

4. **Encerramento da ligação** – Este é o estágio em que a ligação deve ter uma conclusão satisfatória, tanto para sua empresa como para o cliente.

É freqüente, porém, a situação em que a ligação termina sem qualquer **acordo claro** sobre ações futuras.

Conseqüentemente, o cliente (ou o cliente em potencial) não fica sabendo o que você está tentando conseguir.

É nesse estágio que convém pedir para marcar uma nova entrevista, indagar sobre uma nova venda, perguntar sobre soluções propostas ou sobre a linha de ação sugerida.

Existem, obviamente, muitas variantes nessa estrutura básica.

É inequívo que em certo momento os operadores da empresa talvez sejam solicitados a negociar soluções, contornar objeções ou restrições, ou ainda ter que lidar com situações particulares, como aquelas em que as pessoas pedem conselhos ou querem reclamar.

Entretanto, este esquema possibilitará a todos que usam o telefone em "benefício" da empresa que entendam rapidamente a estrutura de uma ligação eficaz.

Você não deve terminar uma ligação se não houver um acordo sobre uma determinada solução.

Mas você também não pode concordar com uma solução sem antes ter obtido informações suficientes sobre o seu cliente, e não terá esta oportunidade a menos que tenha estabelecido um relacionamento com ele.

Portanto, as chamadas devem ser estruturadas para que os objetivos sejam atingidos.

Se você não sabe o que vai dizer ou o que pretende, nem pense em telefonar...

É comum em qualquer tipo de empresa, sobretudo nas pequenas e médias, notar que muito tempo e esforço são desperdiçados porque as equipes de telecontato não têm uma visão explícita do que esperam conseguir com um telefonema.

O pior é que se mostrarem insegurança ou estiverem atrapalhadas, seus clientes (ou em potencial) seguramente vão se sentir confusos também.

Toda equipe que atende aos telefonemas da empresa (com destaque para o próprio empreendedor) deve entender muito bem o conceito de uma abordagem estruturada, pois isto a auxiliará a alcançar seus objetivos e a torná-la muito mais bem-sucedida ao telefone.

No final do século XX o atendimento ao cliente evoluiu para o que se chama relacionamento de *marketing*.

Trata-se de aproximar-se dos clientes, conversar com eles, interessar-se neles e ser suficientemente flexível para atender às suas necessidades.

Mas ser acessível aos clientes nem sempre é fácil, visto que em uma parte do tempo se lida com clientes chatos ou difíceis.

Para um negócio – em especial se for pequeno e tiver clientes espalhados por um País como o Brasil –, estar fisicamente presente em todas as partes (ou nas cidades maiores) é uma tarefa dispendiosa e praticamente impossível de ser viabilizada.

Assim, o telefone é o meio ideal para se manter um relacionamento estreito com os clientes.

É importante não esquecer que o telefone é o principal meio que os clientes usam para reclamar.

Respeitar as pessoas que reclamam é vital, pois a maneira pela qual as indignações dos clientes forem tratadas determina sem dúvida nenhuma se eles vão continuar fazendo negócio com você no futuro.

Aí vão algumas sugestões que ajudam muito a contornar situações difíceis:

- Dê opções ao cliente, colocando-o no comando ao permitir que ele faça as escolhas. Nunca se deve entrar numa situação de confronto, particularmente quando se lida com clientes chatos ou difíceis.

  O confronto geralmente ocorre quando se dá apenas uma opção, pois ela soa como ultimato.

- Sempre que possível, tente contornar as reclamações no primeiro ponto de contato.

  Demoras comumente levam o cliente a armar uma tempestade num copo de água.

- Se o cliente necessita de uma resposta por escrito (ou de receber um *e-mail*), é preciso assegurar-se se ela será enviada no dia (hora) prometido.
- Se uma solução satisfatória, imediata não for possível, pergunte ao cliente o que ele deseja exatamente.

Esta é uma boa forma de começar as negociações e auxilia você a medir a força de disposição do cliente.

Com freqüência as pessoas se satisfazem com um pedido de desculpas, melhor por escrito (ou um *e-mail*), e não querem obrigatoriamente uma compensação monetária.

Afinal se você nem sonha com o que vai deixar o cliente mais feliz, **pergunte-lhe!!!**

O empreendedor quando estiver ao telefone precisa **sorrir** bastante e estar de bom-humor, pois a pessoa com quem está falando perceberá isto, o que tornará a conversação provavelmente mais empática.

Ninguém deve enquanto estiver telefonando continuar teclando o computador, ficar virando as páginas de uma revista ou continuar a sua pequena refeição, pois acabará também sendo ouvido ou percebido, e aí cria-se uma situação contrária, ou seja, uma aversão por você por parte da pessoa com quem estava falando...

POSICIONAMENTO NOTÁVEL – O USO DO HUMOR PELO EMPREENDEDOR CRIATIVO.

Realmente o empreendedor criativo é aquele que sabe abrir corações e bolsos para adquirir os produtos da sua empresa, atraindo-os por meio de uma **publicidade que faz uso do humor**.

➡ **Por que o humor é útil na publicidade?**

Uma vez o espirituoso artista Woody Allen disse que queria escrever um livro sobre humor, e logo em seguida começou a pensar numa regra de como tornar algo engraçado.

Mas imediatamente surgiu-lhe a idéia de quanto **não seria divertido quebrar essa mesma regra!!!**

Esta é a essência do problema.

O encontro do humor está na impossibilidade de ser quantificado, previsto ou contido.

É por isso que uma das poucas coisas que podemos dizer com segurança sobre o humor é que ele tem tudo a ver com o totalmente inesperado.

Ele nos encanta porque nos engana!

É muito relevante lembrar que o humor é vital para a comunicação.

A seguinte piada ilustra bem esse conceito.

"Leonid Brezhnev, líder da União Soviética, programou ir à Polônia em uma visita de Estado.

Ele decidiu dar um presente ao povo polonês: uma pintura mostrando Lenin na Polônia.

O museu do Kremlin foi vasculhado de cima a baixo em busca de tal quadro, porém ninguém encontrou algo parecido...

Então Brezhnev ordenou que os seus assessores encontrassem rapidamente algum artista dissidente e o obrigassem a pintar o quadro.

*O artista foi encontrado e recebeu o **briefing**: Pinte um quadro retratando Lenin na Polônia.*

O artista acenou com a cabeça que entendeu o recado e foi para casa pintar o quadro.

Assim que terminou a pintura, foi convocado para apresentá-la a Brezhnev e a seu Politburo.

O artista chegou com a obra e a apresentou aos mandatários reunidos.

Ele retirou o pano e, para a surpresa de todo mundo, o quadro retratava um homem na cama com uma mulher.

Brezhnev, perplexo e irritado, exigiu saber quem eram aquelas duas pessoas.

O artista explicou: 'É a senhora do Lenin na cama com um poeta dissidente!'

E aí Brezhnev gritou: 'E onde está Lenin?'

O artista respondeu tranqüilamente: 'Ele está na Polônia.'

Parece que esta foi a última vez que o artista falou algo..."

O humor amplia o que parece, à primeira vista, que o mundo está nos apresentando.

O humor é uma das mais sofisticadas e interessantes características da inteligência humana, é uma forma de filosofia.

Quase todos os grandes criadores e pensadores – Dante, Montaigne, Shakespeare, Voltaire, Nietzsche, Mark Twain, Bernard Shaw, etc. – usaram o humor para transmitir suas idéias mais complexas.

Podemos rir de quase tudo, principalmente de nós mesmos.

O riso tem como função orgânica o alívio da tensão, relaxa os músculos, solta a respiração, desobstrui os canais lacrimais, umedece os olhos.

Assim, em suas múltiplas e esplendorosas variedades, o humor pode ser definido simplesmente como um tipo de estimulação que tende a provocar o reflexo do riso.

O riso espontâneo é um reflexo motor produzido pela contração coordenada de duas dezenas de músculos faciais segundo um padrão estereotipado, e acompanhado pela alteração da respiração.

Capítulo 5

O empreendedor lidando com as pessoas

A estimulação do principal músculo que ergue o lábio superior – o zigomático maior – produz expressões faciais que vão desde o leve sorriso, passando pelo riso franco, até as contorções típicas da gargalhada.

De forma "quase completa" deve-se·entender que: "humor é aquilo capaz de provocar riso".

Henri Bergson disse: "O humor é uma anestesia momentânea do coração."

O riso é sempre uma tragédia pelo lado do avesso.

Com efeito, um bêbado pode ser engraçado se não for seu pai, e uma velhinha escorregando na calçada é engraçada desde que não seja a sua mãe...

É exatamente na forma de manipular a duração e profundidade desse efeito anestésico que está a questão-chave do bom uso do humor na publicidade, cuja função básica é vender um produto/serviço.

Se a anestesia é breve e permite aprofundar o corte, o humor é capaz de abrir caminhos, de transformar o comportamento de um consumidor. Se, ao contrário, a anestesia é excessiva ou deixa seqüelas, seu efeito é de estagnação, acomodando a apatia.

Assim, por exemplo, um filme publicitário pode informar, apresentar o preço de um produto (serviço) e descrever as suas características, todavia, a não ser que esteja vendendo água no deserto, bóias em alto-mar, um sistema de aquecimento no Alasca, etc., é vital que ele consiga atrair a atenção do cliente.

Nenhum filme será eficiente se não despertar algum tipo de reação em seu espectador, e isto muitas vezes se consegue com o bom uso do humor.

Incontestavelmente o empreendedor criativo deve estar convicto de que o humor é útil para vender o seu produto (serviço).

Ainda nos anos 80, Ogilvy & Mather fizeram um amplo estudo e descobriram que, **de longe,** os comerciais de TV mais lembrados eram os engraçados.

E isto é fundamental, pois esta é a função principal da propaganda: saber conversar bem com as pessoas, possibilitando que elas se transformem em clientes ou continuem a ser clientes.

Sem dúvida que para falar bem com o consumidor é preciso antes conhecê-lo, e ele é inevitavelmente um **carente.**

Ele não é um carente de **tudo,** mas seguramente é um carente de **algo.**

Por isso, o cliente potencial está sempre pronto a conversar e pronto a receber.

Entretanto, se há tanta gente, e se são tantas as diferenças entre toda essa gente, como proceder para acertar o conteúdo de uma mensagem curta para impressionar e atingir todas essas pessoas?

A solução começa com a decomposição do problema em algumas partes, buscando atingir, atrair, chamar a atenção, prender a atenção, persuadir, e principalmente "marcar" algo na mente do cliente. Claro que para poder realizar tudo isso, ou uma parcela de maneira eficaz é imprescindível fazer uso do humor para auxiliar uma propaganda a alcançar esses objetivos.

Empreender é a Solução

Não é por acaso que um levantamento feito em 2004 pela revista *Advertising Age* mostra que 29% de todos os comerciais de televisão nos EUA e mais de 37% no Reino Unido eram anúncios com humor.

Já por outro lado, o uso do humor na mídia impressa é bem menor que o seu uso no rádio e na televisão.

Hoje é altamente recomendável o uso do humor na propaganda, apesar de não ser uma panacéia, sobretudo para atingir o cliente, ou melhor, "começar a conversa com ele". Mas depois dessa aproximação, é necessário envolvê-lo para conseguir que ele se mantenha atento.

O envolvimento do cliente depende da tríade: **pessoa, objeto e situação.**

A **pessoa** é o próprio cliente, com todas as suas idiossincrasias; o **objeto** é a marca, o produto ou serviço, a empresa; a **situação** realça a força do contexto em que o cliente precisa comprar e/ou consumir algo.

Dessa forma, o escolhido para ser o contador de histórias de um produto (serviço) precisa primeiramente entender a pessoa, para depois fazer a propaganda com humor a fim de enaltecer o objeto e criar a situação para gerar e incrementar através da introdução do humor o grau de envolvimento do cliente.

O empreendedor criativo é aquele que sabe que na hora de selecionar as peças publicitárias sobre o seu negócio precisa aprovar as que possibilitam realmente envolver o consumidor.

Isto geralmente acontece quando mediante a apresentação de algum mecanismo de compensação ou gratificação consegue-se prender a atenção do cliente, para no momento seguinte poder trabalhar a sua permissão.

Entre as opções mais eficazes de compensar e gratificar o cliente, tem-se de fato o humor, que pode provocar alegria e, na seqüência, pode oferecer-lhe a sensação de bem-estar.

Sem dúvida ao emocionar e surpreender, o humor na propaganda consegue extasiar, seduzir o cliente. E se chegar o entusiasmar e extasiar, poderá fasciná-lo e conquistá-lo por muito tempo.

Portanto, o humor abre portas, corações e mentes.

A propaganda demorou muito para descobrir isso, mas agora usa e abusa desse recurso.

Assim o empreendedor criativo deve ter isso sempre na sua cabeça quando quiser difundir bem e rapidamente algum produto (serviço) novo que pretenda lançar...

5.2 A IMPORTÂNCIA DO *MARKETING* PARA OS EMPREENDEDORES.

Um especialista em *marketing* para empreendedores é o professor Leonard Lodish, que inclusive leciona no curso da Wharton School da Universidade da Pensilvânia (EUA), denominado *Marketing* Empreendedor.

Ele ensina a todos os seus alunos que o *marketing* é essencial para o sucesso da maior parte dos empreendimentos de risco.

Aliás, numa recente pesquisa feita pela revista *Inc.* – que publica anualmente os nomes das 500 melhores empresas empreendedores dos EUA –, o *marketing* foi considerado o mais importante fator para a prosperidade de uma empresa nova.

Na realidade, a lista da *Inc.* é formada pelas empresas que crescem com mais rapidez.

O *marketing* é a ferramenta que o empreendedor precisa para auxiliá-lo no sentido de que seu produto ou serviço venha a ser considerado melhor do que os da concorrência nos seus segmentos-alvo.

De fato, as estratégias e as táticas de *marketing* auxiliam muito a orientar o desenvolvimento dos produtos e serviços que o mercado deseja, a direcionar as ofertas da empresa para os clientes certos, a disponibilizar o produto ou serviço para os clientes, e a garantir que os clientes notem claramente o valor incremental de uma oferta como sendo melhor que a de competidores, e desta maneira eles paguem satisfeitos pelo valor agregado.

O *marketing* é importante não apenas com relação a seu papel tradicional de ajudar a desenvolver, produzir e vender produtos ou serviços que os clientes almejam.

Ele também pode ser muito útil para que a empresa possa contratar as melhores pessoas e auxiliar na obtenção de recursos para financiar o empreendimento.

Do mesmo modo que o *marketing* pode promover um melhor relacionamento com os clientes, ele ainda pode ajudar na orientação das iniciativas de recrutamento, assegurando que os futuros talentos almejados pela pequena empresa reconheçam o valor superior comparado à concorrência e sejam motivados a se tornarem seus novos empregados.

Leonard Lodish, Howard Lee Morgan e Any Kallianpur, no seu livro *Empreendedorismo e Marketing* ensinam as seguintes dez lições básicas do *marketing* empreendedor:

1ª Lição - O posicionamento e a segmentação do mercado-alvo são decisões fundamentais.

➡ Na realidade todo empreendedor deve responder à pergunta: **O que estou vendendo e para quem?**

Deve-se entender por **posicionamento** como um produto ou serviço deve ser percebido por um mercado-alvo em comparação com a concorrência.

Dessa forma, o empreendedor deve ter uma resposta bem objetiva para a pergunta: **"Por que alguém no mercado-alvo comprará meu produto ou serviço em lugar daquele da concorrência?"**

Já a **segmentação** responde à questão: "Qual é o meu mercado-alvo?"

Depois que as decisões sobre o posicionamento e a segmentação forem tomadas é que o empreendedor pode equacionar todas as outras decisões relacionadas ao *marketing*.

Deve existir um *feedback* e um ajuste constante das decisões de posionamento e segmentação à medida que outros elementos do composto de *marketing* são avaliados, testados e implementados, e a concorrência e o ambiente se modificam e evoluem continuamente.

O que todo empreendedor deseja é conseguir uma vantagem competitiva sustentável, ou seja, ficar à frente dos seus concorrentes, o que depende muito das boas escolhas no que se refere ao posicionamento e à segmentação.

2ª Lição – O teste de mercado fornece a indicação mais realista da percepção e reação às ofertas.

O empreendedor precisa realizar o **teste do conceito**, por meio do qual vai saber se o comprador e/ou usuário potencial de um produto (serviço) compreende a sua finalidade, percebe que ele resolve alguma necessidade e está disposto a fazer uso dele ou comprá-lo.

O teste do conceito força o empreendedor a expor a sua idéia às pessoas que são o alvo dos benefícios e a garantir que esses indivíduos realmente notem essas vantagens. Se forem bem executados, o teste do conceito e os procedimentos associados fornecem muitos benefícios ao empreendedor.

Porém o empreendedor deve ter sempre em mente que o teste do conceito pode apenas auxiliar a estimar ou prever a receita **supondo que o produto atenda** às expectativas dos clientes quando de fato for utilizado por eles.

3ª Lição – Os preços devem ser fixados de tal forma que possibilitem maximizar o fluxo de lucros totais durante a vida do produto (serviço)

Estabelecer o preço é uma decisão bem complicada para todos os empreendedores, e provavelmente a mais importante, pois define em última instância quanto uma empresa pode lucrar.

Neste início do século XXI você não apenas precisa fixar corretamente o preço dos produtos, que inclui custos de fabricação significativos, ou dos serviços que necessitam de muita participação humana na sua execução, mas também não esquecer que a propriedade intelectual pode ser reproduzida por um custo praticamente nulo na Internet, e desta forma tudo o que é original no seu produto (serviço) fica disseminado entre todos os seus concorrentes...

É vital saber fixar corretamente o preço desde o início da vida do seu produto (serviço), pois quando o empreendedor reduz um preço durante o tempo de vida de um produto (serviço) ninguém irá reclamar, exceto talvez os clientes que o adquiriram no começo por um valor mais alto...

Não se pode esquecer nunca que é muito mais difícil aumentar um preço significativamente, o que deve ocorrer quando o empreendedor perceber que errou na previsão dos seus custos, pois os clientes ficam descontentes e não aceitam facilmente as justi-ficativas da subida de preço.

4ª Lição – **As relações públicas criam um "humor positivo" com maior credibi-lidade que os muitos reais gastos em propaganda.**

As relações públicas incluem toda a publicidade não paga percebida pelo público para o seu produto ou serviço.

É evidente que isso difere muito da propaganda que é percebida claramente pelo público como sendo paga.

Antes que as pessoas pensem em adquirir o seu produto (serviço), elas devem saber que ele existe!!!

A utilização adequada das relações públicas e da publicidade pode proporcionar muito mais depressa a sensação de que o seu produto (serviço) é vencedor, e a um custo bem menor que o de uma grande campanha de propaganda de âmbito nacional, que uma pequena empresa empreendedora nem tem condições de pagar.

Na revista *The New Yorker* tem-se, em cada um dos seus números, muitas piadas inteligentes, e em uma delas mostra-se um cão digitando em um teclado, e aparece escrito: "Na Internet ninguém sabe que você é um cão!!!"

Da mesma forma, ninguém sabe também que a sua empresa existe, a não ser que você adote os passos apropriados para obter a percepção e então demonstrar que se encontra na liderança.

Como uma pequena empresa pode obter essa vantagem de percepção sem gastar muito?

Uma das maneiras menos custosas é a de convencer que alguns *gurus* – pessoas respeitadas que possuem excelente penetração no setor de atuação da empresa – ou os **influenciadores,** isto é, indivíduos que são articulistas em importantes publicações vol-tadas à área de atividade do seu negócio, façam declarações positivas sobre o seu pro-duto (serviço).

O fenômeno provocado pelas boas informações dadas pelos gurus ou os influen-ciadores é equivalente àquele de jogar uma pedra num lago calmo, quando se criam ondas que se propagam, crescendo cada vez mais em diâmetro, até que atingem a mar-gem, onde devem estar sentados milhares de seus clientes...

5ª Lição – **É vital saber prever e gerenciar adequadamente a distribuição, ou seja, os seus canais de distribuição.**

A distribuição engloba todas as atividades que devem ser feitas para que a oferta do seu produto (serviço) no seu todo seja realizada de forma eficaz.

Por isso, a escolha de quais intermediários estarão envolvidos entre um negócio e os seus clientes finais, e a maneira como esses intermediários serão gerenciados têm um grande impacto na oferta do produto/serviço.

O empreendedor do século XXI não pode esquecer que a tecnologia está tornando disponíveis diversas opções para ele, que podem eliminar ou diminuir significativamente os intermediários. Estamos vivendo de fato o fenômeno da desintermediação, que nos permite fazer reservas em hotéis diretamente, comprar bilhetes para viajar de trem, ônibus ou avião sem recorrer a uma empresa de turismo, ou ainda adquirir músicas ou livros dos próprios autores, usando apenas a Internet.

Mas a desintermediação tem alguns problemas, e nem sempre é bom só distribuir os seus produtos diretamente quando se levam em conta os temas de posicionamento e segmentação de mercado.

6ª Lição – É essencial desenvolver um excelente *marketing* inicial no lançamento de um novo produto ou serviço.

É óbvio que um lançamento bem feito influencia positivamente a obtenção do sucesso e reduz consideravelmente o tempo necessário para conseguir a aceitação do cliente e do mercado no que se refere ao novo produto (serviço).

Porém isso implica a realização de um correto planejamento de todas as etapas, com especial atenção para a escolha dos melhores clientes iniciais, tratando-os bem e recebendo deles uma realimentação (*feedbak*) oportuna.

7ª Lição – É fundamental ter no seu negócio pessoas talentosas, particularmente na equipe de vendas.

Uma outra pergunta a que todo empreendedor deve saber responder é: Tendo em vista a minha estratégia de posicionamento e segmentação, qual é o valor percebido que necessita ser comunicado por uma equipe de vendas com o intuito de executar de forma eficaz essa estratégia?

Claro que existem os papéis tradicionais que uma equipe de vendas desempenha, como encontrar os prováveis clientes e dar-lhes atenção.

Mas se a equipe de vendas for criativa, ela poderá exercer outras funções como, por exemplo, atuando como consultora para seus clientes, resolvendo os seus problemas, recomendando-lhes melhores produtos (serviços) e ensinando-os a utilizá-los corretamente.

Um outro papel que o vendedor deve desempenhar é o de acompanhamento após a venda para estar ciente de que as expectativas do cliente foram superadas, ou então para solucionar possíveis problemas que possam surgir durante o uso.

O **bom relacionamento vendedor–cliente** gera confiança e lealdade, que acabam construindo uma grande vantagem competitiva para qualquer negócio.

8ª Lição - As promoções devem ser usadas de maneira muito cuidadosa para evitar prejudicar a oferta inicial nos mercados-alvo.

As relações públicas e a propaganda podem fazer com que os indivíduos ouçam a respeito do produto (serviço) de sua empresa, mas a promoção faz com que o mesmo esteja intensamente exposto aos clientes, aos intermediários do canal ou à imprensa.

Isto facilita ou impulsiona o potencial cliente a comprar definitivamente o produto (serviço). Assim a promoção é usualmente considerada como uma atividade que gera custos para o negócio, mas que pode gerar uma grande quantidade de novos clientes após eles terem experimentado o produto/serviço durante a promoção.

No novo mundo da Internet, distribuir um produto gratuitamente tornou-se uma estratégia não apenas a curto prazo, mas em alguns casos a longo...

Por exemplo, a Netscape introduziu essa moda na Internet ao distribuir gratuitamente o seu *Navigator* para usuários que não exercessem atividades com fins lucrativos, e utilizável durante um período de experiência de 90 dias para outras aplicações pessoais ou corporativas.

Com isto a Netscape obteve uma participação no mercado de 90%, o que forçou a Microsoft a entregar o seu navegador *Explorer* totalmente gratuito, obrigando a Netscape a fazer o mesmo com o seu produto.

Depois disso ficou quase que uma norma; os principais concorrentes distribuírem gratuitamente os seus produtos, tornando praticamente impossível para outras empresas entraram no mercado; basta recordar a "batalha" no início de 2004 da Google com a Microsoft, no que se refere à busca na Internet, oferecendo muita coisa grátis aos usuários.

Realmente, tornar fácil para um usuário experimentar um *software* ou um serviço pela Internet é um fator básico para criar demanda.

Naturalmente se vários *softwares* desempenharem funções similares, os usuários com grande probabilidade ficarão com o primeiro que aprenderem adequadamente, pois os custos de mudança são em geral elevados.

Todos os dias, algum empreendedor propõe criativamente novos métodos para expor seu produto a seu mercado-alvo.

Você, como empreendedor, deve conhecer todas essas "novidades", mas precisa também ter sempre se lembrar de que toda promoção **deve ser coerente** com o posicionamento do produto (serviço) e com o seu mercado-alvo – para não se transformar em uma grande dor de cabeça pelo seu custo irrecuperável...

9ª Lição – **Nunca ficar impressionado com a criatividade da propaganda, tendo o bom senso de cuidadosamente avaliar e testar as opções apresentadas.**

A propaganda é, certamente, o instrumento de *marketing* mais usado de forma incorreta (e incompreendida), tanto pelos empreendedores como pelos executivos das empresas de grande porte.

Lamentavelmente são inúmeros os empreendedores que acreditam que a propaganda é muito difícil de ser avaliada através do critério custo-benefício, mas essa sua crença é falsa!?!?

Por outro lado, os empreendedores não podem gerenciar seus negócios fundamentando-se em crenças ou mitos falsos, até porque eles precisam alocar da melhor forma possível os seus escassos recursos.

A propaganda é apenas uma utilização alternativa de recursos escassos.

Outros elementos de *marketing*, como promoção, relações públicas e a equipe de venda competem por recursos com outras aplicações como capital de giro, equipamentos novos para produção, etc.

É pois essencial que o empreendedor esteja convicto de que a campanha proposta esteja apoiando o seu negócio e tenha coerência com sua estratégia de posicionamento e segmentação.

Por censeguinte, ele deve se perguntar: "Essa campanha irá melhorar a percepção dos clientes sobre o nosso produto (serviço) e está direcionada ao segmento de mercado correto?"

E como não terá imediatamente uma resposta, precisa fazer algum teste dessa campanha em pequena escala para se convencer sobre o futuro da mesma, ou seja, implantá-la ou abortá-la.

10ª Lição – Desenvolver um *marketing* empreendedor que permita levantar facilmente fundos para o negócio, quanto for preciso...

Uma das funções mais destacadas do *marketing* consiste em ajudar um empreendimento a mostrar o seu melhor aspecto quanto à possibilidade de levantar fundos. É uma atribuição do *marketing* empreendedor posicionar a empresa como potencial vencedora, mesmo porque é mais fácil para as pessoas se lembrarem de quem você é e daquilo que a sua empresa faz, se o seu negócio tem um nome e atividade bem pensada e útil.

Todo empreendedor precisa do apoio de investidores, e os elementos básicos que eles querem conhecer, além da oferta de um produto (serviço), são as pessoas que trabalham na empresa, o seu modelo financeiro e todo o relacionamento estratégico que o negócio adotou.

Atualmente muitos empreendedores podem também recorrer a incubadoras, que consistem em uma inovação relativamente recente em termos de fontes de ajuda, incluindo-se aí o capital.

Na realidade, as incubadoras de negócios são organizações que fornecem espaço, infra-estrutura e financiamento para permitir que os novos negócios se consolidem de maneira segura. Despertar a atenção das incubadoras através de um *marketing* empreendedor é similar ao que se busca fazer com as apresentações feitas às empresas de capital de risco, porém a equipe da nova empresa não precisa ser tão bem formada!?!?!

Uma incubadora freqüentemente fornece serviços de contabilidade, serviços gerais de escritório e alguma consultoria às novas empresas, bem como alguma assessoria de negócios em termos gerais.

Naturalmente que todas essas lições de *marketing* empreendedor são importantes, porém a chave para um negócio bem-sucedido é o entendimento claro sobre: "O **que** estamos vendendo e para **quem**?"

ALERTA VITAL – MOMENTO DE REINVENTAR A PUBLICIDADE.

Washington Olivetto está se reinventando agora em nova fase da sua vida, quando ele é o acionista principal da W/Brasil, uma empresa que é referência na área de propaganda há quase 20 anos.

Assinala Washington Olivetto: "Acho que todos nascem para fazer algo neste mundo, entretanto infelizmente muitos acabam não descobrindo qual é essa coisa...

Eu felizmente tive a sorte de descobrir essa coisa logo cedo, pois desde garoto adorava escrever e sempre sonhei ser redator de jornal, revista ou até de televisão.

Em 1968, com 16 anos, cismei que queria escrever para a publicidade, ser o 'cara' que criava os anúncios.

Certamente esse deve ter sido um momento vital da minha vida profissional, pois daí surgiram inúmeros e bem-sucedidos desdobramentos.

Acho que tenho sido um empreendedor em todos esses anos, e no meu modo de ver para que meu empreendimento mais complexo dê certo é imprescindível ter bons sócios, de forma que um complemente o outro. Por exemplo, sei que não sou bom para vender, nem cuido bem de finanças.

Mas aí tive muita sorte com os meus sócios – pois Gabriel Hellmeister é um gênio para ter idéias, com a vantagem de que tem os pés no chão muito mais do que eu, e o Javier Ciuret é um homem de negócios e administrador de empresas –, que tapam imediatamente todos os buracos deixados por mim.

Sou um homem de negócios que pode ser descrito como alguém entre o atrevido e o incompetente.

Realmente sou ruim para lidar com o próprio dinheiro, embora seja bom para cuidar do dinheiro dos clientes.

Por isso, o equilíbrio da empresa só existe devido ao somatório dos sócios.

Efetivamente fomos nós três que fizemos a agência crescer e decidimos comprar a parte da GGK e rebatizar a empresa para W/Brasil.

No século XXI, nós na W/Brasil estamos sentindo que uma das grandes angústias dos empreendedores é que eles não têm dinheiro para contratar uma boa agência para divulgar seu produto (serviço).

Atualmente na W/Brasil já temos uma rede de pequenas estruturas e fornecedores que às vezes indicamos a quem nos procura mas não se encaixa no perfil da agência.

Uma nova fase de economia está forçando as agências a se redirecionarem, e muitas agências pequenas vão crescer junto com os empreendedores, ou seja, com os pequenos anunciantes.

Acredito que o empreendedorismo tem tudo para ser a grande força que possa tirar o nosso País do buraco do desemprego.

Sem dúvida foram os empreendedores que permitiram o grande desenvolvimento dos EUA e de uma certa forma salvaram a Itália.

Uma das melhores oportunidade para a reinvenção da propaganda, inclusive usando bastante a Internet, está no atendimento a empreendedores, sobretudo pelas pequenas agências.

Quando eu comecei a trabalhar, a estrutura para a criação na minha agência era péssima.

Isso me ensinou a pensar simples.

É com esse espírito que os publicitários precisam encarar os empreendedores.

Por sinal, é com esse espírito que se deve encarar tudo, pois em propaganda **as idéias simples** é que se transformam nas **grandes idéias**."

EXEMPLO A SER SEGUIDO – LANÇANDO UMA NOVA FORMA DE COMERCIALIZAÇÃO.

Justamente quando a maioria das pessoas passou a ver a Amazon como uma grande varejista que vende produtos *on-line*, ela está se transformando em algo novo.

De maneira que poucas pessoas estejam percebendo, a Amazon está se tornando uma companhia mais de tecnologia – tanto uma Microsoft como uma Wal-Mart.

Jeffrey P. Bezos, o fundador e executivo da Amazon, explica: "O que hoje nos faz levantar de manhã e nos mantém aqui até tarde da noite é a tecnologia.

No ponto em que chegamos a tecnologia avançada é tudo.

A partir de 2003, a Amazon vem transformando inovações desenvolvidas por ela, para o seu próprio *site* de varejo em serviços disponíveis *on-line*.

Utilizando esses serviços chamados de Amazon Web Services – que podem ser alcançados por meio de um *browser* –, os clientes da Amazon e comerciantes que querem vender mais podem se valer desse sistema patenteado de compras por meio de um clique.

Assim, por exemplo, os nossos clientes podem recorrer ao *Search Inside the Book*, um serviço que permite aos visitantes encontrar qualquer palavra ou frase em 35 milhões de páginas de 120 mil livros, e possibilita-lhes ler páginas inteiras ao redor dessas palavras-chave.

Por sinal, na semana seguinte ao lançamento desse serviço de busca, o crescimento médio das vendas desses livros foi de 9%, bem maior do que dos livros que não estavam nessa base de dados...

Tenho plena convicção de que os serviços pela Internet, não presos a desafios logísticos ou a conflitos de modelos de negócios, são os que representam maior potencial entre todas as iniciativas tecnológicas para alavancar um maior crescimento da Amazon."

CONSELHO DE UM VENCEDOR – O SONHO NÃO DEVE ACABAR JAMAIS.

Lars Grael, o famoso iatista brasileiro que foi duas vezes medalha de bronze em Olimpíadas, teve sua perna decepada em 6 de setembro de 1998 devido a um acidente com uma lancha desgovernada.

Numa entrevista recente à revista *Você S/A* (maio de 2004), disse Lars Grael: "Enquanto a maioria das pessoas após um infortúnio desse tipo fica lamentando o seu azar, eu me considero no final das contas um indivíduo muito afortunado.

Depois da infelicidade do acidente ocorreu uma raríssima seqüência de fatos positivos que salvou a minha vida, pois tive duas paradas cardíacas e fui ressuscitado com massagens e choques.

Aliás, o médico que me atendeu disse que se 100 pessoas sofressem o acidente que eu sofri, as 100 morreriam!?!?

Por isso acredito que é mais fácil me reconfortar com a sorte que tive, pois a desgraça já tinha ocorrido.

Claro que não foi fácil chegar ao estágio atual, pois fui operado 10 vezes, tornei-me um dependente químico, já que recebi elevadas doses de morfina para suportar a dor, tentei a perna mecânica e finalmente optei pelas muletas.

Hoje estou totalmente livre da dependência da morfina, e mais do que nunca o sonho não acabou..."

Logo depois do seu acidente, Lars Grael foi convidado pelo ministro dos esportes Rafael Greca para assumir a diretoria de projetos especiais do Instituto Nacional do Desenvolvimento (INDESP), em Brasília, quando ele estava na pior fase de recuperação, não totalmente refeito do seu trauma psicológico.

Mas decidiu encarar o desafio, aceitou o convite e não deixou mais a vida pública.

Com o final do governo do presidente Fernando Henrique Cardoso, Grael deixou o cargo em Brasília, mas imediatamente em 2003 recebeu um convite do governador do Estado de São Paulo, Geraldo Alckmin, para assumir a Secretaria de Estado da Juventude, Esporte e Lazer , que também aceitou e no qual vem realizando um excelente trabalho com o desenvolvimento de inúmeros projetos.

Hoje, além de ter um amplo conhecimento de gestão pública, ele soube de forma muito inteligente juntar a sua carreira de atleta vitorioso e o dramático acidente que sofreu, no intuito de construir algumas estratégias de sobrevivência, muito úteis para todos, principalmente para os empreendedores que lidam sempre com o inesperado, o indesejado, ou seja, a cruel adversidade.

Eis aí um resumo da filosofia de Lars Grael, um fantástico vencedor em qualquer circunstância:

1ª Estratégia – **No esporte, a determinação é importante.**

As metas e os objetivos, porém, têm que ser alcançáveis.

E isto vale também para a vida pessoal e profissional de um empreendedor.

É preciso que cada empreendedor saiba que se deve subir degrau por degrau, ciente do que deseja atingir e das suas limitações.

2ª Estratégia – **Todo atleta que se preza deve ter muita garra.**

Entretanto, para chegar ao pódio olímpico, a capacidade de superar obstáculos, a tenacidade de persistir na disputa depois de um contratempo, e a coragem de recomeçar após a derrota devem ser ainda maiores.

É o mesmo que deve acontecer com um empreendedor caso o lançamento de um produto ou a oferta de um certo serviço se transforme em fracasso. É vital recomeçar talvez de outra forma, porém não desistir nunca.

3ª Estratégia – **Ao ter sofrido o acidente, percebi que a ociosidade seria o pior caminho para continuar a minha vida.**

Descobri em seguida que não era um ser incapaz, apesar de ter perdido a perna.

É nessas horas que a gente deve buscar novos parâmetros para a vida e para a carreira.

4ª Estratégia **– Minha recuperação pode ser creditada ao meu espírito vencedor, ao amor incondicional da família, ao apoio dos amigos e à enorme corrente positiva que senti chegar diariamente ao quarto do hospital, onde fiquei bastante tempo..."**

5.3 VALORIZANDO AS PESSOAS.

O maior investimento de um negócio, qualquer que seja o seu tamanho, são os seus empregados, isto é, as **pessoas**!!!

Realmente isso é verdade, e por isso o empreendedor eficaz e bom gerente é aquele que sabe:

- Valorizar e demonstrar para os seus empregados que eles estão em primeiro lugar, sendo muito mais importantes que as máquinas mais caras e sofisticadas da empresa.
- Investir sabiamente, ou seja, contratar a pessoa certa para a tarefa ou serviço certo.
- Comunicar-se convenientemente com os empregados, fornecendo-lhes para isso o manual de procedimentos e as descrições dos vários serviços que precisam ser executados na empresa.
- Manter todos os seus equipamentos em boas condições de trabalho.
- Capacitar adequadamente os seus funcionários, fornecendo-lhes na época certa os treinamentos de atualização.

O empreendedor consciente e racional é aquele que contrata pessoas fundamentando-se nos requisitos do serviço, e não porque tem um amigo desempregado ou porque um membro da sua família precise de um trabalho.

O empreendedor deve saber distinguir opiniões gratuitas daquelas que são pagas.

Muitas vezes as opiniões valem quanto se pagou por elas, a não ser que venham de amigos de fato!!!

Porém o amigo pode não entender do seu negócio, e aí corre-se o risco de cair no "achismo".

O empreendedor, quando está em reais dificuldades, deve pagar para ter opiniões de profissionais. Um exemplo claro disso é que um oftalmologista não está capacitado a fazer uma operação de transplante de rim, não é?

Assim, quando o empreendedor tiver algum problema jurídico no seu negócio, inicialmente deve lembrar que os advogados não são todos iguais, os amigos podem também não ser advogados, e neste caso deve contratar um advogado especialista em seu negócio.

É claro que o empreendedor nunca deve esquecer dos outros Ps importantes do seu negócio (além, naturalmente, do P de pessoas), que são:

- **P**rodução
- **P**romoção (ou *Marketing*)
- **P**apelada ou todos os registros que devem ser feitos (conforme já destacado no Capítulo 3).

Ele precisa ter a certeza de que alguém é responsável por esses Ps na sua empresa, e não havendo ninguém, **deve ser ele mesmo**!!! Mas se o empreendedor decididamente não se sentir competente ou não gostar de fazer nenhum dos três serviços, deve, além de aprender a confiar nos outros, ter os recursos necessários para pagar uma pessoa polivalente e com muita competência ou alguns especialistas em cada área.

O empreendedor eficiente é aquele que sabe solucionar todos os problemas enquanto eles ainda são pequenos... Claro que o P de pessoas é de importância extraordinária para se ter um negócio bem-sucedido. E a regra de ouro para este caso é: **"Não são as pessoas que você despede que tornam miserável a vida do empreendedor... mas sim aquelas que deveriam ser despedidas mas ainda não foram."**

O empreendedor precisa ser no final das contas um *expert* (especialista) em gestão. Cabe a ele definir no seu negócio:

- quem faz o quê;
- quem é subordinado a quem;
- onde cessa a responsabilidade de cada um;
- quem toma a decisão final em cada situação.

O empreendedor dono do seu próprio negócio tem muito poder. Porém isto não é suficiente, e ele precisa saber como pode inspirar orgulho e grandeza nos outros, em especial nos seus empregados. O ideal para um empreendedor é ficar rodeado de "gigantes", quer dizer, pessoas competentes e brilhantes nas diversas funções dentro do seu negócio, e ter a humildade de ir aprendendo com elas sem nunca perder a liderança da empresa.

POSICIONAMENTO NOTÁVEL – O CONHECIMENTO DAS CARACTERÍSTICAS PESSOAIS.

Um procedimento que o empreendedor criativo deve sempre adotar é o de conhecer a si mesmo, e principalmente os seus colaboradores diretos, os seus sócios (caso existam...) e os funcionários.

Comumente é bem difícil achar alguém que seja bom em várias áreas de atuação. O mais comum é uma pessoa ter até duas habilidades bastante desenvolvidas, enquanto as outras ficam próximas da média dos indivíduos (ou até abaixo dela...).

O consultor Greg Stevens publicou na revista *Fast Company* uma classificação, baseando-se no MBTI (Myers-Briggs Type Indicator), um instrumento de identificação de características pessoais elaborado na década de 1940 por Katharine Cook Briggs e sua filha Isabel Briggs Myers.

Para Greg Stevens, no mapa de habilidades os quatro perfis mais importantes são dos indivíduos:

1. **Desenvolvedores** – têm como características predominantes a intuição e a sensibilidade. São mais criativos que a maioria dos empregados, mas não têm a mesma capacidade dos inovadores para ter novas idéias. Os desenvolvedores têm aptidão para transformar invenções em produtos reais.

2. **Inovadores** – estes estão no topo do *ranking* da escala dos intuitivos e pensadores quando submetidos ao teste Myers-Briggs. São de fato extremamente criativos e têm dificuldade para trabalhar em grupo. Apesar disso, podem fazer milagres...

3. **Melhoradores** – essas pessoas são excelentes nas escalas sensorial e perceptiva e ótimos comerciantes. Criam necessidades e desejos de compra nos clientes. Sabem dizer o que o cliente quer e precisa ouvir antes mesmo de desenvolver o seu desejo de compra. O lugar certo para elas é no setor de vendas e *marketing*.

4. **Transformadores** – são aqueles que estão no topo das escalas sensorial e de julgamento. Habitualmente acham sempre as maneiras e os caminhos para agregar valor aos produtos ou serviços. Sabem também como ninguém transformar mesmo *commodities* em bens diferenciados de mercado.

CONSELHO DE UM VENCEDOR – A NECESSIDADE CONTÍNUA DE SUPERAÇÃO.

Abílio Diniz, integrante do Conselho de Administração do maior varejista brasileiro, o Grupo Pão de Açúcar, escreveu o livro *Caminhos e Escolhas*, no qual busca perpetuar alguns conselhos e suas idéias; entre eles, vai este alerta para os que desejam ser empreendedores bem-sucedidos: "Eu tenho uma proposta de vida que é ser **hoje melhor** do que eu fui **ontem** e **amanhã melhor** do que sou **hoje**. Dentro disso nunca considero nenhuma tarefa cumprida. Por exemplo, nós estamos hoje dentro de um processo de mudança aqui no Pão de Açúcar. Era importante implantar essa governança corporativa. Era imprescindível que nós separássemos a empresa da família Diniz. Saímos do dia-a-dia da empresa para darmos um caráter que em inglês se chama *perpetuate* (perpetuar). Ou seja, dar uma solidez e uma capacidade da empresa seguir independente de quem esteja no comando. Há mais de um ano que isto aconteceu e com sucesso. E vão aparecer mais coisas boas para fazer lá na frente, pois o processo de aperfeiçoamento nunca termina..."

NOTÍCIA LAMENTÁVEL – INFORMAÇÃO DESAGRADÁVEL PARA O EMPREENDEDORISMO.

Lamentavelmente entre os milhões de desempregados brasileiros começa a aumentar o contingente de profissionais **superqualificados** que não conseguem colocação, ou então aceitam um trabalho totalmente irrelevante para a sua formação.

Eles acabam o seu doutoramento ou um excelente MBA e encontram as portas do mercado de trabalho fechadas.

O pesquisador Adalberto Luís Val, do Instituto Nacional de Pesquisas da Amazônia (INPA), constatou que entre 2000 e 2002 formaram-se no Brasil 16.130 novos doutores, dos quais apenas 7.758 conseguiram emprego na sua área de formação.

Portanto, não basta formar recursos humanos. É preciso ter políticas de fixação desse pessoal talentoso, que dentre outras coisas poderia envolver-se com o empreendedorismo, como ocorre na cidade de São Carlos, no Estado de São Paulo.

Entretanto, para isso o número de incubadoras teria que crescer significativamente no nosso País. O Brasil precisa urgentemente criar programas que estimulem os empreendedores a absorver esses jovens ou encaminhá-los para se tornarem empreendedores.

Aliás, se o nosso País quer entrar no campo dos novos materiais, nas nanociências, atuar nas questões de biodiversidade, alternativas energéticas, etc., deve acabar com esse desperdício de talentos e, além de fornecer ajuda para os jovens que vão se tornar doutores, auxiliá-los também para que sejam contratados imediatamente após a obtenção do título, o que seguramente permitiria às empresas que lhes dessem trabalho conseguir avanços científicos e ganhos de produtividade.

A outra alternativa é dar a esses doutores um auxílio e a orientação conveniente para que se tornem empreendedores. Será que órgãos como o Conselho Nacional de Desenvolvimento Científico e Tecnológico (CNPq), ou a Coordenação de Aperfeiçoamento de Pessoal de Nível Superior (CAPES) já estão providenciando um esquema nesse sentido?

Não seria excelente que todos os doutores que tiverem bolsas do CNPq e do CAPES pudessem trabalhar na área de sua formação?
Evidentemente que sim!!!

LEITURA RECOMENDÁVEL – O EMPREENDEDOR HIPERCOMPETITIVO.

Com certeza no início deste século XXI não basta o empreendedor ser competitivo, mas ele deve ser hipercompetitivo, como diz o professor Richard D'Aveni, que leciona na Tuck Business School.

Ele é o autor do livro *Hipercompetição – Estratégias para Dominar a Dinâmica do Mercado* – no qual explica que o empreendedor (ou profissional) hipercompetitivo é aquele que sabe:

- ser flexível para mudar ao sabor do mercado e se adaptar a isso;
- obter energia para acompanhar o ritmo que está cada dia mais acelerado;
- ter vontade de vencer, pois a hipercompetição exige isso;
- ser criativo para adotar estratégias radicais na carreira;
- ter vontade de aprender sempre e perceber quando o seu conhecimento está se tornando obsoleto.

Claro que um empreendedor que é hipercompetitivo terá visão de longo alcance, e como um exímio jogador de xadrez saberá enxergar muitas etapas (lances) à frente, junto com uma grande vontade de sempre vencer, constantemente se perguntando: "Como vou conseguir transpor esse desafio?"

POSICIONAMENTO NOTÁVEL – AS PEQUENAS EMPRESAS CADA VEZ MAIS NOTÁVEIS.

Uma recente pesquisa feita em 2003, no Brasil, pela empresa de consultoria Deloitte Touche Tohmatsu, revelou um quadro notável para as pequenas e médias empresas brasileiras. A amostra analisada pela Deloitte foi de 360 empresas não-financeiras, com um faturamento anual entre R$ 20 milhões e R$ 200 milhões.

Observa José Paulo Rocha, sócio-diretor de Corporate Finance da Deloitte: "Muitas dessas empresas adotam atualmente as boas práticas de administração aplicadas nas grandes companhias, e isto mostra que elas estão no caminho certo para se tornarem grandes empresas amanhã. Elas têm **agilidade** na hora de tomar decisões, sabem ousar e mostram um profissionalismo exemplar."

Das empresas pesquisadas, 81% exportam para a América Latina, 54% vendem seus produtos nos EUA e 53% chegaram à União Européia. Um ingrediente tem recebido um cuidado especial nas pequenas e médias empresas: **a gestão de talentos**.

Essas empresas atraem as pessoas talentosas, pois também estão concedendo vários benefícios que se pensa que só as grandes empresas oferecem, como: assistência médica (92%), vale-refeição (90%), seguro de vida (82%), plano de saúde (75%), participação nos resultados (70%) e acesso à faculdade (49%).

Apesar de terem cuidados parecidos na gestão, as pequenas e médias empresas se diferenciam das grandes num ponto estratégico: o seu **baixíssimo endividamento**. Entre os motivos estão o alto custo do capital e as dificuldades de acesso às linhas de financiamento. A pesquisa da Deloitte mostrou que elas simplesmente reinvestem os recursos gerados em suas operações. Um exemplo típico é a empresa Submarino, que atua na área de comércio eletrônico e que amargou seguidos prejuízos desde que foi criada em 1999. Entretanto, ela procurou sempre utilizar dinheiro próprio!?!? A propósito, seu primeiro lucro só veio em 2003, no valor de R$ 2 milhões. Já para 2004, as expectativas de crescimento dos lucros são de pelo menos 40%, e acredita-se que a receita deva superar R$ 250 milhões. Nada mal, não é? Claro, principalmente para quem tem um nome que poderia até facilitar a submersão, caso não tivesse sido administrada com o rigor típico dos modelos mais eficazes da gestão moderna. Isto quer dizer que a probabilidade de sobrevivência dessas empresas será cada vez maior!!!

5.4 AÇÕES CONCLUSIVAS.

As atitudes que um empreendedor deve tomar são:
1. Desenvolver uma excelente mensagem padrão no correio de voz para o seu negócio.
2. Descrever todas as tarefas e os procedimentos para executa-las.
3. Descrever o empregado perfeito para cada serviço no seu negócio.
4. Imaginar e escrever onde e como poderá encontrar o empregado perfeito para cada função no seu negócio.
5. Quanto custará um tal empregado?
6. Justificar, ou seja, dar motivos por que um empregado perfeito trabalharia no seu negócio.

AUTO-AVALIAÇÃO – ANÁLISE SOBRE O CONHECIMENTO E AS APTIDÕES DO EMPREENDEDOR.

Meu caro empreendedor, reserve alguns momentos do seu tempo para meditar sobre quanto sabe com referência a cada um dos fatores da tabela 5.1. É claro que sua reflexão será bem subjetiva, e se tiver sócios e gestores, eles poderão ser submetidos à mesma auto-avaliação e terão certamente outros resultados, isto é, percepções diferentes.

O importante é você dar respostas honestas – faça um círculo no número que corresponde ao seu nível de conhecimento – para que assim saiba que tipo de medida ou caminho deve tomar a fim de melhorar a sua compreensão e o desempenho em cada uma das variáveis ou fatores da Tabela 5.1.

Fatores	Conhecimento perfeito	Pontos								Nenhum conhecimento
1) O que você (o empreendedor) sabe sobre si mesmo e o seu negócio	10	9	8	7	6	5	4	3	2	1	0
2) Funcionários da empresa	10	9	8	7	6	5	4	3	2	1	0
3) Tarefas no negócio	10	9	8	7	6	5	4	3	2	1	0
4) Organização do negócio	10	9	8	7	6	5	4	3	2	1	0
Grau de aptidão	**O melhor**									**O pior**
5) Constituir relacionamentos	10	9	8	7	6	5	4	3	2	1	0
6) Comunicação	10	9	8	7	6	5	4	3	2	1	0
7) Motivar os outros	10	9	8	7	6	5	4	3	2	1	0
8) Lidar com pessoas "difíceis"	10	9	8	7	6	5	4	3	2	1	0
9) Delegar (*empowerment*)	10	9	8	7	6	5	4	3	2	1	0
10) Desenvolver comprometimento nos empregados	10	9	8	7	6	5	4	3	2	1	0

Tabela 5.1 – Avaliação do desempenho do empreendedor.

Bem, após somar todos os pontos, você terá a sua classificação, e se ela for inferior a 80 pontos significa que é necessário ler livros sobre o desempenho humano, ou o que é mais importante, fazer cursos ou treinamento para aumentar as próprias habilidades, e inclusive conhecer melhor a si mesmo.

Na realidade, uma grande idéia é dar este teste a alguns empregados de confiança e sinceros para que eles avaliem o empreendedor. Caso haja uma coincidência entre as percepções deles com as "notas" que deu a si mesmo, aí realmente você terá uma indicação muito boa sobre a sua capacidade de empreendedor de como lidar com as pessoas.

Não fique com medo, ofereça algumas cópias deste exercício aos seus colaboradores mais diretos e lhes peça que o façam para que você fique com uma avaliação "externa" ao menos no item funcionários...

Capítulo **6**
Pensamentos finais sobre empreendedorismo

6.1

EMPREENDEDORISMO, A SOLUÇÃO PARA MAIS EMPREGOS.

6.1.1 – OS MOTIVOS DO DESEMPREGO.

O desemprego existe em todos os países, como por exemplo na França.

O desemprego desmoraliza os jovens, provoca comportamentos hostis à sociedade, extremismo político e falta de civilidade.

Entretanto, lei alguma aboliu ou vai abolir o desemprego, pois **a existência do emprego não se decreta**.

Inúmeras leis, em compensação, agravam o desemprego, como é o caso da redução autoritária da jornada de trabalho, porquanto ao se diminuir a atividade engendrou-se o desemprego, por incrível que pareça.

O articulista do *O Estado de S. Paulo*, Guy Sorman, fez uma análise interessante sobre o tema desemprego no seu artigo *Os quatro remédios contra o desemprego* (18/1/2004), destacando que: "O pleno emprego em um país desenvolvido como a França está condicionado por quatro fatores essenciais: a **taxa de crescimento, o mercado de trabalho, a qualidade do ensino** e as **condições de vida da empresa.**"

Será que o governo pode agir sobre esses quatro mecanismos?

Guy Sorman responde: "O crescimento em parte deve-se ao governo.

Existe uma relação confirmada pela experiência entre o peso do Estado e a taxa de crescimento.

Claro que a falta de gastos públicos freia a retomada de crescimento.

Ao mesmo tempo, existe uma relação provada entre a taxa de impostos ligada ao desempenho das empresas.

Naturalmente uma **'taxa confiscatória'** desestimula as inovações e o progresso das empresas.

No que se refere ao mercado de trabalho, deve-se não esquecer que trabalho não é bem uma mercadoria, porém oferece emprego obedecendo às regras do mercado!?!?

O empregador relaciona sempre o que o empregado lhe custa e o risco que representa, suponhamos, para despedi-lo.

É evidente que nesse cálculo entra o custo do empregado, incluindo-se todos os encargos sociais.

Esses encargos protegem os trabalhadores que já têm um emprego, mas dificultam novas contratações na França, e por isso o empregador cada vez mais prefere investir em máquinas, sendo por isso mesmo a economia francesa hoje em dia bem mais automatizada do que as economias britânica é norte-americana.

O terceiro mecanismo que possibilita ampliar a empregabilidade é a qualidade de ensino.

Em uma economia complexa desenvolvem-se dois tipos de emprego.

O primeiro tipo exige um alto nível de qualificação para inovar mais rapidamente que os concorrentes, saber administrar sistemas complexos e estar apto a oferecer serviços sofisticados.

O segundo tipo corresponde a tarefas não qualificadas em serviços de base.

Entre o estrato superior e o inferior, os empregos de produção tradicionais estão desaparecendo, ou devido à automação ou então à realocação.

O pior de tudo é que o ensino francês não está adaptado a essa nova distribuição de empregos e não está formando profissionais de alto nível mundial, e sim, na sua grande maioria, apenas **diplomados intermediários.**

Estes acabam competindo com imigrantes recém-chegados por serviços medíocres...

Finalmente, o quarto mecanismo é a duração da própria empresa, ou seja, depende dos próprios empreendedores.

A bem da verdade, no século XXI são os empreendedores os grandes produtores das riquezas e dos empregos num país, enquanto o Estado apenas os redistribui...

Na França, em particular, os empreendedores quase sempre têm que avançar em um terreno fortemente minado pela concorrência, o que, aliás, faz parte do jogo, mas lamentavelmente é também minado pelos governos para quem todos os patrões são **suspeitos**.

Num curto prazo, **seria milagroso** que os encargos fiscais e sociais para a empresa, o direito do trabalho e a formação de demandas de emprego se transformassem, ou melhor, que a burocracia fosse eliminada e o governo diminuísse a sua voracidade na cobrança de impostos diversos.

É imprescindível para que os empreendedores progridam e criem mais empregos que o governo alivie o peso de seus controles e passe realmente a considerar que o empreendedor a *priori* é uma pessoa de boa fé.

Esse relaxamento seria mais bem recebido, por exemplo, do que as ações de improviso que abundam nos governos em 'ações de salvamento' de certas empresas em grandes dificuldades...

Enfatizo também que os poderes públicos deveriam incentivar os empreendedores a **crescer mais do que atualmente**.

Em outras palavras, quero dizer que o crescimento e o emprego passam pela aceitação da **destruição criativa**.

Esse princípio básico da economia é o mais incompreendido: cada vez que o Estado salva uma empresa em dificuldades, ele **condena provavelmente muitas outras a não serem criadas**, outras que recrutariam mais que aquelas (poucas) beneficiadas por esse remédio perverso que é a ajuda direta do governo com o dinheiro do contribuinte, em última instância."

Um exemplo atual de uma empresa controlada pelo governo francês, que está em sérias dificuldades, é o da France Telecom, que apresenta uma dívida total de 45 bilhões de euros (cerca de R$ 168 bilhões).

Para tentar aliviar essa situação bastante incômoda, a direção da France Telecom informou ao público em 18 de janeiro de 2004, que pretende "cortar" 14.500 empregados, ou seja: 7% de sua força de trabalho.

Cerca de 8.800 postos serão eliminados na França, de acordo com o porta-voz da gigante francesa de telecomunicações.

A maioria das dispensas se dará pela antecipação de aposentadorias, enquanto alguns empregados serão transferidos para cargos públicos!?!?

Aproximadamente 5.700 empregos serão cortados no exterior, principalmente na Polônia.

Não se deve esquecer que, já em 2002, a empresa anunciou um programa de três anos para reduzir a força de trabalho em 22 mil pessoas, e realmente em 2002, 7.700 franceses perderam seus empregos na France Telecom.

Certamente que todas essas medidas visam a mostrar aos mercados que a France Telecom está melhorando a sua saúde financeira.

Na França aprovou-se uma lei em dezembro de 2003 que elimina a obrigação do governo francês de manter o controle do antigo monopólio estatal de telefonia.

Em vista disso, os analistas do setor de telecomunicações acreditam que o Estado venderá uma significativa parcela de sua participação de 54% no decorrer de 2004.

Não se pode esquecer que a France Telecom em janeiro de 2004 tinha 126 mil empregados na França e 90 mil no exterior.

Mas para sobreviver a France Telecom tem que se tornar mais enxuta e eficaz, e isto talvez só possa acontecer se ela promover algumas ações "destrutivas" na sua estrutura..

O desaparecimento dos empregos é uma constante, se bem que surgem outros postos de trabalho à medida que as empresas vão se reestruturando, lançando novos produtos e/ou serviços e adequando-se às novas tecnologias, como é o caso da Kodak, que está buscando se "ajustar" ao crescimento da foto digital.

A Eastman Kodak, a maior fabricante mundial de filmes, vai demitir cerca de 15 mil pessoas nos próximos três anos.

O fato é que a empresa está passando por um profundo processo de reestruturação para se adaptar aos novos tempos e **não morrer** em meio à crescente utilização da tecnologia digital.

A companhia já anunciou há pouco tempo que deixaria de produzir máquinas fotográficas tradicionais!!!

Temendo uma queda mais intensa nas vendas de filmes em todo o planeta nos próximos anos, a empresa focará seus negócios de agora em diante nos produtos digitais.

Os cortes que a Kodak pretende fazer representam cerca de 18% do total de seus empregados espalhados pelo mundo.

O objetivo da organização é cortar gastos da ordem de US$ 1 bilhão até 2007.

O mercado financeiro aplaudiu a decisão da direção da empresa, e as ações da multinacional, que estavam em baixa, lideraram os ganhos na Bolsa de Nova York na última semana de janeiro de 2004.

Não se pode esquecer que a empresa já havia eliminado 22 mil empregos nos últimos cinco anos, reduzindo sua força de trabalho para cerca de 64 mil pessoas.

Em 1998, quando a tecnologia digital ainda engatinhava, a Kodak tinha no mundo 86 mil funcionários.

O pico da empresa foi em 1983, quando trabalhavam nela 137 mil pessoas nas suas filiais espalhadas pelo mundo.

Embora os filmes fotográficos ainda signifiquem uma ampla receita para a Kodak, a empresa perdeu espaço para a Fuji, e mais recentemente para as câmeras digitais.

Entretanto, apesar da nova tecnologia, ainda são vendidos 125 milhões de rolos de filme em todo o mundo a cada ano.

Claro que nada garante que isso se repetirá em 2004 e nos anos por vir...

As mudanças na Kodak foram aceleradas pelos fracos resultados financeiros dos últimos anos; assim, no 4º semestre de 2003 a empresa lucrou apenas US$ 19 milhões.

Junji Yamamoto, presidente da Kodak no Brasil, comentou: "Agora, cada subsidiária terá de criar um plano de redução de custos.

Porém, não pretendo cortar empregos nas duas fábricas da Kodak no Brasil – uma em São José dos Campos e outra em Manaus –, num total de 1.230 funcionários. Vamos encontrar soluções criativas para diminuir gastos sem despedir ninguém!!!"

E a Kodak, tudo indica pelo seu desempenho mundial em 2004, está conseguindo transferir para o negócio digital o prestígio que consquitou nos produtos e serviços de tecnologia analógica.

Na fotografia digital, há mais concorrentes e as margens de lucro são mais baixas.

Mas, em compensação, há uma receita muito maior e novas categorias de produtos.

Só nos EUA, a Kodak em 2004 vendeu quase 2 milhões de câmeras digitais.

6.1.2 – O PROBLEMA DO DESEMPREGO NO BRASIL.

É importante não esquecer que a modernização tecnológica do Brasil, a partir da abertura da economia em 1990 resultou – segundo um levantamento feito pelo grupo de Indústria e Competitividade do Instituto de Economia da Universidade Federal do Rio de Janeiro (UFRJ), a pedido da Comissão Econômica para a América Latina e Caribe (CEPAL) – **na eliminação até 2001 de 10,76 milhões de empregos?!?**

Além disso, as importações também provocaram uma perda de aproximadamente 1,54 milhão de postos de trabalho.

No período de 1990 a 2001, ou seja, em 11 anos, o crescimento das exportações brasileiras fez surgir quase 3,5 milhões de novos empregos, e a demanda doméstica permitiu também a criação de quase 11,97 milhões de novos postos de trabalho.

Então, segundo o estudo da UFRJ, entre o que se perdeu – 10,76 milhões com a mudança tecnológica e 1,54 milhão devido às importações – e o que se ganhou – 11,97 milhões com a demanda doméstica e 3,59 com as exportações –, houve a criação efetiva de **3,24 milhões de empregos em 11 anos,** o que não é nada significativo se considerarmos que de 1,5 milhão a 1,8 milhão de pessoas entram no mercado de trabalho a cada ano no Brasil.

No estudo da UFRJ foram considerados 39 setores da economia brasileira, agrupados em outros dez setores, com base em dados do IBGE atualizados pelo grupo de trabalho.

Por incrível que pareça, quem mais fechou vagas devido à mudança tecnológica foi o setor agropecuário, com 8,98 milhões de postos.

Seguem-se a indústria manufatureira (3,63 milhões), a administração pública (902 mil), e a construção civil (757 mil).

A produtividade do trabalho na agropecuária cresceu de 1990 a 2001, em média 5,12% ao ano; na indústria, 2,52%; na administração pública, 1,21%; e na construção civil, 1,23%, conforme pesquisa feita pelo Instituto Brasileiro de Qualidade e Produtividade (IBQP).

Porém, é importante destacar que essa taxa média anual chegou a quase 9% em alguns setores, como é o caso da indústria de refino de petróleo, que alcançou 8,8%.

Apesar de o aumento da produtividade de várias áreas da economia ter que ser comemorado no Brasil, visto que isto significa que estão melhorando as nossas condições para competir no mercado internacional, os números obtidos no estudo da UFRJ são preocupantes.

O coordenador do grupo de trabalho da UFRJ, David Kupfer, comenta: "O fato evidente é que o crescimento da economia não compensa os efeitos da modernização tecnológica.

E o quadro da evolução dos postos de trabalho, de 1990 a 2001, vale também para os anos 2002, 2003 e 2004, visto que o processo de modernização de muitos setores do País ainda está longe de ser concluído.

Por exemplo, a agricultura – setor que mais eliminou empregos – vai continuar com o seu processo de modernização.

O percentual de pessoas ocupadas nesse setor no Brasil é cerca de 26% do total, muito maior do que o apresentado em países desenvolvidos, entre 6% e 7%.

A tendência do nosso País é de aproximar-se em breve desses números.

O setor de serviços foi o que criou mais empregos, no entanto também nele vai-se sentir muito nos próximos anos o efeito de um intenso processo de modernização, o que deverá acarretar uma diminuição de postos de trabalho.

Na realidade, que tudo isso significa que temos no nosso País um grande desafio a enfrentar: como continuar com o seu processo de modernização, necessário para competir aqui e lá fora, e criar mais vagas para o trabalho ao mesmo tempo?

O presidente Luiz Inácio Lula da Silva prometeu criar 10 milhões de empregos no seu governo.

Isto pode até não ser tão difícil.

O difícil mesmo é não eliminar nesse período outros 10 milhões..."

Bem, com esse estudo da UFRJ, mais do que evidente se torna a necessidade de **os cidadãos brasileiros se transformarem em empreendedores**, criando empregos para si mesmos e para os seus futuros auxiliares.

Essa, sem dúvida, é a saída para tornar economicamente ativa uma enorme população de desempregados formais...

Perdem-se empregos – como se mostrou na pesquisa da UFRJ –, pois é possível cada vez ter melhores resultados com menos trabalho humano!!!

Sem dúvida as novas tecnologias têm permitido ganhos expressivos de produtividade.

Uma forma de medir esses ganhos é comparando a quantidade de produtos feitos com o mesmo número de empregados antes e hoje para diferentes intervalos de tempo (Tabela 6.1).

É certo que em vista do que se indica na Tabela 6.1, a indústria foi diminuindo o número de postos de trabalho.

Uma pesquisa mundial feita pela consultoria Alliance Capital Management (Tabela 6.2) mostra que em média o emprego industrial entre 1995 e 2002 caiu 11%.

Naturalmente para isso colaborou muito o aumento da produtividade resultante das novas tecnologias, sendo que na amostra indicada na Tabela 6.2 o Brasil é o País no qual se registrou a maior redução.

No Brasil parece que se criou um dilema: o que se deve ter em primeiro lugar, comida ou emprego?

O agrônomo Xico Graziano, que já foi presidente do INCRA em 1995 e secretário da Agricultura do Estado de São Paulo (1996-1998), assim responde: "Ninguém poderá demonstrar qual das duas coisas é mais importante para a sociedade do século XXI.

É óbvio que sem alimento na mesa não há povo que sobreviva feliz.

Mas hoje o que falta mesmo é emprego para as pessoas.

Sem trabalho não há dignidade humana.

E atualmente no Brasil, o maior valor da agricultura está nos empregos que ela possibilita gerar.

Assim, frutos de uma imbricação entre o rural e o urbano, milhões de postos de trabalho são oferecidos nas cadeias produtivas que se erguem da roça até chegar aos supermercados, restaurantes, lojas de vestuário, etc.

Com a mesma mão-de-obra de alguns anos atrás é possível:
■ Na indústria eletroeletrônica fabricar sete vezes mais televisores.
■ Na indústria automobilística fabricar seis vezes mais automóveis.
■ Na indústria têxtil produzir quatro vezes mais tecidos.
■ Na construção civil executar três vezes mais metros quadrados.
■ Nas empresas aéreas transportar duas vezes mais passageiros.
■ Na siderurgia fazer duas vezes mais aço.

Tabela 6.1 – Aumento de produtividade.

PAÍS	TAXA DE REDUÇÃO DE EMPREGO
Suécia	7%
EUA	11%
Coréia do Sul	12%
Rússia	12%
Inglaterra	12%
China	15%
Japão	16%
Brasil	**20%**

Tabela 6.2 – Diminuição do emprego industrial de 1995 a 2002.

No global, pode-se dizer que 37% dos empregos do País se encontram hoje diretamente na agricultura, ou então dependem dos produtos agropecuários para existir.

Tomemos como exemplo a pecuária de corte.

Sabidamente, a criação e engorda de bois não gera muitos empregos.

Alguns beócios chegam até a condenar a atividade como anti-social.

Desconhecem eles, contudo, que a rês é abatida no frigorífico, que se distribui aos açougues, supermercados e indústrias que a processam, embalam e exportam.

Do pasto à mesa do consumidor, é de fato um longo caminho ao qual se agrega valor e criam-se muitos empregos.

Garçons, sem saber, dependem do vaqueiro para trabalhar, assim como os jovens vendedores de *jeans* no *shopping* garantem seu ganho graças ao cotonicultor.

Na agricultura está, pois, a raiz do emprego urbano.

No panetone de Natal, no champanhe do *reveillon*, no *tender* da ceia, na roupa elegante, no papel da agenda nova, para onde você olhar descobrirá imediatamente, escondido, o suor de um agricultor, o trabalhador do campo oferecendo a oportunidade de trabalho ao operário da cidade.

Os primeiros estão na base da produção.

Os demais adicionam valor ao produto da roça.

Projeções do BNDES indicam que, em 2004, o agronegócio brasileiro deve gerar 1,32 milhão de empregos, sendo 400 mil diretamente no campo, outros 340 mil nas cadeias produtivas, e os demais 580 mil em conseqüência do efeito da renda agropecuária.

Isto é fantástico! Isto é admirável!

No interior do Brasil, quando a agricultura vai bem, o comércio vende mais, contrata gente, alegra a vida.

Mais do que comida, a sociedade ganha vigor com a agropecuária, que está no momento se expandindo de forma espetacular pelo País afora, interiorizando o desenvolvimento brasileiro."

Eis, pois, um setor – **o agronegócio** – que deveria ter cada vez mais novos empreendedores que garantidamente terão sucesso, e com isto haverá uma maior quantidade de empregos, melhor qualidade de vida dos brasileiros, que poderão comprar mais e deste modo reforçar a saúde financeira do próprio agronegócio.

Esse é o círculo virtuoso de um negócio no qual continuamente o homem do campo será homenageado pelo cidadão urbano...

Um local que todos no Brasil observam é a cidade de São Paulo, e não apenas porque no dia 25 de janeiro de 2004 ela comemorou 450 anos de idade, mas por responder por quase 25% da arrecadação do Estado de São Paulo. Lamentavelmente, porém, o município recebe menos de 10% desse montante!!!

A cidade possui o 6º orçamento do País – algo próximo de R$ 10 bilhões –, perdendo apenas para a União e os Estados de São Paulo, Rio de Janeiro, Minas Gerais e Rio Grande do Sul.

Todos antes queriam vir para São Paulo, pois aqui **havia trabalho**.

Mas a indústria paulistana está mudando muito.

Desde o início da década de 90 a cidade se tornou pólo de atração para empresas intensivas em capital, como telecomunicações, tecnologia da informação ou engenharia.

Ao mesmo tempo, deixaram a capital setores intensivos no uso de mão-de-obra, como têxteis, alimentos ou brinquedos.

Mas os especialistas defendem que é falsa a idéia de que São Paulo vive um **esvaziamento industrial**.

O que realmente está mudando é o tipo de indústria.

Ademais, esse fenômeno não é exclusivo de São Paulo, e está sendo vivenciado por muitas cidades industriais em todo o mundo.

Muitas metrópoles atraíram as empresas pela economia de escala que poderiam proporcionar por meio de vantagens, como proximidade dos portos, bons aeroportos, abundância de consumidores e mão-de-obra.

Com o passar do tempo, entretanto, o movimento se inverteu e as cidades grandes e médias passaram a representar "deseconomia de escala", conseqüência da especulação imobiliária, do aumento da carga tributária, da mão-de-obra mais cara, e da inconveniência logística de possuir uma indústria rodeada pela população.

Por isso, muitas empresas que necessitam de grandes áreas e muita mão-de-obra optaram pelo ABC paulista ou outros municípios do Estado de São Paulo, como Campinas, São José dos Campos e Sorocaba e suas adjacências.

O município de São Paulo, que já concentrou 34% da população do Estado nos anos 70 e 80 do século XX, hoje tem algo como 10,45 milhões de habitantes, ou 28% do total do Estado.

Na década de 70, de cada 10 trabalhadores da indústria, quatro estavam em São Paulo.

Em 2002, apenas **um em 10** permanecia na cidade de São Paulo.

Vale dizer: sobraram bem menos postos de trabalho na indústria, e a maioria direcionada ao trabalhador mais qualificado.

Estima-se que atualmente a cidade tenha 1,1 milhão de desempregados e 1,3 milhão de ocupados que não residem em São Paulo.

Segundo a Relação Anual de Informações Sociais (RAIS) de 2002 do Ministério do Trabalho, entre 1985 e 2002 os empregos industriais caíram 48% em São Paulo, mas por sua vez, os empregos gerados pelo setor de serviços aumentaram 22,7%.

Marcio Pochmann, secretário municipal de Desenvolvimento, Trabalho e Solidariedade de São Paulo, acredita que para se ter mais empregos no futuro em São Paulo é preciso nesta fase de transição melhorar muito a sua infra-estrutura.

Diz ele: "São Paulo mesmo assim congrega hoje – não apenas do País, mas do continente latino-americano –, o seu centro financeiro, os pólos multimídia, os hospitais mais sofisticados e as sedes das filiais das principais multinacionais.

A única cidade que pode concorrer com São Paulo pelo **'título'** de centro do continente latino-americano é Miami (!?!?), já que Buenos Aires ou Santiago estão atrasadas para merecerem essa posição.

Entretanto, São Paulo está desperdiçando bastante o seu poder geopolítico por não ter uma administração própria.

Deveríamos ter no Brasil para as grandes cidades o conceito de condado, em voga nos EUA, que dá a uma região bem mais poderes do que tem um simples município, e naturalmente menos que um Estado. Porém, no condado dos EUA, ele é financiado pela sua própria receita tributária.

São Paulo necessita rapidamente investir em infra-estrutura, recuperar seu parque produtivo e o emprego formal, para dessa maneira interromper essa 'tendência' que parece que a está levando para se caracterizar como uma **cidade de oportunidades perdidas.**"

Apesar desse alerta de Marcio Pochmann, a capital paulista continua conseguindo atrair empresas de alta tecnologia, ampliando sua vocação de cidade de serviços. Os futuros empreendedores devem investir em São Paulo e, desta forma, seguramente se substituirá de maneira adequada toda a indústria tradicional, e a capital paulista continuará sendo o **motor do desenvolvimento nacional!!!**

6.1.3 – EMPREENDEDORISMO COMO ALTERNATIVA PARA O DESEMPREGO.

A revista *Veja*, no seu número 1.833 (17/12/2003), publicou uma interessante matéria sobre as profissões e onde se espera ganhar mais a médio prazo.

Hoje em dia, em particular no Brasil, o desafio de entrar num mercado de trabalho devido à grande concorrência é bem maior do que o de ingressar numa faculdade.

Até pouco tempo atrás, o grande gargalo era o vestibular (hoje chamado de processo seletivo...), mas os formandos tinham uma relativa facilidade para encontrar uma colocação.

Hoje, entretanto, é grande o número de obstáculos que se deve sobrepujar para entrar de fato no mercado de trabalho.

Nas melhores empresas, uma vaga de *trainee* chega a ser disputada por centenas (e às vezes até alguns milhares...) de candidatos.

Os tempos estão difíceis em quase todas as nações do mundo, e as últimas estimativas indicam aproximadamente **770 milhões de desempregados na Terra** – algo em torno de 12,27% de sua população. Proporcionalmente esta é a maior quantidade de desempregados desde a Grande Depressão de 1930.

Trata-se da maior cifra registrada hoje pela Organização Internacional do Trabalho (OIT), que é o braço para questões de trabalho da Organização das Nações Unidas (ONU).

No Brasil, o primeiro ano (2003) do governo Lula foi duro para os trabalhadores por causa da taxa recorde de desemprego de 12,3% e uma perda de renda real de 12,5%, de acordo com a pesquisa do IBGE.

Para a OIT, preocupa ainda a deterioração das condições do mercado de trabalho mundial.

Houve um aumento do trabalho informal, e cerca de 580 milhões de pessoas vivem em condição de subemprego, ou seja, com renda diária inferior a US$ 1.

Hoje o diploma "conquistado" numa faculdade, mesmo de renome, não é mais garantia de emprego.

Cerca de 55% dos jovens no Brasil não arranjam emprego ao se formarem.

Deles também é solicitado o conhecimento de línguas estrangeiras.

A maioria dos jovens que consegue emprego em grandes empresas brasileiras tem conhecimentos satisfatórios de inglês.

No início da década de 1990, apenas 40% daqueles que entravam nas companhias de porte sabiam falar inglês.

O mercado de trabalho exige cada vez mais competência e aprimoramento constante.

Há atualmente mais de 320 mil jovens brasileiros já formados em curso superior, matriculados nos cursos de MBA (*master in business administration*), buscando aperfeiçoar seus conhecimentos de gestão voltados para os diversos setores.

Monica Weinberg e Sandra Brasil, articulistas da revista *Veja*, elaboraram uma interessantíssima matéria sobre o assunto com o título *O Segundo Vestibular*.

No seu artigo, dizem as duas repórteres: "O governo, que é um tradicional empregador, não tem contratado como fazia antes e a disputa por vagas nos concursos públicos tem sido das mais acirradas.

Numa recente rodada de testes para seleção de pessoal, o Banco do Brasil contabilizou um comparecimento de candidatos quatro vezes maior que o do vestibular para as faculdades de medicina, um dos mais concorridos do Brasil.

Para o concurso aberto pelo Ministério da Justiça para a contratação de policiais rodoviários federais, a previsão é de algo em torno de **meio milhão de inscritos!?!**

Não faz muito tempo os jornais publicaram fotografias daquela que se tornou um símbolo da caça ao emprego público: uma fila interminável formada no Sambódromo, no Rio de Janeiro, onde milhares de pessoas queriam **se inscrever num concurso da prefeitura para varredor de rua.**"

Tom Peters, um dos mais festejados gurus da administração, opina sobre o problema do desemprego: "A procura por um emprego é resultado de uma cultura que passa de pai para filho há um bom tempo.

A idéia de conseguir trabalhar numa grande empresa certamente foi o objetivo maior da grande maioria das pessoas nos últimos 80 anos, pelo menos nos EUA.

Hoje essa idéia se perdeu.

De acordo com os meus dados, 50% dos norte-americanos eram trabalhadores independentes em 1900.

Já em 1977, apenas 7% dos norte-americanos ainda trabalhavam por conta própria.

Atualmente, a força que não atua como empregado subiu para 16% graças ao **desenvolvimento do empreendedorismo** nos EUA.

Para mim, o período de 1900 a 1975 deve ser visto como uma anomalia no que se refere ao emprego.

O futuro será cada vez mais de prestação de serviço sem vínculo empregatício, e com o surgimento cada vez maior de empresas de pequeno porte viveremos na **era do empreendedorismo.** O emprego formal não é a única maneira de ganhar a vida nem será a mais abundante daqui para a frente."

No Brasil, os dados confirmam a mudança prevista por Tom Peters.

Assim, o total de pessoas trabalhando na informalidade já ultrapassou o contingente de empregados com carteira assinada.

E mais importante que isso: a renda dos que atuam por conta própria **já é maior** que aquela dos que são apenas empregados!!!

Além disso, eles têm várias outras vantagens, como auto-realização, flexibilidade de horário, maior motivação para o trabalho, etc.

Claro que hoje em dia nem todos os universitários brasileiros ao se formarem procuram um emprego tradicional, significando que, nem todos os profissionais vão tentar uma chance numa grande (ou média) empresa na qual acreditam ficar mais protegidos dos altos e baixos do mercado de trabalho.

Muitos se interessam por viver no mundo do empreendedorismo.

Infelizmente em muitas instituições de ensino superior (IESs) do Brasil são poucas as mudanças introduzidas nos currículos para que os estudantes aprendam aquilo que está sendo exigido pela realidade empresarial atual.

Assim, em diversos casos os jovens saem da faculdade sem as **competências essenciais** para o trabalho independente, como **o empreendedorismo e a capacidade de liderar.**

Esse naturalmente **não é o caso** da FAAP, que além de ter um curso de Formação de Empreendedores paralelo aos cursos de cada faculdade, também apresenta em todas as suas faculdades, nos seus currículos, disciplinas de Empreendedorismo, Criatividade e Gestão de Talentos.

E se só agora começa a se estruturar uma educação voltada para o empreendedorismo, no levantamento feito nestes últimos anos a respeito do perfil empreendedor de alguns países, o Brasil aparece à frente dos EUA.

Assim, **um em cada oito** brasileiros adultos acaba montando um negócio próprio.

Entre os norte-americanos, a proporção atualmente é de **um em dez**.

Por exemplo, hoje em dia os advogados no Brasil vivem uma realidade especial.

Muitos participam dos processos de seleção e até gostariam de trabalhar numa empresa.

Todavia, os levantamentos feitos pela Ordem dos Advogados do Brasil (OAB) mostram que a grande maioria sonha mesmo é em ter o próprio escritório.

Existem cursos universitários que "sugerem" a vida autônoma como uma saída natural, como é o caso dos que estudam computação ou daqueles que vão se formar em Comunicação (publicidade, relações públicas, rádio e TV, etc.).

Naturalmente num País como o Brasil existe um mercado inesgotável a ser desbravado, onde se vende, por exemplo, um computador a cada três segundos, ou são necessários constantemente novos anúncios.

Outras carreiras também dão aos recém-formados o direito de lutar pelo futuro sem entrar numa fila de recrutamento, como é o caso da Arquitetura, *Design*, Odontologia, Psicologia, etc.

É patente que todos esses profissionais devem ter em vista que o trabalho por conta própria pode ser uma boa solução.

Um exemplo de grande mudança é o curso de Engenharia, que viveu um momento único quando a indústria automobilística se instalou no Brasil (início da década de 60) e o crescimento acelerado da economia permitiu investimentos pesados em obras públicas.

Nunca mais os engenheiros encontraram um mercado tão receptivo.

Pouco a pouco, no entanto, a mente racional e matemática do engenheiro, bem como sua habilidade para entender e se adaptar às novidades tecnológicas tem aberto a esse profissional as mais variadas oportunidades de trabalho, freqüentemente fora de seu campo específico.

São inúmeros os empreendedores premiados formados em engenharia que abriram empresas para atuar em setores que não são exatamente a sua área de formação (por exemplo, um engenheiro eletrônico dirigindo uma bem-sucedida empresa de alimentos).

Aliás, o caminho para ter trabalho garantido no século XXI é ser um **engenheiro empreendedor**, isto é, um indivíduo com rica formação em *design*, gestão, artes e comunicação.

Talvez dessa maneira fique mais fácil para o engenheiro achar trabalho em qualquer lugar, porém dentro da recomendação do consultor Simon Franco, que diz: "Arrumar um bom emprego hoje em dia é como procurar um lugar na praia durante a temporada.

Todos os bons espaços parecem estar ocupados.

Nesse caso a saída é procurar espaço numa praia mais distante..."

Realmente, no começo dos anos 90, mais da metade dos empregos industriais se concentrava nas capitais.

Atualmente pouco mais de 40% permanecem nas metrópoles.

O número de empregos abertos no interior do Estado de São Paulo supera com folga o total de vagas fechadas na capital paulista.

Vinte anos atrás, as melhores oportunidades de trabalho se resumiam aos Estados de São Paulo e Rio de Janeiro.

Hoje, pode-se procurar um bom trabalho pelo menos em 15 Estados.

Um levantamento recente mostrou que nos primeiros cinco anos da década de 90 a Bahia gerou mais postos de trabalho que o Estado de São Paulo, graças em parte à indústria de turismo, e isto está ocorrendo agora em vários Estados do Nordeste, principalmente no Ceará.

Em Campina Grande, no interior da Paraíba, existe um pólo de informática onde já operam mais de 60 empresas.

Em Blumenau, no Estado de Santa Catarina, há um outro pólo parecido com mais de 500 firmas.

Como se vê, o Brasil é ainda um País em construção, porém, como foi definido no Fórum Econômico Mundial de Davos (Suíça) em janeiro de 2004, ele será uma das quatro maiores potências do mundo nas próximas décadas, quer dizer, fará parte de um seleto grupo junto com China, Índia e Rússia.

Apesar de todos esses dados colhidos por Monica Weinberg e Sandra Brasil no seu artigo *O Segundo Vestibular*, as perguntas que ficam são:

➡ Será que existe de fato o tão almejado emprego perfeito ou ideal para uma pessoa?

➡ O salário que se receberá será decente?

➡ Ser empregado constitui uma realização profissional no mínimo satisfatória?

➡ **Por que não pensar em estudar para saber empreender?**

Fiquemos apenas com uma breve resposta para a quarta pergunta.

Em primeiro lugar, deve começar a ocorrer mais a seguinte orientação dos pais para seus filhos quando estes estiverem pensando sobre o que deveriam ser quando crescerem": **torne-se um empreendedor em lugar de se preparar para ser funcionário de alguma empresa**.

Realmente no século XXI, além do problema do desemprego estar assolando todos os países do mundo, uma opção que pode satisfazer as pessoas é a de ter o seu próprio negócio!!!

Com efeito, é isto que estamos procurando fazer na FAAP: além de preparar os alunos para serem bons profissionais nas empresas, buscamos também abrir o caminho para que eles possam iniciar os seus próprios negócios.

Para tanto, como foi dito, já está em andamento um curso de Formação de Empreendedores, apoiado por um curso anterior de Criatividade.

É evidente que existem hoje no Brasil outras opções para adquirir os conhecimentos necessários para se transformar em um empreendedor como, por exemplo, os cursos oferecidos pelo SEBRAE no País todo, ou então recorrer às varias instituições nacionais e internacionais voltadas ao fomento do empreendedorismo, nas quais se pode obter orientação bem apropriada que permita a alguém abrir o seu próprio negócio, mas acreditamos que o que se está desenvolvendo na FAAP prima pelo ineditismo e pela excelência...

6.1.4 – É COMPLEXO TER SEU NEGÓCIO NO BRASIL?

É verdade que apesar de todas as orientações e explicações que se pode receber para alguns problemas, os futuros empresários devem estar preparados para vencer alguns obstáculos, e um deles é o longo e complicado processo de abertura do próprio negócio.

O relatório *Doing Business in 2004*, da Corporação Financeira Internacional (sigla IFC em inglês) do Banco Mundial, diz que em Sidney demoram-se **dois dias para abrir uma empresa, quatro dias** em Nova York, 28 em Santiago, 29 em Moscou, 51 na Cidade do México, 68 em Buenos Aires e, **"surpreendentemente", 152 dias** em São Paulo!

Obviamente que nesse relatório parte-se do princípio de que o empresário completa sozinho todos os passos necessários para a abertura de um novo negócio, **sem a ajuda de despachantes**.

Se o empresário optar pelo pagamento dos serviços de um advogado ou despachante, cai para **"apenas"** 74 dias o prazo para uma empresa iniciar operações legalmente em São Paulo.

Mas se o empresário utilizar um despachante no Canadá ou nos EUA, o tempo correspondente é de apenas um dia, porque ele pode adquirir, através de um despachante, uma empresa já estabelecida e apenas alterar o nome.

No Chile são necessários 7 dias para legalizar uma nova empresa através dos serviços de despachantes, e na Rússia, 12; no México, 31; na Argentina, 36.

Quais são então as reformas que devem ser feitas para facilitar a abertura de um negócio?

Na realidade, facilitar o processo de abertura de uma empresa é até algo bem simples.

Primeiro, as autoridades fiscais nos níveis federal, estadual e municipal poderiam estar ligadas eletronicamente.

Assim, ao invés de ter que visitar vários departamentos, o empreendedor poderia ir a apenas um (digamos, o Departamento Municipal de Impostos), que enviaria a informação automaticamente aos outros departamentos.

Em 2002, esse tipo de reforma foi implementada com sucesso no Paquistão e na Turquia, por exemplo.

Em segundo lugar, o empreendedor que pretende transformar-se em empresário poderia obter um alvará de funcionamento temporário.

Este alvará temporário duraria até seis meses e precisaria ser substituído por um alvará permanente após a inspeção pelas autoridades municipais.

Vários países europeus – como a Dinamarca, a Noruega e a Irlanda – usam esse esquema há mais de 10 anos, e o Vietnã introduziu essa estrutura para abrir um negócio em 2002!!!

Só com essas duas reformas simples e fáceis, a abertura de uma empresa no Brasil cairia para aproximadamente 21 dias.

Dessa maneira, em lugar de passar os outros 131 dias, do total de 152 visitando repartições públicas, o empreendedor poderia já estar produzindo bens e serviços, empregando pessoas, e não estar apenas envolvido em burocracia.

As reformas naturalmente não devem se restringir tão somente a essas duas.

Existem aquelas outras pertinentes ao próprio desenvolvimento do negócio.

As empresas prosperam mais depressa em locais onde o governo reduz a burocracia ao mínimo e se preocupa em **definir e defender direitos de propriedade**.

Lamentavelmente no Brasil, em média são necessários 380 dias para fazer valer, através dos tribunais, um simples contrato comercial, o que por sinal não é a forma mais eficiente de proteger os direitos de propriedade.

Esse tempo é bastante grande comparado com menos de dois meses para que isto ocorra na Tunísia, Holanda ou Nova Zelândia, ou então os 200 dias do Chile.

Os empreendedores começam a ter que enfrentar obstáculos consideráveis quando querem contratar ou dispensar trabalhadores.

O relatório *Doing Business in 2004* informa que o Brasil está entre as nações de legislação trabalhista mais rígida (ou retrógrada), ao lado de países como Angola, Bielo - Rússia, Moçambique e Venezuela.

A introdução de contratos de tempo parcial, mais flexíveis, tem ajudado a criar muitos empregos em diversos países, da Austrália ao Uruguai.

Este tipo de contrato pode trazer o mesmo benefício para o Brasil...

As oportunidades de reforma também estão no setor financeiro.

Países com mercados de crédito vigorosos oferecem fortes garantias para os credores para a recuperação do dinheiro emprestado, em caso de **não-pagamento**.

Empreender é a Solução

Infelizmente no Brasil esses direitos legais são fracos.

Sem dúvida, a introdução de julgamentos sumários e restrições nos casos que geram o direito a recurso ajudariam muito a resolver esta questão, como ocorre na prática na Eslováquia.

Atualmente no Brasil são necessários 10 anos (ou mais) para completar o processo de falência de uma empresa.

Só demora mais tempo na Índia.

Devido a essas demoras, os credores são bastante rigorosos e "precavidos" na distribuição de empréstimos.

Resultado disso é que fica bem mais difícil para os empreendedores obter crédito e iniciar (ou expandir) os seus negócios.

Por mais irônico que possa parecer, as leis e regulamentações rígidas acabam prejudicando aqueles que deveriam ser protegidos (ou ao menos amparados) por elas.

A legislação trabalhista, na sua essência, é fundamental, porém quando as regulamentações são muito inflexíveis, os empreendedores ficam com receio de contratar mais funcionários.

Nem tudo, entretanto, são **"más notícias"** no relatório *Doing Business in 2004*, e nele se destaca, por exemplo, que o Brasil dispõe de um dos mais avançados sistemas de informação sobre créditos do mundo.

Além disso, o custo oficial de fazer valer um contrato através dos tribunais, assim como os custos de falência são relativamente baixos. De qualquer forma, no Brasil sente-se que existe hoje a vontade de modificar a lei sobre tributação e a lei das falências, e se essas reformas forem profundas isso evidentemente transparecerá no crescimento do País, pois surgirão dezenas de milhares de novos empreendedores.

A partir de 11 de janeiro de 2004 entrou em vigor o novo Código Civil Brasileiro, que afetou vários setores, dentre eles o que rege as sociedades em geral.

Entre as principais mudanças está a divisão das atividades mercantis (indústria ou comércio) e atividades civis (prestadores de serviço) para efeito de registro, falência e concordata.

Desse modo, passam a vigorar novos tipos de sociedade: a **simples**, que é a formada por pessoas que exercem profissão intelectual, de natureza científica, literária ou artística, e a **empresarial**, quando são duas ou mais pessoas que se organizam para colocar capital e unir esforços de trabalho para a obtenção e divisão de lucro.

Agora as empresas passam a se basear no aspecto organizacional e econômico de sua atividade.

O consultor jurídico do SEBRAE, Paulo Melchor, comenta: "Agora as empresas se tornam mais profissionais e transparentes, o que é um ponto positivo do novo código, mas houve realmente um aumento de custo e obrigações para os empresários, que deverão cumpri-los justamente para tornar seus negócios mais transparentes."

As outras alterações são a criação da figura do administrador, que passa a ser a figura principal da empresa (é o antigo sócio-gerente), novas formas e quóruns de deliberação das empresas, quórum mínimo para tomadas de decisões e novas responsabilidades para os sócios.

Assim, no novo código o sócio minoritário tem agora maior participação nas decisões.

Na lei anterior, para se tornar sócio majoritário era necessário possuir 50% mais 1 das ações.

Com o novo código, a porcentagem passou para 75%.

Muitas empresas ainda não entraram em sintonia com a mudança – no Estado de São Paulo apenas 450 mil solicitaram a mudança dentre os cerca de dois milhões existentes -, e poderão fazê-la mais para a frente sem sofrer nenhuma penalidade direta, entretanto já encontrarão (claro, as que não se adequarem) alguns empecilhos na hora de participar de licitações, modificar qualquer ponto do contrato social junto aos cartórios ou juntas comerciais, pleitear financiamento bancário, e até mesmo na hora de fechar negócios.

Outra conseqüência indireta da não-adaptação é a maior responsabilidade que os sócios terão em caso de insucesso nos negócios, **correndo o risco de até perder bens pessoais!?!?**

O atual presidente do SEBRAE nacional, Silvano Gianni, tem uma opinião contundente sobre o novo Código Civil. Diz ele: "Esse código é totalmente inadequado, é burocratizante e cria novas despesas.

O que precisamos no Brasil é facilitar a vida dos empreendedores e o que está no código não corresponde ao programa de desburocratização que desejamos.

Aliás, ele dará margens para uma crescente informalidade por parte das empresas."

6.1.5 – ESTIMULANDO A ONDA DO EMPREENDEDORISMO.

Quem se deslocar para a posição de empreendedor poderá, sem dúvida, surpreender-se positivamente pelo rumo que tomará a sua vida, pois as oportunidades pela frente são inúmeras.

Por isso, é preciso formar cada vez mais empreendedores no Brasil, seguindo o conselho de Guy Sorman, pois realmente a melhor fórmula para se ter pleno emprego é abrindo milhares de novos negócios todos os meses no País.

Porém, ensinar uma pessoa a ser empreendedora é que não é tão fácil assim...

Pois é, nós na FAAP estamos cientes dos conselhos dos mestres do empreendedorismo e temos a convicção plena de que estamos oferecendo aos nossos alunos cursos de Empreendedorismo com forte embasamento em Criatividade – disciplina obrigatória em todas as nossas faculdades e nos cursos de pós-graduação - que permitirão a todos eles sonhar continuamente com os olhos abertos, recheando as suas mentes com outros conhecimentos de gestão, de *marketing*, de técnicas de planejamento e produção, para realmente não se refrescarem apenas com a espuma, e sim poderem provocar fortes ondas de mudança no desemprego no Brasil...

Eles estão sendo preparados para enxergar as oportunidades; para ter capacidade de se reinventar quando perceberem que estão sendo imitados; para constituir parcerias eficazes, pois quando se é pequeno o melhor é unir forças, mesmo que seja com outro pequeno; para estar sempre abertos às novas possibilidades de publicidade do seu negócio, seguindo o exemplo da Schincariol, que marcou um gol de placa contra concorrentes antes imaginados como intocáveis e imbatíveis...

Nós na FAAP acreditamos que no século XXI, para se atingir um pleno emprego no Brasil, precisamos formar um contingente cada vez maior de pessoas, que além de poderem desempenhar uma liderança eficaz em empresas já constituídas possam também abrir os seus próprios negócios, pois foram instruídas para ser ambivalentes; empreendedores, ou então gestores criativos nas organizações que os contratarem.

Em qualquer dos casos certamente criarão mais trabalho, visto que gerarão novos empregos ou possibilitarão o crescimento das empresas para as quais trabalhem!!!

ALERTA VITAL – A SAÍDA É INVESTIR NA PEQUENA EMPRESA.

Alencar Burti, presidente do Conselho Deliberativo do SEBRAE/SP é uma pessoa que conhece como poucas os problemas das micro e pequenas empresas do Brasil.

É por isso que ele destaca: "Estamos em estado de alerta. O índice de desemprego na região metropolitana de São Paulo, medido pela Fundação SEADE/DIEESE em 2003, foi o maior desde que a sondagem começou a ser realizada, em 1985: 19,9% da população economicamente ativa. Traduzindo em números reais, dois milhões de pessoas perderam seus empregos no ano passado.

Como conseqüência direta, a renda real dos trabalhadores paulistas em 2003 encolheu, pelo sexto ano consecutivo.

Desde 1998 a queda corroeu um terço dos rendimentos dos assalariados, os quais tiveram uma perda de poder de compra significativa.

Este cenário tem reflexo imediato no desempenho das pequenas empresas, uma vez que a grande maioria fornece produtos e serviços para o mercado interno. Estudo do SEBRAE/SP indica que, em 2003, o faturamento médio real destes empreendimentos sofreu retração de praticamente 15%.

Se continuarmos neste ritmo, ou pior ainda, o acelerarmos, teremos que arcar com outro ônus: o crescimento exponencial da informalidade, resultado da migração de empresas formais para este mundo marginal. Hoje, de cada três empreendimentos, dois estão na ilegalidade.

Além disto, vamos amargar o crescimento da taxa de mortalidade das pequenas empresas, que já é uma das maiores do mundo.

De cada 100 empresas abertas em 2004, 31 não conseguirão chegar em 2005 em plena atividade. Em cinco anos, desta mesma centena apenas 40 terão sobrevivido.

Mais grave que o fechamento destas empresas é o impacto social: a economia paulista perde R$ 15,6 bilhões por ano, o equivalente a 1 milhão de carros populares, e mais de 500 mil postos de trabalho, ou seja, quase 7 estádios do Morumbi lotados.

Tal emaranhado de situações desagradáveis desenha um quadro extremamente desafiador para 2004, em que decisões de mestres serão essenciais para provocar as mudanças necessárias.

Temos insistido que a alternativa mais viável para reverter esta alta conta é o investimento decisivo e perene nas pequenas empresas, as maiores geradoras de emprego e renda do País, verdadeiros **'colchões sociais'**.

No Brasil elas somam quase 5 milhões de estabelecimentos formais (99% do total) e são responsáveis por 41% do total das carteiras assinadas no País. Foram elas as principais responsáveis para que o nível de ocupação não fosse ainda mais baixo, de acordo com estudo do IBGE: 32% de expansão, entre 1998 e 2001, contra 9% nas grandes e médias empresas.

Ou seja, a tão aguardada e desejada retomada do crescimento, que vem sendo desmentida a cada mês pelos fatos retratados, virá pelo pequeno negócio.

Entretanto, elas precisam de estímulo para melhorar sua *performance* produtiva e, desta forma, gerar mais empregos e mais renda.

Precisamos todos – governos, parlamentares, lideranças de classe, universidades – trabalhar arduamente para instalar o ciclo virtuoso da pequena empresa. Menos juros, mais crédito, menos burocracia, menos impostos é a fórmula para refrear esta verdadeira sangria social.

Não é possível omitir-se diante desta dura realidade e continuar aceitando passivamente que os pequenos negócios continuem sujeitos aos mesmos 60 tributos e às mesmas centenas de milhares de normas e regulamentos que as grandes corporações, sendo impedidos de se tornarem mais competitivos. Pior ainda, incorporando-os ao enorme contingente de informais, que hoje já somam cerca de 2,3 milhões de empreendimentos.

Precisamos tratar os desiguais de maneira desigual, criar regras que privilegiem a maioria e não as exceções, a fim de que os brasileiros empreendedores conquistem plenamente sua cidadania empresarial e sejam responsáveis por muito mais que os atuais 20% do PIB e 12% das exportações.

E mais, é necessário criar condições para estimular a abertura de novas empresas formais e consolidar as já existentes, pois este é o caminho para absorver os desempregados e abrir espaço para os 10 milhões ou 12 milhões de brasileiros que precisam trabalhar.

Temos presenciado o esforço da sociedade que vem obtendo conquistas significativas, como a aprovação, na reforma tributária, de dispositivo que garante a elaboração da Lei Geral das Micro e Pequenas Empresas, mecanismo que vai afiançar o princípio do tratamento diferenciado, e a criação do Super Simples, imposto unificado, que reúne contribuições e encargos federais, estaduais e municipais numa única taxa.

Os anúncios freqüentes de criação de linhas de crédito de acesso mais simplificado, e a custos menores, também são sinalizadores de que os formuladores de políticas públicas começam a apostar nas pequenas empresas como agentes fundamentais na construção de um tecido social mais sadio.

Entretanto, ainda não são suficientes para reverter esta conta. É nossa hora de participar efetivamente da construção deste novo Brasil, mais forte e mais saudável porque suas pequenas empresas também estão mais robustas, mais preparadas e mais competentes para cumprir sua principal missão: gerar postos de trabalho, renda e felicidade."

NOTÍCIA LAMENTÁVEL E POSICIONAMENTO NOTÁVEL – BRASIL A TODO VAPOR.

Numa brilhante e otimista perspectiva, os articulistas Ivan Martins e Fabiane Stefano escreveram uma matéria na revista *Isto É Dinheiro* (21/7/2004) com o título *A Todo Vapor,* que realmente levanta a moral dos leitores, estimulando-os para ser empreendedores.

É claro que os dados e informações que apresentam não devem ser tomados como o fim de outros problemas no nosso País, que continuam existindo, tais como:

- sonegação e informalidade;
- a burocracia para abrir e fechar empresas;
- uma legislação trabalhista "complicada";
- uma justiça lenta demais;
- tributação excessiva.

Vamos antes de entrar nas conquistas admiráveis ocorridas no nosso País falar rapidamente dos problemas há pouco citados – já abordados em outras partes do livro e principalmente neste capítulo.

Como diz Emerson Kapaz, presidente do Instituto ETCO, uma ONG criada para defender a ética nos negócios: "O governo do nosso País precisa decidir se quer ou não enfrentar o problema da informalidade e jogar de fato uma luz sobre o Brasil das sombras no qual atualmente 85% dos pequenos negócios não pagam impostos; 70% dos computadores são ilegais; 55% dos trabalhadores brasileiros são informais; 25% dos brinquedos são vendidos ilegalmente e 10% de toda a pirataria musical do mundo acontece no Brasil, isso só para dar alguns exemplos.

Se o nosso País não enfrentar essa questão vai continuar patinando.

É como a história da saúva.

Ou o Brasil acaba com a informalidade ou a informalidade acaba com o Brasil.

A informalidade é o jeito politicamente correto de falar em ilegalidade.

E olha que uma queda só de 10% na pirataria no setor de *software* resultaria em mais de 13 mil empregos diretos e uma arrecadação adicional de mais de R$ 1 bilhão em impostos.

A sonegação é extremamente danosa ao País, pois representa a eliminação de empregos via concorrência desleal e priva o Estado de recursos necessários à infra-estrutura e ao social.

O Brasil perde com a informalidade porque suas empresas muitas vezes são forçadas a abandonar o mercado e parar de investir.

A falsificação é muito ruim para os consumidores pois estes acabam enganados, e para as empresas que vivem de marcas de qualidade isto é um verdadeiro roubo.

O setor informal impede também que o Brasil ganhe produtividade, o que consiste num enorme obstáculo ao nosso crescimento.

Por exemplo, hoje a produtividade do trabalhador brasileiro é 20% daquela do norte-americano e como resultado o País empobrece, sendo a renda *per capita* do brasileiro 25% daquela do empregado nos EUA."

Lamentavelmente, apesar de termos alcançado uma posição expressiva em empreendedorismo, o ambiente no Brasil para abrir, tocar e fechar empresas é um dos mais "asfixiantes" entre mais de uma centena de países pesquisados e relatados, como já foi citado no documento intitulado *Doing Business 2004* (*Fazendo Negócios 2004*) do Banco Mundial.

No que se refere a abrir um negócio, o Brasil tem o sexto pior desempenho da lista (153 dias), Indonésia (168 dias), Laos (198 dias), Haiti (203 dias) e República Democrática do Congo (215 dias).

Para um brasileiro disposto a tornar-se um empreendedor de fato a burocracia é massacrante.

Primeiro ele vai saber que precisa de um advogado ou de um contador para redigir o chamado **"contrato social"** da empresa.

Isso feito, precisará ainda ter um endereço fixo onde o seu negócio funcionará; deverá registrar o contrato na junta comercial, para poder requerer o Cadastro Nacional de Pessoa Jurídica (CNPJ), e registrar também a empresa como contribuinte do INSS.

Se houver empregados (geralmente há...) deve registrá-los no FGTS.

Em seguida, precisa comunicar às autoridades municipais e aguardar que a sede da empresa seja inspecionada para receber alvará de funcionamento, ato que provoca aquela romaria de fiscais entrando e saindo da futura sede da empresa, discordando e implicando com os mais insignificantes detalhes.

E isso tudo não pára aí, por isso que é difícil e demorado abrir um negócio no Brasil.

Para fechar é pior ainda, pois o Brasil é **o segundo pior País do mundo nesse processo** que em média dura 10 anos!?!?

Só perdemos para a Índia, onde se consomem 11,3 anos, e estamos portanto muito longe dos países do Primeiro Mundo que fazem isso em média em 1,8 ano!!!

Punição aos falidos era uma regra na Antiguidade e na Idade Média, sendo que entre os romanos a falência significava a escravidão ou a morte, quando o credor escolhia a pena a ser aplicada.

Agora o pobre empreendedor brasileiro sofre de outra maneira, levando praticamente dez anos para conseguir livrar-se do fardo de um fracasso inicial.

O incrível é que ninguém aqui parece – principalmente do governo – estar querendo seguir o que consta do documento *Doing Business 2004,* onde se diz: "Nos países de economia avançada, o fracasso em uma empreitada é apenas o primeiro passo para uma nova tentativa.

Processos rápidos e baratos de fechamento de empresas são a base da inovação nos segmentos de ponta da economia."

Na China, abrir atualmente uma empresa – país que vive ainda num regime comunista – tornou-se um processo simplesmente administrativo, e não judicial.

Já na Turquia, o governo unificou o processo de registro em apenas um órgão federal e eliminou dezenas de documentos.

Antes na Turquia o empreendedor precisava passar por oito órgãos públicos para abrir um negócio, e agora **passa por apenas um**!!!

Na Austrália e na Dinamarca já existe um cadastro no qual o registro é feito via Internet.

Por sinal, na Austrália, mais de 63% das empresas abertas em 2004 o foram eletronicamente com **burocracia zero**!!!

Atualmente no mesmo período de tempo que o empreendedor brasileiro perde indo a repartições – pois pouca coisa pode ser feita de forma virtual –, pagando taxas e lidando com despachantes para fechar o seu negócio malsucedido, um empreendedor irlandês, por exemplo, já teria tido tempo para abrir e se fosse o caso de fechar outros 25 negócios. Também a Irlanda é o hoje o país com menor burocracia para fechar uma empresa. No Canadá, que é o 4º melhor colocado no quesito burocracia para fechar uma empresa, ele poderia ter aberto e fechado 13 negócios diferentes no tempo em que o brasileiro leva para fechar apenas um...

Também a qualidade das leis trabalhistas é bem imprópria, pois neste quesito o Banco Mundial nos deu a "medalha de bronze ao avesso", ou seja, na sua classificação dos países quanto à adequação da sua legislação trabalhista à necessidade de geração de empregos formais, só o Panamá e Portugal têm leis menos flexíveis que as brasileiras!?!?

O Brasil se beneficiaria muito se tivesse leis de trabalho mais flexíveis, e isto certamente seria um incentivo à contratação de empregados, com o que cairia significativamente a elevadíssima taxa de desemprego vigente no Brasil, que está superando 11% da população economicamente ativa (PEA).

O efeito de ter leis trabalhistas de má qualidade como a brasileira são óbvios, pois parecem proteger o trabalhador, porém acabam por prejudicá-lo.

Elas estão inibindo a criação de novos empregos devido inclusive às vultosas taxações, e nos "abismos" da crise não evitam as demissões.

Claro que a legislação trabalhista viabilizou o capitalismo moderno, protegendo os empregados da brutalidade dos empregadores.

Assim a OIT considera inalienáveis as conquistas dos trabalhadores como o direito de associação, a demanda salarial coletiva, a eliminação do trabalho forçado e infantil e a ausência de discriminação de todos os tipos.

Porém, simulando o que ocorreria no Brasil se aqui tivéssemos leis trabalhistas mais flexíveis, os técnicos do Banco Mundial chegaram à conclusão de que o número de pessoas empregadas subiria 6% em apenas um ano, o que significaria a inclusão no mercado de trabalho de cerca de 5 milhões de pessoas!!!

Muitos são os bons exemplos de leis trabalhistas nas quais os legisladores brasileiros deveriam se inspirar, como é o caso de Cingapura, Dinamarca, Holanda, Japão, Hungria, etc.

Na Hungria a carga horária de trabalho foi distribuída de acordo com os períodos de calmaria e de pico, e com isto o custo de mão-de-obra para as empresas foi diminuído em 15% e o desemprego geral caiu.

Na Holanda e no Japão, ambos os países criaram contratos de meio período sem obrigações trabalhistas. **Que idéia criativa, não?**

Com isto verificou-se imediatamente uma redução no custo da mão-de-obra, o que obviamente incentivou as contratações.

Em 2004 verificou-se que 30% dos trabalhadores holandeses têm esse tipo de contrato de trabalho.

Na Dinamarca e em Cingapura hoje em dia os acordos entre empregados e patrões valem mais do que as leis trabalhistas vigentes.

Lá os empregadores podem negociar tudo, desde os prazos de contratação de mão-de-obra flutuante de acordo com a demanda da economia, do trabalho nos fins de semana, até a duração das férias.

Com medidas modernas – próprias das condições vigentes no século XXI – o desemprego em Cingapura caiu de 7% do PEA para 4,4%.

Já a Dinamarca é um referencial (*benchmarking*), pois é o país da Europa com menor incidência de greves e queixas trabalhistas.

Uma área em que de fato o governo federal deve interferir é o funcionamento da Justiça, visto que o Brasil tem a trigésima mais lenta do mundo quando um credor recorre a ela para fazer valer um contrato ou receber uma dívida.

Com a internacionalização da economia e a busca seletiva por ambientes mais propícios à atividade empresarial, tornoram-se fatores competitivos decisivos a coerência e a velocidade da Justiça – capaz de fornecer veredictos transparentes e rápidos para as disputas entre empresas e delas com os governos, com os seus clientes e os seus empregados.

Um estudo do economista Armando Castelar Pinheiro, do Instituto de Pesquisa Econômica Aplicada (IPEA), estima que uma melhoria radical no desempenho do Poder Judiciário brasileiro traria um aumento de quase 14% em investimentos nos negócios no Brasil, com uma evidente repercussão positiva no nível de emprego.

Em uma reportagem muito interessantes assinada por André Lahóz, com o título *Ela Bateu no Limite*...publicada na revista *Exame* (nº 823, de 4/8/2004), ele escreve: "O governo precisa parar de arrecadar tanto e começar a gastar melhor o muito que tem.

O governo tem os seus gastos e uma simples operação de soma ajuda a elucidar o problema.

A cada ano, o setor público consome nada menos do que 22% do PIB em gastos com salários de funcionários públicos e aposentadorias.

Como o governo não pode deixar funcionários e aposentados sem receber, depende dos impostos.

Só esse quesito já obrigaria o Brasil a ter uma carga tributária igual à do México, do Chile ou da Índia – todos com patamar inferior a 20% do PIB.

Somando-se os gastos com a educação e a saúde – 6% do PIB - e os juros da dívida – 5% do PIB –, o governo precisa arrecadar 33% do PIB.

É claro que o governo precisa gastar também em outras áreas – estradas, portos, ferrovias, segurança, ciência, etc. – e para tudo isso sobra pouco dinheiro, vão mais 4% do PIB.

É este o nó atual do governo brasileiro: por um lado, cobra a maior carga de impostos entre todos os países emergentes; por outro, quase não tem dinheiro para gastar em áreas vitais.

Toda essa matemática poderia sugerir que, para desatar esse nó, a solução seria cobrar mais impostos.

Nada mais equivocado!!!

O Brasil tem uma estrutura tributária que sufoca a produção e o emprego, e que faz a festa da informalidade. Assim, aumentar impostos significa dar um tiro no próprio pé."

Evidentemente a carga tributária excessiva e mal distribuída reduz a capacidade de consumo e de poupança, o que contribui diretamente para uma eventual estagnação econômica.

Ao se examinar mais detalhadamente a influência desses gravames sobre a classe média, pode-se perceber como esse problema é sério no nosso País.

De acordo com os dados do Instituto Brasileiro de Planejamento Tributário, a classe média é responsável por 67% da arrecadação de Imposto de Renda (IR), por 70% dos impostos sobre o patrimônio (IPTU, por exemplo) e por mais da metade dos tributos sobre o consumo, aqueles que são pagos em toda e qualquer compra – como, por exemplo, 18% no feijão, 19,2% no leite, 47% no refrigerante, 53% na gasolina, 56% em cada lata de cerveja, etc.

O brasileiro paga muito também para ter acesso a serviços, como 46,6% na telefonia ou 45,8% na energia elétrica, serviços que poderiam (ou deveriam) ser supridos pelo Estado com taxas menores.

O resultado é uma situação de injustiça tributária sem igual no mundo.

Os brasileiros pagam impostos no mesmo volume que os moradores das nações ricas, porém recebem do Estado serviços inadequados.

A carga tributária prejudica de forma igualmente perversa as empresas, que pagam impostos sobre tudo: o faturamento, o lucro, a folha de pagamento, etc.

O peso dos tributos sobre a atividade produtiva é praticamente o dobro da média anual, com efeitos negativos de todos os tipos.

O mais evidente é a perda de competitividade externa, um pecado mortal numa economia mundial cada vez mais globalizada.

A elevada taxação vigente no Brasil torna tudo mais caro: mão-de-obra, matéria-prima, infra-estrutura, a operação de exportação, etc.

Em certos segmentos fica difícil exportar, e está ficando cada vez mais complicado vender para o mercado interno por causa da competição dos produtos estrangeiros, que chegam aqui desfrutando da redução das barreiras à importação!?!?

A principal evidência da tolice do sistema de tributar excessivamente a produção se nota no crescimento da informalidade e da sonegação.

O Brasil não aprendeu a imitar procedimentos eficazes utilizados pelos países desenvolvidos que taxam prioritamente a renda e não a produção.

Tudo isso, sem dúvida, prejudica muito o crescimento mais rápido do Brasil, pois com isto reduz-se a produtividade, achatam-se os salários e precariza-se o mercado de trabalho, num círculo vicioso que acaba terminando com a queda na arrecadação e mais carga em cima de quem ainda paga impostos!?!?

E aí Ivan Martins e Fabiane Stefano começam o seu artigo com a seguinte pergunta:

➡ "Que coisas são essas que estão acontecendo no Brasil que levam os empreendedores e os empresários a apostar no futuro em um ambiente que, a rigor, continua adverso?"

E eles respondem: "Realmente estamos em agosto de 2004 numa economia que convive com uma taxa de juros de 16% (reais de 10%), carga tributária de quase 40% e com 12% da PEA desempregada.

O Brasil parece um besouro que voa, embora não devesse voar...

Efetivamente estão ocorrendo muitos fatos **'estranhos'** que têm auxiliado de forma aparentemente inesperada a economia brasileira.

Em 2004, no primeiro semestre as exportações irrigaram a economia com um superávit de US$ 16 bilhões.

Houve realmente um não previsto crescimento das vendas do varejo.

Empresas como as Casas Bahia, que vendem 80% a crédito, aumentaram as suas vendas no 1º semestre de 2004 em quase 56%.

O presidente das Casas Bahia, Milton Klein, explica: 'Uma televisão no início do ano foi vendida por R$ 499 com juros de 5,9% ao mês, e em julho de 2004 a mesma TV custava R$ 499 porém com juros de 3,5% ao mês.

Isso faz uma grande diferença nas parcelas a pagar, fator fundamental nas vendas para as camadas C e D.

O resultado é que as Casas Bahia em 2004 vão abrir 50 novas lojas, a um custo total de R$ 25 milhões.

Nunca abrimos tantas lojas antes!!!"

A produção de máquinas e equipamentos agrícolas, que já tinha disparado em 2003, continua embalada principalmente pelo *agribusiness*.

E a venda de caminhões segue esse progresso bem de perto.

O crescimento é tão visível que o mais venerável dos industriais brasileiros, Antônio Ermírio de Moraes, presidente do Grupo Votorantim, expressou a sua satisfação dizendo: "Estamos crescendo em todas as áreas e crescendo como nunca.

Que maravilha, finalmente vejo progresso em vários setores, apesar do ambiente incerto, mas cheio de possibilidades."

O governo brasileiro deveria inspirar-se na felicidade de empresários como Antônio Ermírio de Moraes e na ousadia de Sérgio Bueno, presidente da Orsa – fabricante de embalagens – que resolveu correr o risco de investir R$ 200 milhões em um plano de ampliação de 20% da sua capacidade de produção.

Salienta Sérgio Bueno: "As vendas estão crescendo da maneira 'eufórica' e estou convencido que no próximo ano será ainda melhor que neste."

Pois é, o governo deveria também contribuir para aumentar o número de empresários e empreendedores que seguiriam os passos de Sérgio Bueno, investindo mais e abrindo novos negócios nos próximos anos se houvesse a diminuição da burocracia, mudanças eficazes nas leis trabalhistas, uma justiça resolvendo as pendências mais rapidamente, reduzindo-se a tributação e solucionando, ou pelo menos minimizando a sonegação e a informalidade.

Vamos torcer para que medidas nesse sentido surjam nos próximos anos...

POSICIONAMENTO NOTÁVEL – O ESTILO DONALD J. TRUMP PARA GANHAR DINHEIRO E TER SUCESSO.

O empresário norte-americano Donald J. Trump provoca opiniões que vão desde grande admiração até o desprezo com a maior facilidade.

Entretanto uma coisa é necessário reconhecer: **a sua impressionante capacidade para ganhar dinheiro**!

Após multiplicar e torrar em seguida a fortuna que herdou do seu pai, Fred Trump, o magnata norte-americano conseguiu dar a volta por cima – mostrando ser um empreendedor muito criativo –, e dez anos depois começou a fazer parte da lista dos homens mais ricos do mundo.

Nos anos 90 do século XX, Donald J. Trump chegou a dever US$ 9,4 bilhões!!!

Hoje, parece que está financeiramente saudável e a sua fortuna pessoal ultrapassa alguns bilhões.

A maior parte da fortuna de Donald J. Trump está aplicada em um mercado de pouca liquidez, mas que os brasileiros ricos também adoram: **o ramo imobiliário**.

No seu novo livro *Trump: Como ficar Rico*, o bilionário norte-americano, num estilo das publicações de auto-ajuda dá uma série de dicas de como deve agir uma pessoa – em particular um empreendedor – para ganhar o seu tão sonhado milhão como lucro líquido.

Donald J. Trump não é nada modesto e explica assim o título do seu livro: "Inúmeras são as publicações do tipo 'como-ficar-rico' escritas por milionários.

Entretanto, já não é tão fácil encontrar autores bilionários.

É mais difícil ainda descobrir autores bilionários com uma ação empreendedora em negócios de imóveis, jogos, esportes e entretenimento.

Aliás, ganhei muito dinheiro com o golfe, mesmo antes de dedicar-me ao golfe como negócio.

Encontrei soluções para problemas, desenvolvi novas idéias para empreendimentos e até comecei uma nova carreira.

O golfe tem uma maneira toda especial de proporcionar o equilíbrio que nem sempre se encontra no escritório.

Trabalhar naquilo de que se gosta sempre fará de você um vencedor, e depois de passar muitas horas felizes em campos de golfe, decidi construir alguns, sendo hoje um dos construtores de campos de golfe mais ocupados dos EUA, com dois empreendimentos premiados e conhecidos em todo o mundo, já em plena operação, e dois recém-inaugurados.

Vou também fazer um campo de golfe no Brasil na cidade de Atibaia, a 80 km de São Paulo.

O golfe é o único esporte que incentiva a socialização e acredito que o jogo será muito popular no Brasil nos próximos quatro anos."

Atualmente Donald J. Trump comanda um *reality show* na rede de televisão NBC chamado *The Apprentice (O Aprendiz)*, no qual oito homens e oito mulheres competem por uma vaga em um alto posto com excelente salário na The Trump Organization com um contrato de um ano (cerca de US$ 250 mil), ou talvez até mais tempo se ele ou ela demonstrar grande competência e compromisso com a organização.

No primeiro episódio os candidatos foram vender limonada nas ruas de Nova York, no segundo episódio foram obrigados a preparar uma campanha publicitária em 48 horas.

Em cada episódio um dos participantes é eliminado – ou demitido de forma relativamente agressiva – pelo bilionário.

O programa *The Apprentice* tornou-se um grande sucesso na televisão.

Comenta Donald J. Trump: "A proposta do *The Apprentice* é ser educativo para os espectadores – em particular para os empreendedores – pois assim eles têm a possibilidade de enxergar como funciona o mundo real dos negócios e o que é necessário fazer para poder sobreviver nessa selva – ou pelo menos manter-se com algumas possibilidades de sobreviver entre as feras.

Eu nunca usei a palavra **'concorrente'** para descrever os 16 candidatos, pois eles não estavam envolvidos em um jogo.

Quem pensa que o seu trabalho é um jogo não serve para trabalhar comigo.

Procuramos, entre outras coisas, embutir no programa o conceito enunciado por Abraham Lincoln em relação a um gestor: 'Quase todas as pessoas são capazes de suportar adversidades, mas para testar o caráter de alguém é preciso dar-lhe poder.'

Acredito que o nosso programa transforma todo candidato em vencedor, não importa qual seja o desfecho.

Sei que muitas pessoas estão dizendo: 'Você demitiu 15 pessoas!?!?!'

É verdade.

Mas veja o que eles tiveram que fazer.

Lembre-se das situações por que passaram e pense no que aprenderam.

Todas as tarefas atribuídas aos meus candidatos a aprendizes exigiam habilidades de negociação de algum tipo.

Eu estava especialmente interessado na forma como os participantes se desincumbiriam da tarefa de obter o máximo de economia numa lista de itens que deveriam comprar, cujos valores variavam de US$ 10 a US$ 550.

O item mais caro que poderia ser adquirido com desconto era um taco de golfe de luxo, um Callaway *driver*.

A equipe vencedora acertou na mosca nesse item.

As outras perderam tempo tentando comprar ouro, *commodity* de preço relativamente fixo.

No caso, a equipe vencedora aprendeu uma lição básica em negociações e em negócios: quando se ganha os pontos mais importantes, não há necessidade de se preocupar com os pequenos."

Os 16 candidatos da primeira série do *The Apprentice*, como descrevo no meu livro, eram todos indivíduos dinâmicos, competentes, e muitos já tiveram negócios próprios.

De uma forma ou outra, eles demonstraram que tinham as quatro qualidades essenciais que procuro num **aprendiz:**

1. **Personalidade marcante**, ou seja, alguém que consiga fazer com que todos à sua volta se sintam à vontade.
2. **Cérebro**, isto é, não apenas inteligência livresca, mas também um pouco de 'malandragem das ruas'.
3. **Criatividade**, ou seja, a capacidade de ver além do óbvio, de pensar de maneira imprevisível e imaginosa, de estabelecer relações não percebidas pelos outros.
4. **Lealdade** e **confiança**, características pessoais absolutamente imprescindíveis para ser um funcionário no qual a empresa investirá.

A não ser que você acerte na loteria ou ganhe na roleta muitas vezes seguidas num dos meus cassinos, não se fica rico apenas na base da sorte.

É preciso trabalhar duro."

Bill Rancic foi o vencedor do primeiro *reality show The Apprentice*.

Ele fundou o cigarsaroundtheworld.com, cujo escritório era inicialmente no seu apartamento e que depois de algum tempo passou a valer milhões de dólares. Bill Rancic é um pensador meticuloso, sério em suas realizações e com grande capacidade empreendedora.

Numa entrevista para a famosa publicação *Entrepreneur,* assegurou: "Alguns chegaram a dizer que eu superei um concorrente que inclusive tinha concluído um MBA em Harvard, devido à minha atuação anterior como empreendedor.

Na realidade acredito que tive algumas vantagens, mas as pessoas não devem esquecer que em muitos casos existem várias estradas ou formas de transporte que podem levar uma pessoa a alcançar o sucesso.

Para mim, até agora o empreendedorismo tem sido uma boa estrada, mas ela pode não ser boa para muitas pessoas, principalmente para aquelas que no final de cada semana querem ter certeza que já fizeram jus a um certo ganho.

Já que fui contratado por um certo tempo pela organização Trump, vou ter que me sentir mais como um empregado, se bem que nas reuniões que tive com Donald Trump já deu para perceber que aqui pouco se usam as comissões ou subcomissões para tomar resoluções, e tudo é feito rapidamente mostrando que é muito forte o espírito empreendedor que emana do próprio presidente.

Uma coisa extraordinária é que agora estou aprendendo como promover um produto/serviço ou um novo negócio diretamente como o 'rei da promoção', que é o próprio Donald Trump.

Como empreendedor sempre procurei aprender algo todo dia para me aperfeiçoar e aqui tenho como mestre o admirado empreendedor Donald Trump.

Aliás, quero salientar que o programa *The Apprentice* está divulgando para todos o que vem a ser espírito empreendedor, o que tem tudo a ver com o 'sonho americano' (*American dream*).

Todos aqueles que vivem nos EUA precisam saber que o *American dream* continua existindo e que não é necessário concluir um MBA em Harvard ou Stanford, ou então que não é preciso possuir milhões de dólares para ser bem-sucedido no nosso país.

Eu sou um claro exemplo de uma pessoa simples que teve condições de abrir o seu próprio negócio e agora estou trabalhando diretamente com Donald Trump.

Como é maravilhoso este país, no qual têm-se essas oportunidades, não é?"

6.2 GERENCIANDO OS TRÊS RS DA VIDA ORGANIZACIONAL.

Cidadãos em toda parte têm se preocupado com o fato de que pessoas detentoras de poder e privilégio em algumas empresas estão se outorgando um tratamento preferencial, em detrimento dos outros funcionários da empresa e da sociedade em geral.

Não se deve adotar esse tipo de comportamento claramente destrutivo, o que sem dúvida levará as empresas e as pessoas que as dirigem ao declínio e desaparecimento no século XXI.

Harvey A. Hornestein, renomado professor de Psicologia Organizacional e Social da Universidade de Columbia de Nova York, no seu livro *O Abuso do Poder e o Privilégio nas Organizações* explica que os grandes problemas das empresas ocorrem quando os seus altos executivos buscam mais o "promover o nós", com o que acontece a aplicação distorcida dos três Rs vitais da vida corporativa que são: **recompensas, respeito** e **reconhecimento**.

Assim, para que uma empresa seja bem-sucedida neste novo século é fundamental que nela se saiba combater a má gestão dos três Rs: **r**ecompensas, **r**espeito e **r**econhecimento.

Seria natural pensar que as empresas se esforçariam bastante para conquistar a dedicação e a fidelidade dos seus funcionários; afinal, nenhuma força psicológica é mais útil na realização das metas organizacionais do que a identificação dos mesmos com a empresa na qual trabalham.

A iniciativa, o grau de risco que é assumido e a capacidade dos funcionários – bem como o aumento dos esforços em prol da organização e a diminuição do comportamento egocêntrico e contraproducente no ambiente de trabalho – podem estar todos relacionados à existência da identificação do funcionário com a organização e resultar em uma empresa mais poderosa.

No século XXI a regra de ouro nas organizações deveria ser: **prejudicar você torna-se difícil para mim porque nós dois somos parte do nós.**

Mas sem a internalização da ligação do empregado ao ambiente de trabalho, essa regra de ouro das organizações **não funciona**, e o que se constata é que é muito difícil conseguir o engajamento de todos os funcionários em prol dos objetivos que a empresa deseja alcançar.

Talvez um dos motivos seja a contínua competição entre os funcionários para manter o seu emprego já que vivemos a era de "fazer mais com menos", e as empresas continuamente procuram diminuir o seu contingente de empregados.

Esse fluxo contínuo de demissões é agravado pelo uso progressivo de trabalhadores em meio período, de "trabalhadores virtuais" (fisicamente distantes do local de trabalho) e de mão-de-obra temporária (que representa hoje nos EUA mais de 35% e essa tendência está tomando o mesmo rumo no Brasil...).

Neste início do século XXI no qual se vive sob o impacto da globalização, da terceirização e da era digital, os líderes empresariais não podem se concentrar apenas no **o que** organizacional, ou melhor, usando a fórmula dos cinco Ps e acreditando que a grande maioria dos trabalhadores cumprirá bem as suas tarefas.

Os cinco Ps são os seguintes:

- **Prescreva** as tarefas que a alta direção (ou você, empreendedor proprietário) decidiu que devem ser executadas para alcançar os objetivos corporativos desejados.
- **Prepare** os funcionários para executá-las.
- **Policie** o comportamento deles enquanto as executam.
- **Pague-os** pelo cumprimento das tarefa com sucesso.
- **Puna-os** pelo fracasso.

Mas quem se apega cegamente à fórmula dos cinco Ps logo perceberá que os seus funcionários começam a se perguntar:

- Sou apenas um contratado ou realmente um integrante da empresa?
- Os meus chefes se importam apenas com a qualidade do produto/serviço que produzo, sem um interesse autêntico por mim como o executante?
- Os meus superiores genuinamente se preocupam com os meus interesses ou sou apenas considerado como uma "máquina humana" que deve realizar as tarefas conforme os padrões estabelecidos ou até superar esses padrões?
- Etc.

E para que essas dúvidas não persistam é que se deve trocar **o que** devem fazer os funcionários pelo **como** se deve lidar corretamente com eles, o que leva sem dúvida aos três Rs da vida corporativa que permitam que cada funcionário acredite que está sendo tratado de modo justo, com genuína civilidade e o devido reconhecimento pelas suas habilidades.

Assim o primeiro R que se deve saber gerenciar muito bem é a **remuneração**, ou seja, as recompensas oferecidas aos funcionários.

Por exemplo, o fracasso em compartilhar gratidão, recompensando incorretamente todos que colaboraram para o sucesso da empresa pode contribuir sem dúvida para a ocorrência de onerosas greves ou outros tipos de boicote.

Portanto, demonstrar o correto reconhecimento aos seus empregados é essencial para uma empresa.

Claro que isso passa pela existência de um adequado plano de remuneração, através do qual se desenvolve o vínculo de colaboração entre os funcionários e a organização na qual trabalham.

O planejamento das recompensas exerce também efeitos profundos no senso de identidade dos funcionários com o negócio, pois com isto cria-se confiança e eles ficam convictos de que se "a empresa vai bem, todos compartilham os resultados".

É evidente que o dinheiro faz mais do que afetar o bolso dos trabalhadores.

Quando as recompensas são adequadamente distribuídas, está sendo dito a eles:

"Estamos no mesmo barco, afundando ou remando como uma unidade.

Ninguém aqui tem direito especial a colete salva-vidas."

Para os funcionários esta é uma forte mensagem de inclusão, que os incentiva a posicionar a imagem mental de que realmente fazem parte da empresa.

Com o desenvolvimento desse tipo de senso de identidade organizacional, as metas da empresa e dos indivíduos se fundem, gerando a regra psicológica de ouro das organizações: **prejudicar você torna-se difícil para mim porque nós dois somos parte de nós!!!**

O segundo R é o **respeito**, que aliás é o que permite trabalhar com autoridade.

Para que o respeito de fato funcione é preciso que seja verdadeira a seguinte mensagem de inclusão: "Estou certo de que você agirá corretamente, sem a necessidade de vigilância!"

Realmente isto significa que se deve afastar da inflexível diretriz que proclama: "Quero que as pessoas façam aquilo que eu quero que elas façam."

Por outro lado, não se deve praticar o microgerenciamento ostensivo que sinaliza desconfiança e envia uma clara mensagem de exclusão aos funcionários.

Quando o controle rigoroso é necessário, isto indica exatamente que os funcionários não fazem parte da nossa comunidade, do nós.

Pensa-se que uma maior liberdade para eles não acarretará um comportamento bem-intencionado.

Acredita-se que não se pode confiar que eles farão a coisa certa, e para que haja a concretização das metas organizacionais é preciso manter uma vigilância severa e controle rigoroso sobre todos os empregados.

Decerto a solução bem-sucedida num negócio requer a construção correta do **o que** de cada tarefa, incluindo-se aí itens como finanças, tecnologia, *design*, etc., bem como a cronologia e o andamento de vários planos estratégicos.

Porém, se o **como** da implementação for construído incorretamente poderá anular cada parte (ou toda) da sabedoria contida no **o que**.

E aí representa um papel fundamental o respeito pelas opiniões dos empregados sobre todos os assuntos pertinentes à organização, que vão de como tratar melhor os clientes a como reduzir os tempos de produção, de uma análise sobre o potencial de mercado até como resolver uma séria crise financeira que se agravou e que obriga a empresa a efetuar um ajuste na folha de pagamentos com duas alternativas apenas: demissão em massa ou redução voluntária da jornada de trabalho.

Os líderes que planejam administrar o **como** levando em conta o respeito não podem demonstrá-lo apenas quando estão prestes a demitir os seus funcionários, pois então já é muito tarde...

Finalmente, o terceiro R é o **reconhecimento** da voz dos funcionários.

Escutar a voz dos funcionários propicia aos empregadores oportunidades de colher idéias valiosas.

Silenciá-los sufoca as suas idéias.

Também transmite a noção de que "o que **você** tem a dizer não importa para a alta administração".

O valor de dar voz aos funcionários tem sido constantemente demonstrado em pesquisas de ciências comportamentais.

Em meados das décadas de 70, 80 e 90 do século XX, todas as revisões de tais pesquisas chegaram à mesma conclusão: os funcionários estarão mais propensos a aceitar regras se lhes forem proporcionadas oportunidades reais de influenciar na tomada da decisão.

Em comparação com os colegas silenciados, eles apresentam mais produtividade, relações no trabalho mais favoráveis e uma sensação maior de bem-estar pessoal.

Porém, cuidado para não interpretar erroneamente as implicações dessas conclusões.

Conceder aos funcionários uma oportunidade legítima de exercer influência não significa que os empreendedores líderes devem ceder o controle sobre os resultados ou solicitar opinião para toda e qualquer questão.

Os trabalhadores são pessoas como você e eu.

A maioria de nós tem consciência de que ninguém é capaz de influenciar todas as decisões.

Por outro lado, dizer: "A minha porta está sempre aberta", não significa nada se em 90% (ou mais) do tempo o que os empregados notam claramente é que está em andamento a "gestão do cogumelo", ou seja, eles são mantidos no escuro, sob uma camada de esterco...

Pior ainda, quando é um convite que não é honesto e sincero.

Assim, para alguns chefes, a última coisa que desejam no mundo é que algum empregado passe pela porta do seu escritório para falar com eles sobre o que está acontecendo.

E eles procuram garantir que isso não aconteça, nunca mostrando aos funcionários o quadro completo.

Isto, por sua vez, tem tudo a ver com o controle, pois se você não sabe o que está acontecendo ou para onde a empresa está indo, não há muito o que dizer.

Certo?

Correto, porque a permissão para falar é totalmente enganosa, e se os funcionários não têm informações, liberdade de ação ou conhecimento do rumo pretendido pela empresa, vão opinar sobre o quê?

Assim reter informações – manter os funcionários no escuro – é um modo evidente de arruinar a oportunidade de permitir a expressão de opiniões, de reconhecer a voz dos empregados.

No extremo dessa situação cai-se naquele ambiente no qual os chefes dizem: "Sigam as instruções. Expressar opinião não é permitido."

Nada de administração participativa, que o ex-CEO (*chief executive officer* ou executivo principal) da Ford Motor Company, Donald E. Peterson, definia como: "Um estilo de gerenciar, em que você dá aos colegas e funcionários a oportunidade de dizerem o que pensam e em que inclui as idéias deles no processo geral de tomada de decisão."

As organizações que seguem a receita de Donald Peterson – de incorporar à tomada de decisão as opiniões expressas por colegas e funcionários – comunicam-lhes que têm **respeito** por eles ao **reconhecerem** a sua voz.

Cria-se assim o espírito de **nós**, acompanhado pela regra psicológica de ouro das empresas: **prejudicar você torna-se difícil para mim porque nós dois somos parte de nós**.

Pena que muitos líderes empresariais sabem que é importante conquistar a confiança dos seus funcionários, mas comumente não sabem como consegui-la.

O fato é que, se quiserem aumentar o nível de confiança dos trabalhadores em relação à sua liderança, precisam prestar muita atenção na forma como administram a opinião dos seus funcionários – reconhecimento da sua voz – no tocante à execução das tarefas.

O sucesso de qualquer organização no século XXI dependerá fundamentalmente da identidade organizacional dos seus funcionários, resultante do modo como os empreendedores líderes administram os três Rs.

Líderes que desejarem sinceramente desenvolver o espírito de **nós** entre os funcionários e a instituição que os emprega precisam tornar-se especialistas no correto atendimento dos três Rs, o que significa que serão *experts* **em cuidar dos seus funcionários como pessoas e não apenas como trabalhadores!!!**

LEITURA RECOMENDÁVEL – *MANAGER, BUSINESSMAN* E LÍDER.

Antonio Meneghetti é o fundador da Ontopsicologia, uma ciência que se organiza a partir de princípios elementares revelados no comportamento da natureza em si e em relação ao humano social.

Ele é um *expert* superior nos campos da liderança e da economia, sendo o autor do livro *A Psicologia do Líder*.

Explica no seu livro Antonio Meneghetti: "*Manager* significa alguém que manobra as ações.

Aliás, *manager* é uma palavra inglesa, porém a sua etimologia é latina: *manus agere* ou *manibus agere*, que quer dizer fazer com as mãos.

Com este termo, entendo a pessoa que se pode definir como um operador econômico (economia no sentido de dinheiro), isto é, aquele que desloca objetos, administra coisas e situações sempre visando à obtenção de dinheiro.

Já *businessman* literalmente significa o 'homem de negócio'.

Defino-o como um 'operador de utilidades econômicas'.

Para mim a diferença entre *manager* e *businessman* é que o primeiro é, de todo modo, um operador com interesses econômicos, entretanto não necessariamente referente ao lucro. Já o *businessman* age apenas **se existe o lucro e para o lucro**.

Líder, por sua vez, indica também um dirigente que tem a capacidade de síntese de um contexto de relações.

Ele é um hierarca de funções: as constrói, controla-as, desenvolve-as, dirige-as, sempre com referência a um escopo definido.

O líder é alguém que constrói a função, repara-a quando necessário e a aperfeiçoa, portanto não deixa de ser um artesão.

É alguém que sabe desenvolver uma relação com vantagem, com ganho.

Lamentavelmente o líder não faz parte da média normal dos seres humanos, pois ele é diferente, **é superior**!!!

O líder, portanto, distingue-se da maioria dos seres humanos porque tem a capacidade de ser vetor de funções, vetor de valores, condutor de pessoas.

Não é, pois, o resultado de uma carreira de anos, mas uma predisposição de natureza aperfeiçoada por meio da experiência.

Portanto, em certo sentido nasce-se líder, mas também torna-se líder.

Caso o indivíduo nasça líder, mas não é capaz de tornar-se, isto é, não sabe adquirir aquela cultura, aquela experiência, não sabe fazer aqueles sacrifícios, não sabe captar as técnicas que são próprias do líder, terminará doente, esquizofrênico ou neurótico mais do que os outros.

Analisando mais a fundo a vida de todos os animais, constata-se que o animal que nasce líder evidencia-se imediatamente em relação ao animal que nasce apenas sadio.

No grupo de animais – de qualquer espécie – estabelece-se instintivamente uma hierarquia naturística.

Primeiro, estabelece-se a hierarquia do líder, e só depois os indivíduos daquele grupo comem, lavam-se, acasalam-se, etc.

A primeira regra inflexível da natureza é estabelecer quem é o líder!!!

Na sociedade humana, se falta o líder, pode desencadear-se facilmente a guerra civil ou alguma convulsão social grave.

O líder é exatamente aquele que, através da sua inteligência, sabe garantir a **função a todos**.

Não é porém alguém que sufoca, que inquire, que destrói.

O líder é aquele que sabe servir, que sabe fazer funcionar, que sabe construir a harmonia das relações entre todos para que exista um nível máximo de produção de valores e de coisas.

É alguém competente que sabe salvar e sabe ser funcional a todas as partes, até que estejam harmonizadas a uma produção de unidade simples."

Vale a pena ler todo o livro de Antonio Meneghetti, principalmente toda pessoa que quer vencer por meio do empreendedorismo.

É claro que o verdadeiro empreendedor é aquele que tem a capacidade de liderar e que ao mesmo tempo faz quando é necessário o papel de *manager* e de *businessman*, até porque ele deve ser um produtor de progresso, de utilidades, de lucros, para si mesmo e para todos aqueles que trabalham para ele!!!

6.3 A IMPORTÂNCIA DA CULTURA EMPRESARIAL.

Tudo indica que cada vez mais no século XXI serão os **valores** e não as **práticas de negócios** que levarão as empresas ao sucesso.

Vivemos ainda num mundo no qual aproximadamente 98% das organizações concentram-se fundamentalmente na mecânica dos negócios, de maneira que conhecer e **valer-se deste segredo** talvez seja o fato mais importante da competição estratégica no mercado atual.

São esses valores que constituem a **cultura empresarial**, não sendo pois conceitos vagos e inúteis para a alta gerência mas, muito ao contrário, constituem-se na chave-mestra para que nos ambientes de trabalho de companhias de qualquer porte tenha-se êxito muito além do que se possa imaginar.

Ter os valores "corretos" parece algo muito natural, entretanto, na realidade, administrar uma empresa focada nos valores em lugar de preocupar-se estritamente com os processos de negócios acaba dando certo, pois de certo modo se vai contra o que a maioria das pessoas chama de natureza humana.

São muitos os equívocos comuns no cotidiano de uma organização com as melhores práticas derivadas de sólidas culturas empresariais, e aí vão alguns exemplos:

- Não se pode implementar um serviço de qualidade excelente apenas exortando as pessoas a serem simpáticas.

    Contudo, quando se criam sistemas voltados para responder diretamente aos clientes alcançam-se níveis muito altos de satisfação do cliente.

- Não se vai aumentar a produtividade colocando um grande relógio em frente dos funcionários, visto que isto efetivamente vai acabar gerando uma desobediência mórbida.

    Já quando se instila em tudo o que se faz uma devoção quase fanática ao trabalho em equipe, ela gera um nível de produtividade quase duas vezes maior do que o dos melhores concorrentes...

- Não se demonstra liderança somente dando ordens às pessoas, porém quando se investe pesado em treinamento pode-se formar uma força de trabalho dedicada que a todo o momento é promovida pelo seu desempenho, com o que a saída dos empregados da empresa cai para um nível desprezível.

Quem consultar um dicionário chegará à conclusão de que a cultura tem tudo a ver com as crenças, formas sociais e características materiais de um grupo racial, religioso ou social.

Cultura é um vocábulo que tem as mesmas raízes lingüísticas da palavra **culto**, que se originou do termo latino para o ato de **adorar**.

No ambiente empresarial, o significado de cultura se estende às principais crenças, comportamentos e ações subjacentes à vida empresarial diária.

Ademais, todo local de trabalho tem uma cultura própria, que pode ser **boa, ruim** ou **indiferente**.

Na maioria das vezes, os valores não são expressos, todavia eles exercem forte influência sobre o comportamento dos funcionários da organização.

Todos são influenciados pelo sentido tácito da cultura.

Seus valores essenciais são uma influência harmoniosa e eles só mudam com um grande esforço e quando é obtido o consenso.

Além disso, se autoperpetuam mesmo quando as empresas crescem e passam a incluir milhares de pessoas espalhadas nas suas filiais.

Uma cultura empresarial consiste, portanto, em valores e crenças; ela tem tudo a ver com o tipo de pessoas que se contrata para a organização, com os comportamentos que são recompensados.

Enfim, tem tudo a ver com o seu estilo, e por isto geralmente é tácita.

Já cultura empresarial não é o seu processo de recrutamento, as suas políticas e procedimentos ou os seus produtos e/ou serviços, não sendo, pois, promovida externamente.

Os fatores que formam a cultura empresarial, em sua maior parte, não são bons nem ruins.

Eles simplesmente definem o contexto de quem você é, e este contexto, por sua vez, comanda as ações de seu dia-a-dia no mercado.

Dessa maneira, uma empresa pode ter uma política generosa de remuneração; uma outra pode contar cada real, e ambas mesmo assim podem ter sucesso dentro do seu próprio nicho.

Certos problemas, no entanto, talvez surjam quando os valores da cultura empresarial entrarem em conflito com os valores mais amplos da vida, como respeito pelos funcionários, tratamento justo para os clientes ou ética nos negócios.

Mas ao se compreender e administrar a cultura da empresa tem-se a oportunidade de fato de valorizar os seus pontos fortes e modificar ou eliminar os pontos fracos.

De muitas formas, a cultura empresarial pode ser comparada à própria cultura humana, pois ela:

- acaba sendo uma característica de identidade para os funcionários da empresa;
- apóia os objetivos a longo prazo;
- transcende o plano individual;
- serve a um bem maior e pode mudar em função de importantes acontecimentos da vida.

Mas acima de tudo, tanto a cultura empresarial quanto a humana fazem parte dos esforços de toda a humanidade para criar sistemas que influenciem o comportamento do ser humano.

Por mais relevante que seja a cultura empresarial, infelizmente ela continua sendo um dos conceitos ainda mal compreendidos nos dias de hoje.

Continuam existindo percepções equivocadas com administradores acreditando ainda que:

- cultura significa expressar seus valores em uma declaração de missão;
- a questão da cultura diz respeito unicamente às grandes empresas;
- cultura empresarial é relativamente estática;
- as boas culturas conduzem invariavelmente as empresas ao sucesso;
- a cultura empresarial é um conceito sem importância.

Na realidade, todos esses mitos devem ser abandonados e ao separar o mito da realidade é que se dá o passo correto para entender e saber gerenciar bem a cultura do nosso local de trabalho.

Podemos aí promover ativamente a cultura empresarial que acaba se tornando um princípio norteador da própria empresa que a originou.

E as empresas que prestam atenção às suas culturas tendem a ser muito mais voltadas para os seus funcionários e clientes.

O notável consultor e analista de empresas e culturas corporativas Richard S. Gallagher, no livro *Os Segredos da Cultura Empresarial* descreve sete características principais das pessoas ou perfis de empresas que estão impulsionando a cultura empresarial.

Têm-se assim:

1. Os **estrategistas** – São aqueles que criam sistemas que se norteiam pela excelência operacional, ou seja, o seu objetivo é ser sempre o melhor, querem que tudo funcione perfeitamente e almejam constantemente os mais elevados níveis de melhoria.

2. Os **motivadores** – São os que atingem o sucesso criando um ambiente de trabalho positivo que promova o respeito, a autonomia e o crescimento pessoal. Alguns administradores acreditam que, sejam quais forem seus processos de negócios, o sucesso empresarial depende fundamentalmente do envolvimento dos seus funcionários.

Os motivadores procuram, portanto, todas as formas em que um empregado possa agregar valor e se tornar importante.

Isso conduz a um forte desejo de participar, com os valores culturais voltados à equipe em lugar de à gerência.

O homem é uma criatura que vive em busca de uma meta e os motivadores oferecem uma estrutura de recompensa que facilita a concretização de metas pessoais e profissionais dentro do local de trabalho.

E, na maior parte das vezes, essas metas não são financeiras.

O trabalho na realidade ocupa mais da metade do tempo que as pessoas passam acordadas, e muitos de nós estamos em busca de significado e satisfação na vida profissional.

Seja um bom salário ou o reconhecimento dos colegas, as boas culturas precisam proporcionar aos indivíduos a oportunidade de ter sucesso em seus próprios termos.

3. Os **formadores de equipe** – São os gestores que se dedicam intensamente a criar um forte ambiente de trabalho de equipe e o desenvolvimento de sólidas relações internas no local de trabalho, tendo a integração como uma prioridade.

Os formadores de equipes acreditam piamente que o investimento mais importante que podem fazer na sua organização é nos seus funcionários.

Como resultado, enfatizam o seu cuidado nas estratégias de recrutamento e no desenvolvimento humano de forma muito mais intensa que os seus concorrentes.

Os formadores de equipes enxergam suas empresas como sendo locais onde as pessoas servem umas às outras como clientes internos e oferecem o mesmo serviço excelente aos seus clientes externos.

É bem difícil entrar em empresas lideradas por formadores de equipes, pois elas são muito exigentes no processo de recrutamento para realmente não errar no preenchimento de um cargo contratando uma pessoa que depois não se integre nesse espírito de trabalho em grupo.

Em culturas de formadores de equipes, a história passada de um candidato que está no seu currículo é menos uma medida de "**o que você fez**" do que "**quem você é**", com as experiências de trabalho vistas no contexto maior de características, como sucesso, liderança e responsabilidade.

A sua experiência é, então, avaliada com relação a qualidades mais tangíveis, como interesse e atitude, que raramente são registradas no papel.

As culturas de formação de equipes sabem que a melhor maneira de recrutar pessoas é recorrer a isso o **mínimo possível** e manter os talentos existentes o **máximo possível**.

Aliás, nessas empresas os administradores também sabem que a rotatividade de pessoal pode ter um custo real de até 150% do salário anual da pessoa que sai da empresa sem falar nos efeitos sobre a carga de trabalho e a moral.

Um ambiente para o trabalho em equipe requer muito comprometimento e esforço, a começar como já foi dito pela tarefa inicial de recrutamento, e passando pelas operações diárias e pelo planejamento da carreira a longo prazo.

Entretanto, as vantagens oriundas compensam o esforço.

Nos locais de trabalho que conseguem implementar um ambiente de formação de equipe, os benefícios são: maior produtividade, níveis de comprometimento mais elevados e melhor resolução de problemas em grupo.

O mundo está se tornando cada vez mais o nosso local de trabalho, graças aos grandes avanços em telecomunicações, nos computadores e nas tecnologias de redes, e como resultado os valores do trabalho em equipe acabarão sendo o cimento que unirá, a longo prazo, as forças de trabalho das grandes culturas.

4. Os **ágeis** – São aqueles que abraçam a mudança como uma grande oportunidade e podem adaptar suas culturas às alterações nos mercados, à tecnologia, à demografia e a outros fatores.

Os ágeis são pessoas que excluem do seu vocabulário a expressão **"sempre fizemos as coisas assim"**.

Ser ágil talvez seja no século XXI a característica mais importante de qualquer cultura para a sobrevivência de uma empresa a longo prazo.

Entre as principais características que possuem todos os ágeis destacam-se as seguintes, em que eles:

- estão dispostos constantemente a transgredir as regras existentes para reagir rapidamente à concorrência;
- querem estar sempre à frente das empresas competidoras quanto ao uso da tecnologia;
- gastam mais tempo que os concorrentes analisando as tendências que seguem os seus clientes.

Efetivamente a mudança costuma ser influenciada pelo que ocorre ao redor de uma empresa: pressões competitivas, novos modelos de negócios e até mudanças mais abrangentes na própria sociedade.

Não obstante, ser ágil e estar aberto às mudanças são valores que começam de dentro para fora.

Implicam ter a capacidade de lançar às situações um novo olhar e questionar por que todos os outros fazem coisas das formas como sempre fizeram!?!

Quando você domina o jogo interno da mudança, começam a surgir possibilidades que muitas vezes não existiam antes.

5. Os **defensores dos clientes** – São aqueles que se concentram em colocar o cliente como **prioridade nº 1** em todas as decisões de negócios que tomam.

Os defensores dos clientes acreditam que certos valores essenciais determinam o que realmente acontece nos "momentos da verdade" que cada empresa tem com seus clientes.

Eles enxergam os clientes não apenas como pessoas que devem ser bem tratadas, mas como parceiros estratégicos com os quais devem construir relacionamentos de longo prazo.

Ao desenvolver suas estratégias de negócios em torno desse princípio, os defensores dos clientes geram "fregueses" que, por sua vez, contribuem para o sucesso de sua empresa.

Para os defensores dos clientes, o serviço excelente deve ir muito além de um bom relacionamento, tornando-se um estilo de vida.

Por isso os defensores dos clientes buscam desenvolver uma forte cultura de serviço, que enfim acaba se autopoliciando e se autoperpetuando.

Ao se analisar a mecânica das culturas de serviço percebe-se claramente que seu sucesso pode ser decomposto nos seguintes componentes:

- execução dos aspectos básicos;
- percepção do mundo pelos olhos dos clientes;
- harmonização das políticas empresariais com a sua cultura de serviço.

Os mecanismos por trás desses componentes são o que diferencia as culturas de serviço excelente das culturas de natureza humana.

O empreendedor que os entender não cometerá o erro de achar que o serviço excelente resume-se em simplesmente os seus funcionários serem educados e saberem sorrir para os clientes em qualquer situação...

6. Os **apaixonados** – São os que compreendem o seu trabalho como a sua missão na Terra e transformam isto em estilo de vida, contagiando todos ao seu redor com este senso de missão.

Os apaixonados consideram seu trabalho muito mais do que um emprego, encontrando nele um objetivo maior no que estão realizando, e por incrível que pareça esse senso de objetivo conduz tanto eles como suas equipes a níveis de realização que a maior parte das pessoas jamais poderia imaginar.

Um bom exemplo de líderes apaixonados é o das várias organizações não-governamentais muito bem-sucedidas.

Para muito poucas empresas particulares, a cultura é definida pelo **amor ao trabalho** que se evidencia tanto nos funcionários como na alta gerência.

O amor pelo trabalho é uma função de quem você é, e que valores o norteiam.

Especializações, inovações, dedicação dos colegas e adesões a objetivos empresariais mais amplos são subprodutos naturais de um ambiente onde as pessoas têm paixão pelo que fazem.

Podem-se resumir os locais de trabalho apaixonados, onde os funcionários amam o que fazem, em uma única palavra: **profissionalismo.**

De certa forma, pode-se traçar um paralelo entre locais de trabalho "apaixonados" e times esportivos bem-sucedidos, pois:

- ambos estão unidos na busca de um objetivo;
- há constantes treinamentos e melhorias;
- todos contribuem;
- os integrantes conhecem seus papéis em um plano geral de jogo;
- adoram fazer o que fazem e eles jamais "trabalham" em um evento esportivo, mas todos "jogam" nele.

Em um nível mais profundo, tanto as culturas apaixonadas quanto as equipes bem-sucedidas giram em torno da dedicação, compromisso e um senso saudável de competição no grupo.

Em última análise, ser apaixonado é uma virtude individual que pode ser nutrida pela cultura empresarial correta, mas é medida em uma pessoa de cada vez.

Ao mesmo tempo, certas virtudes empresariais são comuns a culturas que são apaixonadas pelo que fazem!

7. Os **visionários** – São aqueles que lideram definindo metas e fazem todos de sua equipe se sentirem parte de algo maior do que eles mesmos.

Talvez os visionários sejam as pessoas mais importantes no mundo empresarial e por isso é que eles são bem pagos, até porque visão e liderança andam de mãos juntas.

São os visionários que determinam o rumo de uma empresa, estabelecem o caminho para chegar lá e definem as metas que inspiram a organização no seu conjunto.

Porém a liderança é inerentemente não-linear.

Você, por isso mesmo, não consegue ser um empreendedor líder bem-sucedido apenas trabalhando mais do que todos, realizando muitas coisas, nem criando regras.

Como visionário, é a força de suas idéias que se torna muito mais importante do que a magnitude de seus esforços e, às vezes, a verdadeira liderança é tão simples quanto estabelecer aquele valor-chave que define quem você é.

Depois que você definiu a sua visão, isto é, o seu **valor-chave**, tal idéia deve ser difundida na equipe e fazer parte de seu sistema de crenças.

É neste ponto que os líderes bem-sucedidos deixam sua marca: os líderes comuns definem as metas e aconselham as pessoas a alcançá-las, enquanto os empreendedores líderes mais fortes criam uma visão que se torna a sua própria motivação.

Bem, é o próprio Richard S. Gallagher, que no seu livro *Os Segredos da Cultura Empresarial* enfatiza: "Seria muito conveniente dividir o mundo entre culturas boas e culturas más e depois defender a idéia de que as boas são as bem-sucedidas e as más as que fracassam.

Lamentavelmente, o mundo não é tão simples assim.

Antes de tudo, as culturas ruins realmente fracassam muitas vezes.

Mas as chamadas culturas boas também podem fracassar.

Embora seja verdade dizer que as boas culturas podem fracassar, é ainda mais verdadeiro afirmar que a ausência de uma boa cultura depõe fortemente contra seu sucesso.

Na realidade, os problemas culturais são decisivos em muitos fracassos empresariais, se não na maioria.

Mas a **cultura empresarial** raramente ou quase nunca é o único ingrediente do sucesso.

A visão mais exata é que ela é um das pernas mais importantes de um banco de três pernas, na qual as outras pernas são os **produtos** e os **serviços** que você vende e a maneira como aborda o mercado.

Quando uma dessas pernas se desequilibra, os resultados podem ficar longe do ideal, independentemente de quão maravilhosa seja a sua cultura!!!"

POSICIONAMENTO NOTÁVEL – NOVOS EMPREENDEDORES ESTÃO DEVOLVENDO O DINAMISMO À EUROPA.

A Europa finalmente está se mexendo.

Depois de uma longa e recessiva estiagem que afligiu a maioria dos países da União Européia (UE), parece que o crescimento está sendo retomado e acredita-se que em 2004 haja um aumento de 2,5% na produção.

Não é algo espetacular, porém isso será o melhor desempenho dos últimos cinco anos.

No ano 2004 se concretizou em 1º de maio a ampliação da UE, que aceitou 10 novos membros, com o que são 25 as nações que fazem parte da mesma.

Este evento foi outrora considerado impossível, e depois do mercado único e da adoção do euro, a ampliação ocorrida em 2004 se constitui como a realização mais importante da UE, acabando com as previsões dos pessimistas e dos cínicos.

Por incrível que pareça para os cínicos e os pessimistas, existe hoje um dinamismo real na Europa proporcionado por líderes empreendedores excepcionais que estão levando a um desempenho formidável as empresas que dirigem.

Este é, por exemplo, o caso do executivo-chave da BMW, Helmut Panke, que com a sua capacidade de liderança, atenção meticulosa a detalhes de fabricação e apoiado por um *marketing* criativo, transformou o seu carro Mini em um estrondoso sucesso até nos EUA.

Acompanham o sucesso de Helmut Panke: Jean Stephenne, presidente da GlaxoSmithKline Biologicals, o mais poderoso grupo de vacina no mundo; Gianna Angelopoulos, a presidente do Comitê Organizador das Olimpíadas de 2004 em Atenas; Thierry Breton, executivo-chefe da France Télécom, Carl-Henric Svanberg, executivo-chefe da Ericsson, só para citar alguns.

No mundo dos negócios da UE, de fato uma nova geração de executivos dinâmicos, como os já citados, voltados para resultados, está garantindo que apesar do estouro da bolha de tecnologia, não esteja diminuindo de forma alguma o espírito empreendedor europeu.

E aí vão outros exemplos.

O norueguês Jon von Tetzchner, executivo chefe da Opera Software, está mostrando que um iniciante em tecnologia na Europa pode desafiar até a Microsoft e ganhar dinheiro fazendo isso.

Pelle Tornberg, da Suécia, transformou a sua empresa Metro International, da qual é presidente, em um dos grupos de mídia mais inovadores e de maior expansão do mundo.

Andrea Pininfarina, executivo-chefe do Grupo Pininfarina, controlado pela família, está provando que uma empresa especializada em *design* italiano pode se transformar em pólo tecnológico que presta serviços à indústria automobilística em todo o mundo.

Enquanto mudam os contornos geográficos da Europa, mudam com ela os melhores e mais brilhantes talentos europeus.

É muito grande o número de oportunidades na UE ampliada.

É por isso que Wolfgang Ruttenstorfer, executivo-chefe do conglomerado de energia austríaco OMV, está rapidamente expandindo a sua empresa na direção do grande Vale do Danúbio, onde estão os novos países integrantes da UE.

Empreendedores jovens e pós-oligarcas na Rússia, como o pioneiro em crédito ao consumo Roustam Tariko, presidente do conselho do Russian Standard Bank, estão mostrando ao mundo que o espírito criativo da Europa está se disseminando para além das fronteiras políticas do continente.

Certamente há ainda céticos, entretanto a Europa está definitivamente em movimento mais uma vez e ninguém pode esquecer que o desenvolvimento do mundo deve muito, senão quase tudo, às nações que fazem parte hoje da UE.

EXEMPLO A SER SEGUIDO – O MODELO DE CRESCIMENTO DA COTEMINAS.

Apesar de ter menos de 40 anos, Josué Christiano Gomes da Silva já conseguiu realizar o tão almejado sonho de qualquer pessoa que tem um negócio próprio ou dirige uma empresa.

Pode-se dizer, sem perigo de errar, que no curto período de doze anos ele foi certamente o principal responsável por um dos crescimentos mais significativos que já se viram numa empresa brasileira.

Foi em 1992 que Josué Christiano Gomes da Silva, com 27 anos, assumiu o cargo de diretor financeiro da empresa Coteminas fundada por seu pai – o atual vice-presidente da República José Alencar da Silva –, que possuía naquela época três fábricas, produzia algo em torno de 8.000 toneladas de tecido por ano e faturava R$ 60 milhões.

Naquele tempo, não exportava nem um pano de chão.

Hoje presidida por Josué Christiano, a organização Coteminas é composta por 11 fábricas, produz 120 mil toneladas anuais e fatura mais que R$ 1 bilhão por ano, sendo que praticamente 50% dessa receita vem das exportações.

Para conseguir isso Josué Christiano abriu o capital da empresa, usou o dinheiro obtido para ampliar e modernizar as fábricas e também diversificou os negócios.

A Coteminas não produz agora apenas fios e tecidos, mas também camisetas e roupas de cama, mesa e banho, entre outros produtos.

Atualmente, a Coteminas é dona das marcas Artex, Calfat, Santista, Garcia, Attitude e Jamm.

Josué Christiano tem uma formação dupla: é engenheiro e advogado, mas sem dúvida comanda um grande negócio baseado em lições, sobretudo de economia e austeridade que servem para qualquer empreendedor, independentemente do tamanho do seu negócio.

Enfatiza Josué Christiano Gomes da Silva: "Várias são as preocupações que deve ter o empreendedor, tanto para superar os seus concorrentes como para não deixar que eles o superem.

Acredito que para ter sucesso em qualquer segmento, porém principalmente no setor têxtil, são necessários três pontos básicos.

Primeiro: muito trabalho e muita dedicação, especialmente no que diz respeito ao gerenciamento, entendendo-se aqui o bom uso do cérebro para praticar a gestão criativa.

Existem muitas variáveis envolvidas na área têxtil, da complexa cadeia de produção às exigências do mercado.

Se o empreendedor não levar tudo em consideração, se não planejar, se não for rápido para se adaptar, terá problemas – e isto vale para todos os donos de pequenas confecções.

A outra característica é a **austeridade**.

Ostentar ou sofisticar muito no século XXI só complica e o caminho melhor é sempre a simplicidade.

Um exemplo de austeridade foi um teste que fiz na Coteminas e que deu certo.

A moça que trabalhava na recepção foi promovida e em lugar de substituí-la introduzimos algo que vi no exterior.

Nos EUA, há muitas fábricas que não têm porteiro.

No saguão de entrada só existe uma lista de ramais.

Você disca e fala com a pessoa que deseja, que autoriza a sua entrada.

Não tive a intenção de reduzir um posto de trabalho, porém com essa forma de receber as nossas 'visitas' criamos um sistema mais austero.

No que se refere à economia, que não deve ser confundida com mesquinhez, um bom exemplo é o que fazemos na nossa linha de produção que gera resíduos, como fiapos de tecido.

Nós varremos tudo com muito cuidado, prensamos o que recolhemos, transformando em fardos, que vendemos por um dinheiro bem significativo...

Deve-se fazer de tudo para desperdiçar o menos que se possa e isto significa prestar atenção continuamente na saúde financeira da empresa que precisa sempre dar lucro.

Não importa se a companhia é micro, média ou grande, não importa que ela tenha um único proprietário, a empresa não pode se misturar com o dono, pois a companhia é uma **'pessoa'** com vida própria separada do proprietário.

Uma empresa pertence à comunidade, seja a das pessoas que nela trabalham ou a área em que atua – pois continua sendo uma fração da economia e a economia interessa a todos.

Se quiser ser vitorioso, um empreendedor ou empresário precisa viver para a empresa, não da empresa.

O capital da empresa não é a retirada dele.

Lucro é para ser reinvestido.

Quase tudo o que aprendi na minha vida em relação a empresas e negócios veio mesmo do meu pai.

Por exemplo, quando ele diz: 'O Brasil virou o País do subconsumo', está totalmente certo.

Sem investimentos, sem consumo, não há inflação.

Esse é um mecanismo que pode estourar a nossa economia, e é uma insanidade, principalmente para os micros, os pequenos e os médios empresários, que estão tendo de entrar no limite do cheque especial da pessoa física para tentar salvar a jurídica.

E obviamente os juros que estão aí são um desastre completo para os negócios.

Há uma coisa que ele costuma repetir que é particularmente sábia: 'Nem todo ótimo negócio deve ser feito!?!?'

Isso porque, às vezes, por mais tentador que seja esse negócio, você pode não estar preparado para tocá-lo.

E se você não estiver preparado, ele se torna um péssimo negócio.

E uma outra frase do meu pai que nunca esqueço é: 'Negócio bom não acaba!'

Há momentos em que você se lamenta por não ter conseguido fechar um contrato, realizar uma venda ou atingir um objetivo, por mais que tenha se esforçado e batalhado por ele.

Mas, paciência, não é possível conseguir tudo e à frente certamente sempre haverá outras oportunidades.

Negócio bom, como diz meu pai, não acaba mesmo!!!"

LEITURA RECOMENDÁVEL – COMO CRIAR VALOR ATRAVÉS DE SEIS ESTRATÉGIAS VENCEDORAS.

Uma coisa que um empreendedor não deve esquecer nunca é que no século XXI os negócios são cada dia mais difíceis e que o mercado está cheio de clientes cada vez mais sofisticados.

O empreendedor "antenado" é aquele que entendeu corretamente duas coisas:

1. **Todo mundo acredita que seu negócio é único.**
2. **Todo mundo está errado!**

É até fácil para um empreendedor genial achar que o seu negócio é totalmente diferente.

Porém numa coisa todo negócio é o mesmo, porque o **negócio de cada negócio é criar valor!!!**

Os negócios são cada vez mais difíceis hoje, pois os empreendedores estão procurando obter sucesso comercial em um mercado cada vez mais competitivo e saturado, onde os clientes têm escolhas que nunca tiveram antes.

Por exemplo, uma coisa que os brasileiros gostam tanto que é comer uma pizza no jantar, eles podem optar por uma das seguintes alternativas:

- fazer uma (preparar a massa e o recheio ou comprar uma mistura pronta...);
- comprar no supermercado (congelada ou fresca);
- encomendar na pizzaria (comer lá ou pedir para entregar em casa);
- comprar numa loja de conveniência ou num bar.

Etc.

Os clientes têm cada vez mais escolhas porque o mercado é global.

Graças à moderna tecnologia e ao livre comércio, os consumidores não precisam mais ficar restritos ao que existe na sua cidade e podem ter o que há de mais recente e melhor no mundo.

O exemplo mais evidente é a compra de livros *on-line*, destacando-se evidentemente a livraria virtual Amazon.

Ian Brooks escreveu diversos livros sobre administração e o bom atendimento aos clientes.

Ele é um neozelandês de muito sucesso como palestrante internacional e como especialista que sabe auxiliar as empresas, principalmente as novas, a sobreviver e a crescer num mercado apinhado, sempre muito competitivo e global.

No seu livro *Ganhando Mais – Como Criar Valor para Você e sua Empresa*, ele destaca que os clientes hoje estão cada dia mais bem informados e são bem mais sofisticados que dez anos atrás.

Por isso eles perdoam menos, são menos tolerantes e menos leais.

Eles – os clientes – sabem que têm a força para criar uma grande turbulência nas empresas, inclusive inviabilizando a sua existência, bastando não comprar mais os produtos/serviços de uma organização.

Porém conduzidos adequadamente, os negócios criam os seguintes vencedores:

- o **empreendedor**, seus **sócios** e sua **equipe**, que são recompensados por terem criado valor;
- os **clientes**, que obtêm o valor que procuram;
- os **fornecedores**, que sabem produzir e entregar a matéria-prima que os empreendedores precisam nos seus negócios;
- a **comunidade**, que vê novos empregos criados e serviços fornecidos, tudo por uma empresa socialmente responsável que entre outras coisas se preocupa com o meio ambiente e com as pessoas que vivem nele;
- os **concorrentes**, que também se beneficiam, pois são obrigados a melhorar o seu desempenho para poder sobreviver!!!

No seu bem escrito livro, Ian Brooks enuncia seis estratégias que todo empreendedor deveria procurar implementar no seu negócio, se desejar realmente, no mercado que atua, criar valor superior para os seus clientes.

1ª Estratégia – **Focalize o valor.**

Se um negócio é a arte de criar valor, então todos em sua empresa devem entender o conceito de valor, e tudo o que você faz deve ser orientado para criar valor aos olhos de seus clientes.

Valor pode ser expresso com uma fórmula muito simples:

$$\text{Valor} = \text{Benefício} - \text{Custo} \quad \rightarrow (6.1)$$

Enquanto seus clientes considerarem os benefícios que recebem maiores do que o custo que eles pagam, **vão acreditar que recebem valor**.

Essa fórmula é simples e poderosa, e se o empreendedor adotá-la como princípio ela vai ajudá-lo muito a despontar no mercado, e quem sabe para que o seu negócio se torne o nº 1.

2ª Estratégia – **Competir quanto ao valor, não quanto ao preço.**

O empreendedor criativo precisa resistir o mais que puder à tentação de competir apenas na base de preços. Deve aceitar que, na melhor das hipóteses, esta é uma estratégia inadequada, e na pior, pode ser um caminho suicida para ele e também para os concorrentes que procurarem imitá-lo.

O empreendedor não deve esquecer que se ele só diz: "Preço, preço, preço" o tempo todo, é só isso que os clientes vão considerar importante.

Para vencer a competição, o empreendedor deveria focalizar mais os benefícios que fornece *versus* os custos que os seus clientes pagam por eles.

3ª Estratégia – Olhar o que é oferecido com os olhos dos clientes.

Visto que o valor existe apenas ou principalmente para os olhos de seus clientes, o empreendedor deve aprender a ver o mundo por meio dos olhos deles. A maior parte das pequenas empresas busca hoje fazer isso, ou seja, procura medir a satisfação dos seus clientes e tenta saber as suas deficiências através das respostas dadas pelos consumidores.

4ª Estratégia – Fazer seus clientes terem sucesso.

Atualmente satisfazer os clientes não é mais suficiente, porque clientes que estejam "apenas satisfeitos" desertam para os competidores em uma taxa assustadoramente alta.

Para que isso ocorra em menor proporção é preciso trabalhar para que os clientes tenham sucesso.

E os passos para ter um cliente bem-sucedido são:
1. Seguir a filosofia de que se seu cliente ganha, o seu negócio também ganha.
2. Ter consciência de quem são seus clientes importantes.
3. Construir relacionamentos com seus clientes.
4. Tornar-se parte do negócio de seus clientes.
5. Falar com os clientes de seus clientes.

5ª Estratégia – Reduzir os custos.

Para competir e vender num mercado cada vez mais abarrotado, o empreendedor precisa ter um negócio que ofereça baixo custo, mas em lugar de reduzir o preço deve buscar diminuir os outros custos importantes (instalação, assistência e manutenção, etc.) que o cliente paga pelos seus produtos e/ou serviços.

Não se pode esquecer, principalmente no século XXI, que as pessoas pagam um alto preço quando têm que investir tempo para comprar os produtos e/ou serviços do negócio do empreendedor.

Quanto mais rápido o empreendedor puder fazer suas transações, mais valor vai agregar para os clientes.

6ª Estratégia – Dar aos clientes sempre algo extra.

Além de procurar continuamente baixar os custos no seu negócio, o empreendedor criativo é aquele que consegue constantemente aumentar os benefícios dos produtos e/ou serviços que oferece aos seus clientes.

É vital que se entregue sempre algo extra – sem custo – para os clientes, encantando-os dessa maneira.

Realmente os "deleites" animam e impressionam muito os clientes...

De fato, a leitura de *Ganhando Mais*, escrito por Ian Brooks, é muito útil para todo empreendedor ou um intra-empreendedor que deseje o óbvio: sobreviver criando valor para a sua empresa, e até tornar-se eventualmente líder do seu nicho de mercado.

6.4 UM BATE-PAPO ESTIMULADOR PARA ABRIR UMA EMPRESA.

Em todo esse texto temos procurado interagir com o leitor de várias maneiras possíveis, através de perguntas e diversos tipos de testes.

E aí vai um roteiro do que fazer para abrir um negócio através de um conjunto de perguntas básicas e as respectivas respostas.

É verdade que a idéia é a de ser um franqueador e, portanto, não se deve esquecer que esta não é a única maneira de você ter o **seu negócio**!!!

1ª Pergunta: O que os empreendedores bem-sucedidos sabem que os outros empresários não conhecem?

Resposta: As pessoas excepcionalmente boas nos negócios não o são devido ao que sabem, mas porque são insaciáveis em querer saber cada vez mais.

2ª Pergunta: Por que falham os negócios?

Resposta: Não é porque os empreendedores não trabalham.

O problema é que eles fazem o trabalho errado e perdem muito tempo e energia defendendo aquilo que pensam que sabem. As estatísticas mostram que 40% dos empreendimentos falham até o final do primeiro ano.

É por isso também que mais de 80% dos empreendimentos que sobrevivem aos primeiros cinco anos fracassam no 2º qüinqüênio.

3ª Pergunta: Quais são as lições que eles não aprendem?

Qual é o motivo pelo qual, com tantas informações sobre como ser bem-sucedido nos negócios, tão poucas pessoas efetivamente alcançam o sucesso?

Resposta: Diz o especialista Michael E. Gerber, autor do livro *E-Myth*: "Eles não entendem e não obedecem às quatro recomendações básicas:

1. O mito do empreendedor (*E-Myth*);
2. A "revolução chave-na-mão" (*turn-key revolution*);
3. O processo dinâmico de desenvolvimento do negócio (PDDN);
4. A implementação correta do PDDN."

4ª Pergunta: Qual é a suposição fatal do empreendedorismo?

Resposta: Acreditar que se entender o lado técnico de um negócio, você entende a empresa que lida com essa técnica. **Esta é uma suposição fatal!**

O lado técnico de um negócio e uma empresa que lida com essa técnica são duas coisas **totalmente diferentes**.

Mas o técnico que inicia um negócio próprio não consegue perceber essa diferença.

Para ele, um negócio não é um negócio, porém um local de trabalho. E aí está o perigo quando um articulista abre uma editora, um engenheiro monta uma empresa de semicondutores, o carpinteiro inaugura uma loja de móveis, etc.

Quando o técnico é atacado pela suposição fatal, o empreendimento que deveria **libertá-lo** das limitações de trabalhar passa a **escravizá-lo**, e de repente aquele trabalho que ele fazia tão bem transforma-se em algo que ele conhece, mas está agregado a dezenas de outras coisas que ele não tem nenhuma idéia de como fazer...

5ª Pergunta: Quais são as principais personalidades interiores que deve ter uma pessoa que quer iniciar um negócio?

Resposta: Ela deve ser pelo menos três pessoas em uma: o **empreendedor**, o **gerente** e o **técnico**.

1. A **personalidade empreendedora** transforma a condição mais insignificante numa excepcional oportunidade.

   O empreendedor é o visionário que está dentro de nós.

   O sonhador possui a imaginação que acende o fogo do futuro. Ele é o catalisador das mudanças.

   O empreendedor vive no futuro, nunca no passado, raramente no presente.

   É muito mais feliz quando está livre para construir imagens de **"e se"** e de **"e quando"**. Devido à sua necessidade de mudanças, o empreendedor cria muita confusão à sua volta, previsivelmente perturbadora para as pessoas que o ajudam em seus projetos.

2. A **personalidade gerencial** é pragmática. Sem o gerente não haveria planejamento nem ordem, tampouco previsibilidade.

   Do mesmo modo que o empreendedor vive no futuro, o gerente vive no passado. Enquanto o primeiro almeja controle, o segundo almeja ordem.

   Enquanto o empreendedor prospera nas mudanças, o gerente se agarra de forma compulsiva ao *statu quo*.

   O gerente constrói uma casa e vive nela, se possível para sempre.

   O empreendedor constrói uma casa e, tão logo ela esteja pronta, começa a planejar outra.

   Mas sem o gerente não poderia haver uma empresa, uma sociedade.

   Sem o empreendedor não haveria qualquer inovação, pois é da tensão entre a visão do empreendedor e o pragmatismo do gerente que nasce a síntese da qual surgem todas as grandes obras.

3. A **personalidade técnica** é aquela do executor que segue o lema: **"Se quiser ver uma coisa bem-feita, faça-a você mesmo."**

O técnico adora mexer.

Enquanto o empreendedor vive no futuro, o gerente no passado, o técnico é feliz com o que faz no presente.

Enquanto estiver trabalhando ele é feliz, porém lidando com uma coisa de cada vez.

Pensar muito, para o técnico, é uma ocupação improdutiva, a não ser que se trate de algo para o trabalho a ser feito.

Ele desconfia de idéias mirabolantes ou de abstrações e é um individualista resoluto, convencido plenamente de que está certo pois é ele quem produz "o pão do dia para comer no jantar".

Para o gerente, o técnico é um problema a ser administrado, e para o técnico, o gerente é um intrometido a ser evitado.

Para ambos, o empreendedor **é aquele que causou toda a confusão em primeiro lugar!**

Em outras palavras: o empreendedor sonha, o gerente preocupa-se e o técnico rumina.

A verdade é que todos temos um **empreendedor**, um **gerente** e um **técnico** dentro de nós.

Se essas personalidades estivessem bem equilibradas entre si, estaríamos descrevendo uma pessoa muitíssimo competente, que tem tudo para ser bem-sucedida. Lamentavelmente, a experiência mostra que poucas pessoas que iniciam um negócio são abençoadas com esse equilíbrio. Pelo contrário, o pequeno empresário típico é apenas 10% empreendedor, 20% gerente e 70% técnico. **O que você acha de si mesmo?**

6ª Pergunta: O que acontece na **infância** de uma empresa?

Resposta: Bem, o seu patrão morreu e você, o técnico, enfim está finalmente livre para fazer da melhor maneira possível o seu próprio trabalho no seu próprio negócio!!!

No começo, para o seu negócio vale qualquer sacrifício.

Como técnico, está acostumado a "contribuir com sua cota".

Assim, as horas que o novo proprietário dedica ao seu empreendimento não são dadas de má vontade, mas sim com devoção e muito otimismo.

Há muito trabalho a ser feito, e é isto que conta para você.

Afinal, seu segundo nome é **Trabalho**, além do que você está trabalhando para si mesmo.

Só que agora você está executando não apenas o trabalho que sabe fazer, mas também aquele que não sabe bem ou não está preparado para ele.

A fase da infância termina quando o proprietário percebe que para sobreviver ele não pode ignorar os papéis de empreendedor e de gerente.

Se isto acontecer a tempo, a empresa poderá passar para a fase da adolescência...

7ª Pergunta: Quando ocorre a **adolescência** de uma empresa?

Resposta: Ninguém pode prever exatamente o momento em que isso vai ocorrer, mas essa 2ª fase é caracterizada pelo seguinte evento: o proprietário resolve recorrer a uma ajuda.

Por exemplo, o proprietário-produtor parte em busca de um bom vendedor ou de alguém que entenda de contabilidade.

Existe aquele momento crítico em qualquer empreendimento, quando o proprietário contrata o primeiro empregado para executar o serviço que ele mesmo não conhece ou não quer executar.

Isto quer dizer que o técnico chegou ao limite na sua zona de conforto (ou segurança) e aceita que deve agir de outra maneira, que necessita de um conjunto de habilidades completamente diversas: as do gerente e as do empreendedor.

8ª Pergunta: O que acontece quando o negócio fica além da sua zona de conforto (ou segurança)?

Resposta: Restam-lhe somente três opções:

1. **Voltar a ser pequeno** – Em outras palavras, deve retroceder para tornar o negócio mais simples, com menos gente e menos custos, ou seja, voltar à infância, talvez até voltando a ser o único dono que fazia tudo...

2. **Ir à falência.**

   Os negócios que foram levados rapidamente à falência são típicos de nossa época, principalmente aqueles ligados à alta tecnologia de informação, ou melhor, as ponto.com em particular.

   Sorte, velocidade e tecnologia fantástica nunca foram suficientes para garantir o sucesso, pois sempre existe alguém mais sortudo, mais veloz e mais brilhante na tecnologia.

   Quando um empresário entra na autopista, fica com pouco tempo para escutar e pensar comedidamente.

   Ganha-se a corrida através de reflexos, com algum toque de gênio ou um golpe de sorte...

3. **Agüentar firme** – Se o proprietário é persistente, teimoso, decidido e "cabeçudo", vai fazer de tudo para não ser batido, para sobreviver.

   Mas no final não é o negócio que explode, é ele, pois trabalha sem parar pensando que é um motor de doze cilindros, e na realidade tem apenas um funcionando...

9ª Pergunta: Qual é a terceira fase de crescimento de uma empresa e o que é que faz a diferença nessa etapa?

Resposta: A **maturidade** é a terceira fase de uma empresa quando fica claro para o proprietário como o seu negócio chegou à posição atual e o que precisou ser feito para chegar a este ponto.

E aí o que faz a grande diferença é a perspectiva empreendedora, quando é contemplado o empreendimento como um todo, do qual derivam as partes.

A perspectiva empreendedora é uma visão integrada do mundo e através dela enxerga-se o empreendimento como um sistema para produzir resultados externos – **para o cliente** – que produzem lucros.

As perguntas que o empreendedor faz para si são:

➡ Como o meu empreendimento parecerá para o cliente?

➡ Como o meu negócio se distinguirá de todos os outros?

Assim, o modelo empreendedor não começa com a imagem do empreendimento a ser criado, mas com o freguês para quem ele vai ser criado.

O modelo empreendedor revela que, sem uma nítida imagem deste cliente, nenhum empreendimento pode ter êxito.

10ª Pergunta: Qual é o verdadeiro significado da "revolução chave-na-mão"?

Resposta: É o sistema de franquia empresarial que constitui a essência para entender a "revolução chave-na-mão". O sistema de franquia empresarial não cede apenas o uso de sua marca ao franqueado, mas ainda lhe fornece um programa completo de procedimentos no empreendimento, e aí é que está a grande diferença e a explicação do seu extraordinário êxito.

E um excedente exemplo disso é a rede McDonald's, **o mais bem-sucedido pequeno grande negócio do mundo!!!**

A rede de franquias é hoje o maior empregador de jovens estudantes na economia dos EUA, e o McDonald's tem algo em torno de 10% da receita bruta de todos os restaurantes semelhantes que existem nos EUA.

Aquilo que Ray Kroc enxergou no McDonald's foi que o seu produto não era o hambúrguer, mas o próprio McDonald's.

E ele acreditou nisso como sendo o motivo mais importante do sucesso da sua rede...

Em outras palavras, o verdadeiro produto de um empreendimento não é **o que**, mas **como** vende; isto é, o verdadeiro produto de uma empresa é a **própria empresa**!!!

11ª Pergunta: Qual é a mais importante novidade no campo dos negócios nestas duas últimas décadas ?

Resposta: Sem dúvida nenhuma é o sucesso do sistema de **franquia empresarial**.

Em dados recentes, esse sistema tem obtido 96% de êxito, em contraste com 50% (ou mais) de fracasso de novos empreendimentos independentes ao longo de sua curta vida.

Além disso, enquanto 80% de todos os novos empreendimentos fracassam nos cinco primeiros anos, 75% de todos os sistemas de franquias são bem-sucedidos.

A causa desse sucesso é o protótipo da franquia.

Para o franqueador, o protótipo passa a ser o modelo concretizado do seu sonho; é o sonho num microcosmo.

Ele se transforma em incubadora e jardim de infância para todo o pensamento criativo em que a criatividade é cultivada com pragmatismo para alcançar uma inovação viável.

O protótipo é, ao mesmo tempo, o dispositivo onde são testadas as premissas para ver como funcionam antes de se tornarem operacionais no empreendimento.

Sem ele a franquia continuaria um sonho impossível, tão caótico e desordenado quanto qualquer outro empreendimento independente.

O protótipo funciona como amortecedor entre a hipótese e a ação; um teste de idéias no **mundo real** em vez de um mundo de idéias em competição.

Seu único critério de avaliação é a resposta à pergunta final: **"Funciona?"**

Quando o franqueador termina o protótipo, dirige-se ao franqueado e diz: **"Deixe-me mostrar-lhe como funciona."**

E funciona mesmo!

Portanto, a partir daí o sistema comanda o empreendimento e as pessoas operam o sistema.

12ª Pergunta: O seu negócio passa a ser a sua vida?

Resposta: O seu negócio e a sua vida devem ser duas coisas totalmente separadas.

Ou seja, você deve trabalhar o seu negócio e não em seu negócio.

É aí que vale a pena fazer o protótipo da franquia trabalhar para você.

Imagine mais do que isso, que o seu negócio – ou aquele que gostaria de ter – seja o protótipo, ou venha a ser o modelo para outros mil iguais a ele.

Não **quase**, mas **exatamente iguais**, réplicas perfeitas, clones.

Claro que aí, no jogo da franquia, será preciso respeitar as seguintes regras:

1. O modelo fornecerá um valor consistente para seus clientes, empregados, fornecedores e investidores, além do que eles esperam.
2. O modelo será operado por pessoas com um nível razoavelmente baixo de habilidades.
3. O modelo destacar-se-á como sendo um local de ordem impecável.
4. Todas as atividades no modelo serão documentadas em manuais de operação.
5. O modelo fornecerá serviços invariavelmente previsíveis pelo consumidor.
6. O modelo utilizará um código uniforme de cores, roupas e facilidades.

13ª Pergunta: Por que atividades deve passar um negócio para prosseguir em sua evolução natural?

Resposta: Construir o protótipo de um negócio é um processo contínuo, isto é, o processo de desenvolvimento do empreendimento que é composto de três atividades distintas mas perfeitamente integradas: inovação, quantificação e orquestração.

Inovação – Ela é às vezes confundida com criatividade, mas não devia.

Como diz o prof. Theodore Levitt, da Universidade de Harvard: "A criatividade imagina coisas novas. A inovação faz coisas novas.

A inovação é a aluna de cada empreendimento bem-sucedido, pois ela serve para responder à pergunta: "O que impede o meu cliente de obter da minha empresa aquilo que deseja?"

Com a inovação deve-se facilitar cada vez mais as coisas para o cliente.

Quantificação – A inovação por si só não leva a nada, e por isto ela precisa ser quantificada.

Quantificação tem tudo a ver com os números relacionados ao impacto provocado pela inovação, como o registro das pessoas que compraram seu produto, o estabelecimento de um valor de referência de vendas, a determinação do número de oportunidades de negócios, etc.

Orquestração – A partir do momento que inovar o processo e passar a quantificar seu impacto no empreendimento, descobrir que algo funciona melhor do que no esquema anterior, obtiver as respostas positivas dos clientes, etc., você estará chegando ao momento de orquestrar tudo.

Orquestração significa a exclusão da livre escolha, da opção do nível operacional do negócio; aliás, Theodore Levitt dizia: "Livre escolha é inimiga da ordem, da padronização e da qualidade."

Portanto: "Se o terno cinza funciona, é preciso usá-lo todos os dias que tiver que se relacionar com o cliente" – esta é a conclusão dos discípulos da orquestração.

14ª Pergunta: Como é o programa do desenvolvimento de um empreendimento com o qual se pode converter o seu negócio atual num modelo perfeitamente organizado para centenas ou milhares de outros, exatamente iguais?

Resposta: É na realidade um processo através do qual se cria o seu protótipo de franquia, sendo ele composto de sete etapas distintas:

I. **Objetivo básico** – É a visão indispensável para dar vida ao empreendimento, pois ela lhe fornece: propósito, energia e o produto para a sua "moagem diária".

II. **Objetivo estratégico** – É a visão do produto (serviço) acabado (feito), que é e será o seu negócio.

O objetivo estratégico é criado para convencer os outros de que você possui um empreendimento válido, sendo pois uma lista de valores e padrões que deve incluir dinheiro ("Qual será a receita bruta?"), a oportunidade que vale a pena ser aproveitada com o negócio, os clientes potenciais, etc.

III. **A estratégia organizacional** – Todo mundo quer "se organizar", mas quando se sugere a essas pessoas que elaborem um organograma do empreendimento, as reações mais comuns são olhares incrédulos e muitas vezes hostis.

Parece que ninguém acredita na verdade dita por Theodore Levitt: "Todas as organizações são hierárquicas.

Em cada nível as pessoas servem subordinadas àquelas acima delas.

Portanto, uma organização é uma instituição estruturada.

Se não fosse assim, seria um tropel.

Um tropel não realiza coisas, ele as destrói!"

IV. **A estratégia gerencial** – Você pode achar que a implementação eficaz de uma estratégia gerencial dependa da contratação de gerentes excepcionalmente competentes – pessoas com habilidades "super-aperfeiçoadas" de lidar com o pessoal, com diplomas de cursos de administração, com técnicas altamente sofisticadas de desenvolver e lidar com suas equipes.

Não depende não!

O empreendedor não precisa dessa categoria de gerentes e provavelmente nem tem condições financeiras para pagá-los.

O que você precisa de fato é de um sistema gerencial que é um sistema projetado dentro do seu protótipo com a finalidade de produzir um excelente resultado de *marketing*.

Quanto mais automático for o sistema, mais eficaz será o protótipo de franquia.

V. **A estratégia de pessoal** – Gente, seu pessoal, não se contenta em trabalhar somente para pessoas interessantes.

Querem trabalhar para quem tem uma estrutura clara e bem definida para agir e fazer diferença no mundo. Esse tipo de estrutura é chamada de "jogo".

Os melhores negócios representam exatamente esse tipo de jogo para seus criadores.

Um jogo a ser disputado, onde as regras simbolizam a idéia que você – o proprietário – tem sobre o mundo.

Se sua idéia for positiva, seu negócio deverá refletir esse otimismo; se for negativa, ele refletirá pessimismo.

Sua estratégia de pessoal é a maneira como expressa essa idéia.

Ela começa com os objetivos básico e estratégico, e continua através da estratégia organizacional (seu organograma e as funções de cada cargo nele marcado) e dos manuais de operações que definem os serviços a serem executados.

Essa comunicação é conseguida através de suas convicções e da maneira como espera que seu protótipo as exemplifique; através dos padrões estabelecidos para o cumprimento de responsabilidades em todos os níveis e setores de seu protótipo; através das palavras que usa para descrever aquilo que seu empreendimento deverá ser um dia – para os clientes, para os empregados, para você –, se quiser que ele seja mais do que apenas um local de trabalho para o seu pessoal.

VI. **A estratégia de *marketing*** – A estratégia de *marketing* começa, termina, vive e morre com o cliente.

Portanto, em sua elaboração é indispensável que o empreendedor esqueça seus sonhos, suas visões, seus interesses, enfim tudo que quer – **tudo menos seu cliente!**

Quando se trata de *marketing*, é irrelevante o que você quer.

Só importa o interesse do cliente.

E aquilo que o cliente deseja pode ser muito diferente daquilo que o empreendedor **pensa** que ele deseja.

Demografia e psicografia são os dois pilares fundamentais para sustentar um bem-sucedido programa de *marketing*.

Sabendo **quem** é seu cliente (situação demográfica), você pode determinar **por que ele compra** (situação psicográfica).

E com esse conhecimento pode iniciar a construção do protótipo que satisfaça suas necessidades subconscientes **cientificamente** e não arbitrariamente.

VII. **A estratégia de sistemas** – Um sistema é um conjunto de coisas, ações, idéias e informações que interagem umas sobre as outras, e neste processo modificam ou influenciam muito outros sistemas.

Em resumo, **tudo** é um sistema.

O Universo, o mundo, a represa de Guarapiranga, o escritório de um diretor na FAAP, o programa PowerPoint que um professor usa, o relacionamento entre o empreendedor e o seu funcionário – **todos são sistemas.**

Alguns são fáceis de compreender, outros não.

O que se deve compreender são os sistemas vinculados a um empreendimento.

Existem três tipos de sistemas: os **rígidos**, os **não-rígidos** e os de **informação**.

Sistemas rígidos (*hardware*) são objetos inanimados, como por exemplo um *notebook* do empreendedor.

Sistemas não-rígidos (*software*) são os objetos animados, ou idéias, como por exemplo as sugestões dos empregados, o conteúdo de um livro ou o *script* de uma peça teatral.

Sistemas de informação são aqueles que nos fornecem dados sobre a interação entre os outros dois sistemas.

O controle de estoque, a precisão de fluxo de caixa, os relatórios de atividades de vendas, etc., são todos sistemas de informação.

O programa de desenvolvimento de seu empreendimento trata justamente da inovação, da quantificação, da orquestração e da **integração** desses três tipos de sistemas em seu negócio.

Portanto, sistemas rígidos, não-rígidos e de informações são a matéria-prima de nossas vidas e também do empreendimento, pois é aí que estão as coisas, as ações, as idéias e as informações.

É vital pensar no negócio como um sistema todo integrado porque todos os objetivos e estratégias há pouco mencionados são **interdependentes** e não **independentes** uns dos outros.

6.5 A PAIXÃO OU OBSESSÃO PELO NEGÓCIO.

O empreendedor deve ter paixão pelo que faz!

Às vezes o empreendedor para continuar no negócio talvez tenha que trabalhar durante muito tempo, quase que de graça, após ter pago todas as suas contas!!!

Nesse sentido é essencial para incrementar a sua motivação que o empreendedor aumente o nível de seu sucesso diário!!!

Para conseguir isso é conveniente que o empreendedor:

a) comece o seu dia com uma agenda e com um plano de ação, cujas metas não sejam muito difíceis de ser alcançadas;

b) leve uma vida equilibrada entre o trabalho, o lazer e a família;

c) seja persistente, hábil e criativo;

d) saiba interromper o trabalho para um almoço adequado, bem como para pequenos lanches, com o que recarrega as suas baterias;

e) não deixe de descansar e principalmente dormir regularmente todos os dias.

Ser um verdadeiro empreendedor significa que a pessoa vai ter que aprender a vivenciar constantemente problemas ligados à empresa que podem conduzir a uma grande desmotivação, provocada quem sabe por uma **depressão**.

E quais são os principais sintomas e problemas que enfrentará o empreendedor?

Aí vai uma lista dos principais sentimentos de abatimento:

- Sinto-me triste ou "vazio" a maior parte do tempo.
- Não tenho interesse pelas atividades que costumava considerar agradáveis, como sexo, esportes, leitura ou música.
- Tenho dificuldades para me concentrar, raciocinar, lembrar ou tomar decisões.
- Tenho dificuldades para pegar no sono, permanecer dormindo ou dormindo demais.
- Percebo uma perda de energia e sinto-me cansado.
- Noto uma radical mudança nos meus hábitos alimentares, como perda de apetite ou alimentação exagerada.
- Perco ou ganho peso sem esforço.
- Choro muito ou sinto muita vontade de chorar.
- Sinto-me irritado ou "no limite" o tempo todo.
- Sinto-me inútil ou culpado.
- Sinto falta de esperança ou pessimismo a maior parte do tempo.
- Penso muito em morte, incluindo pensamentos suicidas.
- Tenho dores de cabeça freqüentes e dores no corpo.
- Tenho problemas estomacais e digestivos com irregularidades no funcionamento estomacal.

Capítulo **6**
Pensamentos finais sobre empreendedorismo

Bem, se o estimado leitor ao ler essas "reclamações" constatou que cinco ou mais delas fazem parte do seu rol de problemas, deve imediatamente falar com um médico para ver se não está sofrendo de depressão clínica!!!

O que o empreendedor não pode sofrer é de **depressão clínica** (DC), que pode ser descrita como algo que provoca um desequilíbrio na química que estabiliza o humor.

Existem substâncias químicas no cérebro que ajudam a regular os nossos sentimentos e são responsáveis por manter o nosso humor em equilíbrio.

Os cientistas estão fazendo avanços importantes na descoberta de como essas substâncias regulam exatamente o humor e o comportamento.

Quando os níveis de certas substâncias químicas estão muito baixos, o humor fica deprimido.

Embora os cientistas não estejam certos sobre o que causa a diminuição desses níveis, cada vez fica mais claro que certas circunstâncias e situações podem aumentar a probabilidade de depressão.

Assim, por exemplo, a morte de um ente querido, eventos catastróficos como a perda de clientes importantes para uma pequena empresa, ou dificuldades globais na economia de uma nação podem provocar a DC no empreendedor.

O pior é que a dor e o sofrimento causados pela DC afetam não apenas a pessoa com o distúrbio, mas a todos que se importam com ela.

Claro que o impacto da DC se estende ao local de trabalho, e o desempenho de todos que rodeiam aquele indivíduo que está com depressão acaba também se deteriorando.

Lamentavelmente prevê-se que a DC venha a ser a **2ª causa de incapacidade** em todo o mundo até 2010!!!

De tempos em tempos todos – não só os empreendedores – enfrentam dias de tristeza, momentos em que nos sentimos desencorajados.

Na verdade, não seria possível acreditar numa pessoa que nega nunca ter passado por tais momentos de desânimo ou **"melancolia"**.

Porém a DC é bem diferente de melancolia, visto que os seus sintomas permanecem pela maior parte do dia, quase todos os dias, por pelo menos algumas semanas (ou até meses).

A DC pode afetar: o sono, o apetite, o pensamento, a capacidade de trabalhar, a esperança, o divertimento, o sexo, o relacionamento com familiares e amigos, o nível de energia e o desejo de viver.

Existem vários mitos e mal-entendidos sobre a DC, e o acesso limitado à boa informação em grande parte é o responsável por isso, mas não pode acontecer com alguém que quer ser um empreendedor eficaz a maior parte do tempo.

Aí vão os mitos mais comuns com uma breve explicação por que são falsos.

1º Mito: **"É minha culpa. Devo ter feito algo errado."**

A DC é um distúrbio médico e o sofrimento e a tristeza ocasionados por ela não é culpa de ninguém.

2º Mito: **"Esses sentimentos são sinais de fraqueza pessoal ou falha de caráter."**

Quem pensa assim não percebe que realmente o seu sofrimento é resultado de uma doença clínica.

3º Mito: **"Pessoas religiosas não deveriam ficar deprimidas."**

Esta afirmação é tão absurda como afirmar que pessoas religiosas não deviam ter artrite ou diabetes.

4º Mito: **"É vergonhoso ter problemas emocionais."**

Se isto fosse verdade, ninguém jamais teria um dia ruim. Assim como não se pode ter vergonha de ter pressão alta, o empreendedor não deve se envergonhar se num certo período sofrer de DC.

5º Mito: **"Tenho de lutar contra isso porque ninguém pode me ajudar."**

Ao contrário, a maravilhosa notícia sobre a DC é que os empreendedores que sofrem com ela têm à sua disposição muitos tratamentos bem-sucedidos.

6º Mito: **"Pessoas com muito dinheiro e muitos amigos não ficam deprimidas."**

Nem saúde, nem a fama e nem o dinheiro servem de proteção contra a DC.

7º Mito: **"Pôr fim à minha vida é a única solução."**

O empreendedor inteligente é aquele que acredita no ditado: "O suicídio é uma solução permanente para um problema temporário."

Felizmente os empreendedores atacados pela DC não estão fadados a uma vida de miséria eterna, pois existe ajuda com solução plena.

8º Mito: **"Crianças e adolescentes não ficam deprimidos."**

Embora menos comum nos jovens, a DC também acontece entre eles, só que também muito poucos deles estão envolvidos em tornar novos negócios bem-sucedidos.

9º Mito: **"Eu não deveria contar a ninguém sobre estes sentimentos."**

Ao contrário, as pessoas – os empreendedores em particular – com sintomas depressivos precisam de ajuda, e para começar os entes queridos e os familiares podem fornecer esse apoio, se bem que a recuperação completa exige mais.

10º Mito: **"Pessoas pobres não se dão ao luxo de ficar deprimidas."**

Errado, pois o estresse contínuo em gerenciar a vida dentro de recursos limitados torna-as bem vulneráveis à DC.

A depressão não é uma doença nova.

Desde os primórdios, os curandeiros registraram sintomas idênticos àqueles que vemos hoje na DC.

Escritos do Egito antigo, Roma, Arábia e Ásia documentam que os médicos reconheceram esses sintomas como uma única doença.

A DC tem afetado pessoas de todas as nacionalidades, cores e credos, incluindo personalidades como Júlio César, Napoleão Bonaparte, Vincent van Gogh, Karl Marx, e até a lindíssima artista Angelina Jolie que recentemente declarou estar se tratando de uma DC!!!

Os pesquisadores descobriram as substâncias químicas no cérebro que estabilizam o nosso humor. O termo usado para essas substâncias é **neurotransmissores**, e quando o seu nível fica muito alto ou baixo demais o humor de uma pessoa fica perturbado.

A **norepinefrina** e a **serotonina** são dois dos neurotransmissores mais importantes que se acredita serem capazes de regular o nosso humor.

Infelizmente, todos os anos a DC, pelo menos nos EUA (e no Brasil não é muito diferente), afeta um em cada dez homens e duas em cada dez mulheres.

A boa notícia é que como a asma ou a hipertensão, a DC é uma enfermidade que pode ser tratada.

O tratamento da DC se encaixa em três categorias básicas:

1. **Psicoterapia**, que se refere aos tratamentos que envolvem conversas com um especialista em saúde mental.

   Ela pode ser descrita como um modo especial de orientação, e pode-se comparar o trabalho dos psicoterapeutas com o trabalho dos treinadores de atletas profissionais.

   Os melhores treinadores usam o seu conhecimento, suas habilidades e treinamento para ajudar os atletas a identificar os problemas pessoais que impedem sua melhor *performance*.

   Então, trabalham juntos para desenvolver um programa que possa ajudar os atletas a melhorar sua atuação. Os psicoterapeutas trabalham de modo similar e têm objetivos parecidos.

2. **Farmacoterapia**, que se refere à administração de medicamentos, e hoje existem mais de 25 medicamentos antidepressivos, que inclusive apresentam um menor números de efeitos colaterais.

3. **Procedimentos terapêuticos,** que envolvem o uso da tecnologia médica e equipamentos especializados, e as duas terapias mais importantes são a eletroconvulsoterapia e a terapia da luz.

Com tudo isso à disposição, podem-se minimizar os sofrimentos de um empreendedor que disse: "A DC significou que tive de enfrentar o mundo com uma visão diferente da maioria!!!"

ALERTA VITAL – O EMPREENDEDOR NÃO PODE SE SUBMETER À ESCRAVATURA DO TRABALHO.

Richard Donkin, um dos principais articulistas do prestigioso *Financial Times*, escreveu o livro *Sangue, Suor e Lágrimas,* no qual aborda as grandes mudanças no trabalho ao longo dos séculos, influenciando significativamente o modo como as pessoas vivem e se comportam.

Duas delas – a Revolução Agrária (quando as pessoas abandonaram a vida da caça e da coleta e se reuniram em comunidades de agricultores) e a Revolução Industrial (quando começaram a se concentrar em fazendas e cidades) – foram divisores de águas na evolução do trabalho.

Uma terceira revolução em nosso modo de trabalho e de vida está em curso no século XXI, motivada desta vez pela tecnologia moderna, que exige dos trabalhadores novas aptidões e os expõe a tensões bem diferentes e bem mais intensas que em outras épocas...

No seu livro, Richard Donkin faz duas perguntas básicas:
- **Por que trabalhamos?**
- **Por que trabalhamos tanto?**

Bem, tentando responder às duas questões, pode-se inicialmente afirmar que a maioria das pessoas considera a necessidade do trabalho como um fato preestabelecido.

Alguns dizem que se trata de uma necessidade psicológica.

Outros ainda replicariam afirmando que a única razão para trabalhar é a subsistência.
Mas o que é essa subsistência?
Uma definição possível seria: é uma renda suficiente para abrigar, vestir e alimentar uma família, sem recorrer aos suplementos existentes do bem-estar social.

Mas a renda média da crescente classe intermediária da sociedade industrializada moderna proporciona um padrão de vida que excede em muito essa definição.

Então talvez trabalhemos para progredir de alguma forma, para aprimorar nossos filhos e a nós mesmos.

Hoje em dia, em alguns casos, ao trabalhar podemos estar satisfazendo uma necessidade íntima de reconhecimento e respeito, os quais inclusive podemos obter em nosso trabalho remunerado ou não.

Fica claro então que trabalhamos por diversas razões.

Lamentavelmente e com freqüência as pessoas trabalham de cabeça baixa, cumprindo as rotinas e rituais diários na crença – geralmente pouco convictas – de que sua contribuição de alguma forma auxilia a criar um mundo melhor.

Os indivíduos cresceram na última metade do século XX acreditando que todos os grandes avanços tecnológicos – robôs, computadores, *software*, o *chip* de silício – poupariam seu trabalho e lhes permitiriam ter mais tempo livre.

Infelizmente hoje já não temos essa certeza!

Assim como as grandes avenidas geraram mais trânsito, a tecnologia gerou mais indústrias e serviços e ainda **mais trabalho**.

Por incrível que pareça, ocorreu uma relação exponencial positiva entre o que pode ser descrito grosseiramente como **"progresso"** e trabalho.

Na primeira metade do século XX isso pode ter soado agradavelmente, já que a estrutura regulada e a natureza fabril dos empregos operacionais ditavam que mais trabalho equivaleria a mais empregos, os quais eram necessários às populações cujo crescimento disparara com as melhorias na saúde e ainda não fora controlado por contraceptivos confiáveis e aceitos em larga escala.

Mas a última década do século XX testemunhou um **desmantelamento** dessa estrutura e uma erosão no conceito de serviço.

Tais mudanças suscitaram a crença de que no século XXI a influência dos computadores está criando um divisor de águas no modo de trabalharmos, tão fundamental quanto a Revolução Industrial e a antiga Revolução Agrária, quando as pessoas desenvolveram a habilidade de cultivar safras, milhares de anos atrás.

A sociedade por todo o mundo está cada vez mais se dividindo entre **os que têm** e **os que não têm**.

Até nos EUA já se verifica o fenômeno dos trabalhadores pobres, das pessoas cujo trabalho não lhes proporciona uma renda suficiente para viver.

Ao mesmo tempo há executivos-chefes nas grandes empresas de capital aberto que viram os seus salários e bônus dispararem, a ponto de ganharem 200 vezes mais que seus subalternos.

Ao que parece, a redistribuição de renda está fluindo para cima e não para baixo.

O contra-senso é que alguns desses indivíduos superbem pagos estão trabalhando por tantas horas que raramente têm a oportunidade de deixar seus empregos e desfrutar um momento de lazer.

Anos atrás havia momentos em nossas vidas que dedicávamos somente ao entretenimento e ao lazer, mas esses dias preciosos, outrora sacrossantos, foram invadidos pelos novos meios de comunicação do ambiente de trabalho.

Assim, atualmente é comum que o entretenimento esteja vinculado ao trabalho.

Por outro lado, fora do seu ambiente de trabalho, o executivo precisa assumir "de bom grado" o papel de aprendiz.

Essa mudança de papel é sutil, porém significativa.

As pessoas em posição de comando precisam reconhecer que temos diferentes papéis em diferentes situações.

No novo ambiente de trabalho, a autoridade é conferida ao conhecimento disseminado por toda a sociedade.

Ele não é mais um atributo exclusivo dos ricos ou dos privilegiados.

O trabalho passou a dominar a vida das massas assalariadas, a tal ponto que elas estão perdendo a capacidade de se divertir.

É como se o mundo tivesse se dividido em duas sociedades: **uma que dispõe de meios para apreciar o lazer mas não dispõe de tempo, e outra dispõe de tempo mas não dispõe de meios**.

Naturalmente que as pessoas ainda têm seus momentos de ócio e seus passatempos.

Porém, hoje em dia, quando as classes assalariadas se divertem, costumam condensar o tempo livre em **"bocadinhos de lazer"**.

Enquanto isso, os **"bocadinhos de trabalho"** adentram pelas horas livres, já que muitos acordos são negociados pelo telefone celular durante o intervalo de um programa de televisão ou de uma peça de teatro.

De uma forma ou de outra, os momentos de lazer disponíveis na **sociedade instantânea** de hoje foram reduzidos para corresponder à nossa pouca capacidade de cuidar do descanso e entretenimento planejados.

Tudo indica que nos tornamos prisioneiros voluntários do que o famoso sociólogo alemão Max Weber chamou de "a gaiola de ferro" de um materialismo regido pelo consumo e pela produção.

No início do século XXI, enquanto viajamos em trens metropolitanos vestidos de terno, lendo jornais, carregando pastas ou computadores, esses traços trogloditas estão começando a roer a raiz da felicidade de cada um pois as pessoas estão numa busca frenética e insaciável por mais riqueza e posição.

Atingimos um estágio em que a **maneira** como trabalhamos requer não somente novas definições, como também novas explicações e interpretações.

E ela é importante não apenas para nós como indivíduos, é importante também para quem emprega nossas capacidades.

Hoje em dia, muitas vezes somos classificados como **ativos**.

E realmente é isto o que somos – ativos vivos, respirando, presos e encasulados nas teias dos setores público e privado que geram os nossos salários e rendas.

Atualmente a tecnologia possibilita que uma proporção cada vez maior da população trabalhe em algo de sua preferência, mas as atitudes em relação ao trabalho continuam presas ao modelo das "oito às seis" (ou bem menos horas...).

Mesmo a linguagem do trabalho faz uso de definições antiquadas. A expressão "trabalho em casa" soa ainda contraditória para pessoas que associam a casa ao lazer e às preocupações domésticas.

É como se houvesse uma grande demarcação no tempo e no espaço, com as pessoas acreditando que devessem cruzá-la em sua transformação diária.

Até quem já deu o salto psicólogo para o trabalho a distância enfrenta dificuldades ante a necessidade de manter contato com outras pessoas.

Para milhões de trabalhadores, a emancipação prometida pela tecnologia da informação (TI) nunca ocorreu!!!

Pelo contrário: eles se vêem encurralados pelas exigências da comunicação.

Correios de voz, *e-mails*, *pagers* e celulares estão sufocando o ambiente de trabalho.

Na sociedade da informação, o trabalho pode ser invisível.

➡ Mas como remunerar um funcionário que está "refletindo" sobre um problema profissional?

➡ Essa "reflexão" não é um trabalho?

Pois é, parece que pensar em fazer as coisas de forma diferente e melhor, ou seja, usar a sua criatividade não é ainda entendido como um trabalho que deva ser bem remunerado.

Na realidade, precisamos desesperadamente de uma nova **psicologia de trabalho**, de um desmantelamento total das antigas demarcações entre o trabalho e o lazer.

Da mesma forma que os esportistas profissionais são pagos para fazer o que gostam, é preciso que os trabalhadores reconheçam que o trabalho pode ser divertido e que há uma necessidade corporativa de que o seja.

Os empregadores devem também saber e fazer o possível para aumentar a satisfação dos empregados, considerando essa ação como uma prioridade administrativa.

Aliás, é aí que está o cerne da questão.

O trabalho pode ser estressante e extremamente monótono e doloroso, mas também pode (e deve) ser divertido.

Será que devemos nos sentir culpados por nos divertir em nosso trabalho?

Talvez não, mas muitos de nós se sentem assim, visto que a maior parte da sociedade ficou imersa na **ética protestante do trabalho** – um *ethos* que por centenas de anos e para uma grande quantidade de pessoas serviu como definição de trabalho, gerando a crença de que é a labuta, que é o que preferiríamos não fazer, mas que sabemos ser necessário porque nele reside a salvação!?!?

Essa é a ética que define o trabalho como um fim em si, a ética criacionista do trabalho.

Desafiar hoje em dia a ética protestante do trabalho, sobretudo na sociedade ocidental e também em muitos países da Ásia, tornou-se uma heresia.

Sugerir que poderíamos ter mais tempo livre ou questionar o porquê de trabalharmos são questões vistas com desconfiança e desprezo: são a linguagem de um enrolão ou de um preguiçoso.

No mundo descrito pela ética protestante do trabalho há os que trabalham e há os desocupados – porque querem – e a inatividade voluntária deve ser considerada **um pecado!**

É claro que isto não envolve o caso quando um trabalho foi inútil, equívoco ou mesmo destrutivo – de cientistas que dedicam toda a sua vida a alguma premissa absurda, de arquitetos que criam torres disformes de blocos, de projetistas cujas idéias são descartadas, de escritores cujos livros não são publicados, ou então de soldados cuja especialidade consiste em ceifar vidas em guerras insensatas.

Infelizmente, muito esforço e energia são dispersos ou mal direcionados na sociedade pragmática do século XXI.

As empresas devem se dar conta de que seus empregados precisam de uma vida fora do ambiente de trabalho.

Muitas vezes essa vida exterior proporciona uma plataforma para a criatividade negada na instituição ou no emprego, ou ainda na escola.

E é nessa criatividade que está o futuro das empresas, qualquer que seja o seu tamanho.

Richard Donkin, no seu livro *Sangue, Suor e Lágrimas* diz: "A nova ética do trabalho não será visível entre os empregadores mais convencionais nem será encontrada nos cursos de administração.

Ela reside dentro de nós e somente nós, como indivíduos, podemos desenvolvê-la.

Ela envolve o abandono de certos hábitos reconfortantes, como a carreira de uma vida.

E envolverá um minucioso processo de avaliação: o enquadramento pessoal da alma, a compreensão dos elementos que nos motivam, do que realmente valorizamos na vida, do que apreciamos fazer e do que é preciso ser feito no quadro mais geral.

Há muitas maneiras de dar esse passo.

Algumas pessoas se servem de uma espécie de psicanálise – o tipo usado ocasionalmente pelos profissionais de recolocação –, outras se valem das idéias proporcionadas pelos testes de personalidade, e outras ainda envolvem-se com o questionamento cuidadoso feito por pessoas que nos são mais caras e íntimas.

E isso não significa que devamos sair afoitos em busca do livro mais próximo de auto-ajuda, pois seria compactuar com a danosa obsessão perfeccionista que caracteriza nossas vidas centradas no trabalho.

Devemos aprender a relaxar, a espairecer, a fazer menos coisas inúteis, a reconhecer o essencial e evitar o supérfluo, a viver com a imperfeição; mais do que isso, a **celebrar a imperfeição**.

A moda impôs a **qualidade total** – o estilo de vida *Seis Sigma* (praticamente sem falhas ou erros) – até ao ambiente doméstico...

É hora de dizer **'chega'!**

E para isso devemos agir e logo.

No mínimo precisamos impor uma pausa diária para um período de reflexão.

'O mundo está mudando tão rápido, que não tenho tempo para nada', você diria.

De fato a mudança é como um rio, mas continue na correnteza e você será levado para o mar...

Claro que a mudança é uma constante, mas a mudança rápida para mim é uma ilusão.

As coisas mais importantes da vida – nossas crenças e valores – são tremendamente refratárias às modas passageiras, e grande parte do que hoje em dia se denomina mudança é impregnada por modas.

É essencial, para nosso bem, que separemos o bom, o saudável e o importante dos tumultos e histerias transitórias.

O trabalho é fascinante quando o contemplamos.

Mas não devemos nos preocupar tanto com ele.

Não devemos nos tornar escravos do trabalho."

6.6 POSICIONAMENTO DO EMPREENDEDOR.

O empreendedor bem-sucedido é aquele que sabe muito bem a distinção entre **interesse** e **compromisso**.

Interesse é fazer algo quando é conveniente para você.

Compromisso é fazer algo mesmo quando é inconveniente.

Ou seja, saber lidar com situações do tipo:

> Tudo quanto é necessário sempre que é conveniente
> *Versus*
> Tudo quanto é necessário sempre que é preciso.

Dessa maneira, se o empreendedor não tem uma documentação escrita para provar que o seu negócio existe, então ele não tem um negócio.

O que o empreendedor tem nesse caso é um *hobby* ou passatempo.

É por isso que insistiu-se tanto na importância do PN, que é uma evidência clara de que existe o interesse e que há muita conveniência na abertura de um certo negócio tanto para o empreendedor como para os clientes.

Caro leitor, você não esqueceu aquele nosso início quando foi solicitada uma definição, ou melhor, uma apresentação do seu PN dentro do avião, para a pessoa sentada ao seu lado?

Espero que não!!!

Então imprima agora uma breve descrição – um minirresumo – do seu PN num pequeno cartão e mantenha-a na sua carteira junto com outras coisas preciosas (fotos de pessoas queridas, cartões de crédito, dinheiro, etc.).

Porém leia-a sempre que puder!!!

Além disso, coloque um outro cartão semelhante a esse perto do espelho retrovisor do seu automóvel.

Só assim você estará se tornando um empreendedor apaixonado e fanático pelo seu negócio.

Então quais são os conhecimento, básicos que deve ter o empreendedor sobre o seu negócio?

São os seguintes:
1. Saber muito bem quem são os seus clientes.
2. Conhecer tudo que possa sobre os seus concorrentes.
3. Obter todos os detalhes sobre o seu produto (serviço).
4. Ter todas as informações sobre as necessidades dos seus empregados.
5. Procurar conhecer o melhor possível a si mesmo!!!

ALERTA VITAL – OS DESAFIOS DE UMA NEGOCIAÇÃO.

William Ury é reconhecido internacionalmente como um dos maiores especialistas em Negociação e Administração de Conflitos da atualidade. É autor, com Roger Fisher, dos *bestsellers Getting to Yes*, com mais de 5 milhões de exemplares vendidos e traduzido para 20 idiomas, *Getting Past No: Negotiating Your Way from Confrontation to Cooperation* e *Getting to Peace*. Seu novo livro, que será lançado ainda este ano, é *How to Say No... and Stíll Get to Yes,* e nele ele aborda de forma excepcional os desafios de uma negociação que todo empreendedor deveria saber sobrepujar.

Diz William Ury: "Quando pergunto aos executivos e administradores sobre o tempo que levam negociando diariamente, a maioria me dá tempos muito parecidos: 50% do tempo tentando chegar a algum acordo. Aí eu me pergunto: se estivéssemos praticando o nosso esporte favorito como tênis, golfe ou natação, e gastássemos 50% do nosso tempo, nós estaríamos nas Olimpíadas, não estaríamos? Então, por que não estamos nas Olimpíadas das negociações, já que a metade do nosso tempo de trabalho é dedicada a negociar? A resposta é muito simples: quando você pratica seu esporte favorito, uma parte de sua mente está focada na técnica: na braçada, raquetada... Você melhora continuamente isso e se torna cada vez mais competitivo. Agora, quando estamos negociando um acordo, nosso enfoque não é no processo ou no método, mas na substância, nos dólares e centavos, nos termos e condições. Se em vez disso refletíssemos mais durante o processo, focássemos mais as técnicas de abordagem, teríamos grandes chances de ser campeões em negociação.

Imagine um caso de negociação difícil, no qual o outro lado reluta ou resiste em cooperar com você. Aposto que você já está se perguntando: 'Por que ele não quer cooperar comigo?', ou 'Por que não concorda?', ou ainda: 'A proposta é tão boa, qual é o problema?' O problema é: você fez as quatro perguntas fundamentais de uma negociação antes de entrar nela? Você perguntou quem são as partes, qual é o assunto, o que você quer e o que eles querem? Pensou nas três fases de uma negociação, que são as pessoas, o problema e a proposta? Se não pensou, esqueça as Olimpíadas.

Quando pensamos em negociação, além de ser imprescindível fazermos as quatro perguntas, é útil pensarmos em termos tridimensionais e seqüenciais, pensarmos nos três desafios de uma negociação: **pessoas** (seres humanos com sangue e sentimento, com vivências e culturas diferentes); **problema** (como resolvê-lo); e **proposta** (o aspecto decisório, como chegarmos a um acordo).

Depois que você fez isso, o próximo passo é partir para a análise. Por que as pessoas não estão concordando com você? Consideremos, então, o primeiro desafio, o lado pessoal, o lado humano. A razão pode ser por causa da psicologia química que não está certa, há falta de confiança e de vontade de concordar. O ponto-chave aí é criar uma atmosfera, um clima favorável, um relacionamento humano positivo que permita chegar a um acordo. A outra razão pela qual o outro lado não coopere com você pode ser por você ter entrado em uma negociação cooperativa e o outro lado não saber como fazer isso. Aí está o problema, sendo o segundo desafio. Para eles, a única forma de negociar é assumir uma posição rígida e insistir, rejeitando todo o resto. É um caso puro de inflexibilidade, como se fossem perder se aceitassem sua proposta. E aí está o desafio do problema: como você vai levá-los a uma forma cooperativa de envolvimento, a um processo cooperativo que beneficie os dois lados?

O terceiro desafio tem a ver com o nível decisório, quando se está fazendo uma proposta, tentando chegar a um acordo, e o outro lado não vê razão alguma para concordar. O motivo pelo qual não estão cooperando com você é que não enxergam nenhum benefício para eles, além de poderem achar que são mais poderosos e quererem impor suas vontades.

E aí? Como criar uma proposta suficientemente atrativa que no fundo os leve a dizer sim? Esses são os três desafios que enfrentamos na negociação.

A dimensão das pessoas precisa de uma certa psicologia, além da criação de empatia. A dimensão do problema exige uma capacidade analítica, como a de um engenheiro ou de um artista, e a dimensão da proposta impõe que sejamos capazes de persuadir, sendo que nessas horas precisamos ter a sutileza de um diplomata ou de um advogado.

Em resumo, não há negociação sem essas habilidades e as ações devem sempre ocorrer em seqüência."

6.7 O FOCO É VITAL.

O empreendedor que quer ser bem-sucedido **deve estar focado** nos seguintes procedimentos:

1. Selecionar uma boa idéia de negócio de cada vez para desenvolver.
2. Escolher um único alvo no mercado de cada vez para desenvolver.
3. Criar um produto novo por vez para fabricar.
4. Definir um nicho de clientes de cada vez para desenvolver.

E tudo isso deve ser feito da melhor maneira possível!!!

Em seguida o empreendedor precisa buscar outra idéia, outra fatia do mercado, outro produto e outros clientes.

Claro que esta é a "roda da melhoria" que não pode parar de girar nunca, e a sua velocidade depende da competência e da energia de cada empreendedor.

Para o empreendedor vencedor não existe uma expressão como: **"Isto não pode ser feito!?!?"**

Para ele isto deve significar: "Eu não sei o suficiente sobre como executar isto!", ou ainda "Não se quer fazer isto!"

Ambas as situações sempre podem ser corrigidas ou superadas.

O empreendedor constantemente terá aborrecimentos, conviverá com falhas e "acidentes" no seu negócio.

É por isso que o empreendedor precavido deve ter preparados alguns planos de contingência para as eventuais ocorrências desastrosas...

Ninguém que queira ser um empregador bem-sucedido pode esquecer que todo negócio é uma tarefa complexa sempre em evolução, apresentando resultados positivos e percalços indesejáveis.

O alerta fundamental que deve estar continuamente na cabeça de todo empreendedor é: "Ninguém pode garantir o sucesso, porém não é por causa disto que não se deve almejar conquistá-lo!!!"

LEITURA RECOMENDÁVEL – AS INTERESSANTES ESTRATÉGIAS DE SAMUEL KLEIN.

Elias Awad, jornalista esportivo, escreveu: *Samuel Klein e Casas Bahia – Uma Trajetória de Sucesso*, que é um livro de caráter investigativo no qual descreve a vida de um dos **empresários mais bem-sucedidos do País**.

O trabalho foi sobretudo uma homenagem aos 80 anos de vida de Samuel Klein, que os completou em 2003.

Entre as homenagens que Samuel Klein recebeu dos seus amigos destacaram-se as seguintes:

Márcio Cunha, presidente da Arno:

"A Arno se sente honrada por ter tido o privilégio de acompanhar e fazer parte do crescimento das Casas Bahia.

Em especial, por admirar os ideais de Samuel Klein, um empreendedor de sucesso, que criou formas inteligentes de crédito financeiro à população brasileira, permitindo acesso a produtos sonhados."

Francisco Mesquita Neto, diretor-superintendente do Grupo Estado:

"Samuel Klein sabe exatamente quem é seu consumidor. Por isso, sabe respeitá-lo e cativá-lo.

Com essa simples receita levou seu negócio ao sucesso, que se transformou num modelo de resultados no varejo.

Samuel Klein faz parte de um grupo de empreendedores que preferiram os ensinamentos simples, cultivados durante uma vida."

João Carlos Saad, presidente do Grupo Bandeirantes de Comunicação:

"Samuel Klein não é simplesmente um grande empreendedor ou um empresário de sucesso (o que já não seria pouca coisa).

Veja alguns pontos convergentes que unem a Bandeirantes e Casas Bahia: os dois grupos começaram do nada, baseados no entusiasmo e na crença de pioneiros, aproveitando as oportunidades de uma terra inigualável.

Otimista militante, sei que há anos 'seu' Samuel diante da pergunta 'Como vai?', responde: 'Vou como a Bandeirantes, cada dia melhor que antes!'

Esta é uma manifestação que nos enche de orgulho e entusiasmo, especialmente por partir do maior conhecedor, interprete e tradutor dos sonhos do povo brasileiro."

Carlos Alberto Vieira, presidente do Banco Safra S.A.:

"Quem conhece Samuel Klein sabe por que ele conseguiu construir a Casas Bahia e torná-la uma empresa forte e eficiente, que sob qualquer ângulo constitui-se em referência no mercado varejista.

Ela é o resultado do trabalho e sobretudo do feeling (sentimento) e da experiência do seu fundador, um imigrante que começou a vida comprando cobertores no Bom Retiro e vendendo-os, de porta em porta, nas cidades do ABC Paulista.

Samuel Klein é também reconhecido por todos como um homem exigente, mas de enorme coração.

Orgulhamo-nos da histórica parceria que estamos mantendo com a Casas Bahia.

Esses longos anos de relacionamento serviram para alicerçar a confiança e o respeito de Samuel Klein e a Casas Bahia, empresa que nunca deixou de honrar a sua palavra e os seus compromissos."

Samuel Klein explica o seu progresso dizendo: "Muito do meu sucesso profissional se deu em função de uma relação mútua de confiança.

Em 1952, o Brasil acreditou em mim e deu condições para que eu pudesse viver aqui com a minha família.

Também confiei neste jovem País, ainda desconhecido para muitos na época – principalmente na Europa.

E é justamente essa precocidade do Brasil que o torna extremamente promissor.

Além disso, houve troca de confiança com os meus funcionários.

Todos eles sempre acreditaram nas minhas ações.

E vice-versa.

E os problemas e desafios que o destino colocou no meu caminho?

Quantos deles eu não tive de superar?

Quantas vezes eu não precisei tomar atitudes que poderiam colocar em risco tudo o que havia construído até então?

Em muitas dessas situações tive que pensar não só em mim, mas nas famílias, nos milhares de funcionários e na minha empresa.

Foi por tudo isso que desenvolvi a vontade de ajudar as pessoas. Fazer o possível para minimizar sofrimentos.

Fazer o bem e tratar todos como verdadeiros seres humanos.

Bem, esses foram alguns dos motivos que me convenceram de que eu realmente tinha uma história para contar, uma vida para registrar, algumas mensagens para passar.

Mensagens sustentadas na perseverança, na honestidade, na simplicidade. Na troca do trabalho puro e simples da produção. Mensagens sustentadas em dar e dedicar respeito ao próximo. Foi assim que me tornei um homem rico em todos os aspectos. Tenho riquezas que superam os aspectos financeiros. São riquezas pessoais, emocionais e espirituais."

Capítulo 6

Pensamentos finais sobre empreendedorismo

Quem ler o livro escrito por Elias Awad certamente captará um pouco da filosofia de trabalho de Samuel Klein e o seu *slogan* de vida: **'Dedicação total a você!'**, que ele aplicou aos seus clientes.

Para isso, contudo é preciso ser sempre o melhor em tudo o que se faz.

ALERTA VITAL: O AVISO DE UM VENCEDOR.

O ex-jogador de futebol profissional, técnico e jornalista Jorge Valdano, campeão do mundo com a seleção Argentina de futebol em 1986, fundador da empresa de consultoria empresarial *Make a Team,* que usa o esporte como ferramenta de aprendizagem para os funcionários de bancos, companhias de seguro, de tecnologia e de telecomunicações e agências governamentais e para pequenas e microempresas, destaca: "Encontrar a pessoa certa para o lugar certo resolve 80% dos problemas.

E o talento necessita de alguns alimentos: um lugar, confiança, liberdade, exigência e, é claro, outros talentos ao seu lado.

É assim que se arma uma equipe, seja ela esportiva ou uma pequena empresa."

O ideal é que uma equipe seja formada por gente que seja capaz de liderar a si própria.

Na minha empresa *Make a Team*, nós não acreditamos nos rebanhos, acreditamos, isto sim, em gente diferente e que termina sendo complementar e enriquecendo o desenvolvimento do grupo.

Isso tudo leva a um outro aspecto muito importante: até que ponto é possível dar liberdade e garantir que uma equipe vai ter bom desempenho?

No meu modo de ver é preciso sempre encontrar a proporção justa entre disciplina e autonomia.

Porém, quanto mais talento tem uma pessoa, mais liberdade ela merece!!!

Eu contratei para a equipe do Real Madrid alguns dos mais fantásticos jogadores de futebol do mundo como: o português Luís Figo, o francês Zinedine Zidane, o brasileiro Ronaldo e o inglês David Beckham.

Eles são conhecidos como os talentos **'galácticos'** e evidentemente não podem ser tratados da mesma maneira.

Por exemplo, o Ronaldo não é igual ao Beckham.

Um vem do Brasil, é mais festivo, mais alegre, mais livre.

Já o outro vem do mundo anglo-saxão, é mais sério.

Cada um necessita de um discurso adaptado.

A visão humanista é essencial para o desenvolvimento de sua equipe, seja no esporte ou no mundo empresarial.

Aliás, no mundo do esporte e no mundo das empresas há um ponto comum, que são os seres humanos.

As reações, as condutas e os fatores motivantes não mudam muito.

A diferença, ou talvez a vantagem do esporte é apenas que as coisas acontecem com gente muito jovem, de forma mais atraente e muito divulgada."

CONSELHO DE UM VENCEDOR – AS RECOMENDAÇÕES DA FAMÍLIA SCHÜRMANN.

A família Schürmann hoje é mundialmente conhecida por seus feitos no mar.

Nos últimos 20 anos percorreu mais de 130 mil quilômetros (mais do que suficiente para dar três voltas em torno da Terra pela linha do Equador), navegou com o seu veleiro *Aysso* em três oceanos e visitou 45 países e nove territórios, enfrentando às vezes tempestades, ventos de 110 quilômetros por hora e ondas superiores a 10 metros.

O "capitão" do barco e líder da família, Vilfredo Schürmann, enfatiza: "Engana-se aquele que imagina que nós partimos para duas circunavegações simplesmente ao sabor dos ventos.

O planejamento que fizemos foi vital, pois assim você se antecipa às dificuldades e evita desperdícios.

Somente para o início da primeira aventura, em 1984, **foram 10 anos de preparação!!!**

O mar é tão imprevisível quanto o mundo dos negócios, e planejar é essencial para o sucesso de um empreendimento.

Trabalhar sem planejamento é o mesmo que uma pessoa percorrer um caminho perigoso e cheio de acidentes, à noite e sem iluminação.

O planejamento é imprescindível para qualquer empresa, não importando seu ramo ou tamanho.

Aliás, quanto menor o porte do empreendimento, maior a necessidade de se fazer planejamento.

Geralmente o dinheiro do empreendedor é limitado, e por isto é muito importante para não errar, planejar bem para que tudo dê certo na primeira vez."

Em 2004, a família Schürmann estava navegando pela costa brasileira, em comemoração aos 20 anos da primeira viagem.

Porém, em 2005 vai iniciar uma nova aventura em uma viagem nunca feita pelo homem...

E Vilfredo Schürmann salienta: "É um grade projeto, que estamos planejando há quatro anos!!!"

AUTO-AVALIAÇÃO – ESTAMOS NO ÚLTIMO CAPÍTULO E AÍ VÃO ALGUMAS PERGUNTAS QUE ABRANGEM TODO O LIVRO PARA TESTAR OS CONHECIMENTOS ADQUIRIDOS E FORNECER OUTROS...

1. Você é capaz de dar pelo menos 7 causas de fracasso dos empreendedores? Devem ser:
   a) de origem financeira;
   b) de origem humana ou de gestão;
   c) de origem operacional (na área de produção ou de comércio).
2. Você está usando e aplicando as **Leis do Dinheiro e da Riqueza**?
3. É possível ter lucro abrindo um negócio ligado a aventuras?
4. Quais as características que as pessoas devem reforçar ou aprender para se tornarem bons empreendedores?
5. Como um empreendedor (executivo) pode aumentar sua consciência sobre liderança? E quais são as características dos gestores brasileiros?

6. Como é possível ter pessoas felizes numa empresa?
7. Quais são os dilemas (os terríveis questionamentos) que o empreendedor continuamente terá que resolver (ou responder) na condução eficaz do seu negócio?
8. O que deve saber o empreendedor de ética?
9. Que medidas podem ajudar a recuperação de empresas no Brasil?
10. Qual é a forma mais eficaz para diminuir (ou até acabar...) com o desemprego no Brasil?
11. Como é que deve ser encarada a educação no século XXI?
12. Quais são os estilos de liderança em voga no século XXI?
13. O que vem a ser um empreendedor corporativo?
14. Afinal de contas, o que define se uma organização é ou não é empreendedora?
15. Quais são as características ou condições que levam as pessoas a um novo negócio?
16. Como proceder para ser empreendedor por toda a vida?

Sei que não é nada fácil responder a essa bateria de perguntas, por isso aí vão as respostas das mesmas que dependem de assuntos não abordados nos capítulos anteriores:

1- a) De origem financeira:
- falta de planejamento financeiro;
- descontrole na liberação de crédito aos clientes;
- má negociação para preços e prazos das compras;
- má negociação de taxas de juros e prazos de empréstimos;
- falhas no sistema de cobrança;
- excesso de vendas a prazo muito longo;
- falha no controle de fluxo de caixa.

b) De origem administrativa ou humana:
- perda de empregados importantes;
- falta de capacitação dos funcionários;
- relutância em buscar consultoria especializada;
- mau relacionamento da gerência com os subordinados;
- falhas na motivação pessoal;
- desavenças entre sócios ou entre familiares dos sócios;
- má gestão de questões trabalhistas (saúde, segurança, direitos autorais, etc.).

c) De origem operacional:
- má avaliação do tamanho ou potencial do mercado;
- subestimação ou desconhecimento dos concorrentes;
- falha de ousadia ou ímpeto nas vendas;
- receita muito concentrada em poucos clientes;

- falha no controle de qualidade de produtos e na prestação de serviços aos clientes;
- mau relacionamento com os fornecedores;
- mudanças de legislação, ou seja, ambiente externo incontrolável;
- problemas de impacto ambiental (efluentes, resíduos, etc.) mal resolvidos.

2- As **Leis do Dinheiro e da Riqueza** são cinco:

1ª Lei – **Fazer dinheiro.**

Em lugar de ganhar (verbo receptivo e que parece conversa de empregado), o empreendedor fala em fazer dinheiro (verbo ativo).

2ª Lei – **Negociar eficazmente.**

No século XXI, mais que em qualquer época, os empreendedores precisam saber negociar tanto quando vendem como quando compram.

3ª Lei – **Lucrar nas transações.**

No mundo globalizado de trocas intensas, com a circulação em alta velocidade pela Internet, lucro *versus* prejuízo definem vida ou morte de qualquer negócio.

O lucro é a garantia da sustentabilidade do negócio.

4ª Lei – **Aplicar dinheiro para realizar sonhos.**

Quem não tem sonhos não tem motivos para viver!?!?

É preciso porém não esquecer que investir dinheiro para a realização de sonhos é um estímulo fantástico.

5ª Lei – **Lidar sem medo de riscos.**

Claro que isto não significa investir todo o patrimônio.

Mas aprender a investir no que parece atrativo de 5% a 10% de cada recebimento líquido é uma prática salutar.

Todo empreendedor que aplicar bem essas cinco leis terá certamente as suas entradas multiplicadas.

3- Claro que sim!!!

São muitos exemplos práticos e um dos mais interessantes é o *Rally* Internacional dos Sertões, um negócio lucrativo do empreendedor paulista Marcos Ermírio de Moraes.

O *Rally* dos Sertões, como é mais conhecido, é atualmente uma aventura famosa no mundo e só perde em número de inscritos para o legendário Paris-Dakar no qual se têm quase 400 veículos, e o *Rally* da Tunísia, com 250 veículos.

Da 12ª edição do *Rally* dos Sertões, em julho de 2004, participaram 213 carros, motos, caminhões e quadriciclos de 16 Estados do Brasil e de três outros países.

O *Rally* Internacional dos Sertões supera os demais existentes no mundo no quesito "dificuldade técnica", pois os pilotos devem cruzar cinco Estados, percorrendo um total de 4.034 quilômetros de estradas de terra e trilhas que passam dentro de rios e por grandes áreas de erosão.

O trajeto inclui até o deserto do Jalapão, no Estado de Tocantins.

Esse rali surgiu em 1992, entretanto em 1996 a sua organização estava agonizando.

Aí apareceu Marcos Ermírio de Moraes, descendente direto de uma das mais tradicionais famílias de empresários brasileiros, donos do Grupo Votorantim.

Após duas disputas de moto – e nenhuma vitória – ele assumiu o empreendimento, visto que como apaixonado pelo esporte não queria que a competição terminasse, e ela no seu início tinha uma gestão cambaleante.

Conta Marcos Ermírio de Moraes: "Nos dois primeiros anos, os prejuízos foram enormes e ultrapassaram os 200%, e no começo era difícil obter R$ 200 mil para ter um esquema sofrível para a realização da prova.

Hoje essa cifra saltou para R$ 2 milhões, estamos crescendo continuamente nos últimos quatro anos, e já se obtém um lucro razoável para poder incrementar as próximas competições, ou injetar recursos em dois subprodutos do rali: a Rota Sul, desenvolvida para motos e carros no Estado do Rio Grande do Sul, e o *Rally* Empresarial, destinado a grandes firmas interessadas em oferecer emoção incomum aos seus executivos.

Em muitos casos isto serve para aliviar enormemente o estresse dos empreendedores.

Eu sou um aventureiro de carteirinha e gosto de encarar não apenas os desafios na terra mas também no ar.

A minha atividade principal está na área de agronegócios (plantação de laranjas e criação de ovinos), mas os empreendimentos nesse segmento de aventuras me ensinaram muito, pois tive que percorrer regiões onde as pessoas sobrevivem da troca de mercadorias para viabilizar a sua existência.

Portanto, ao ter aberto outras frentes de negócio ligadas a aventuras, creio deixarei para os meus filhos além de um patrimônio um exemplo de vida que lhes permitirá entender quanto cada um deve valorizar o trabalho, a capacidade e o esforço para construir um empreendimento voltado para o entretenimento radical.

Quem participa do *Rally* dos Sertões competindo ou organizando percebe claramente que é envolvido por uma constante energia positiva."

4- O professor Julian Lange, um empreendedor por definição, que no fim dos anos 70 do século XX, na sua empresa Software Arts criou a primeira planilha eletrônica do mercado, o VisiCalc, antecessor de programas famosos como o Lotus, e hoje professor da Babson College – referência no ensino do empreendedorismo – de Boston, responde: "Naturalmente não existe uma receita pronta. Mas o elemento essencial é a capacidade de **reconhecer uma oportunidade**.

Uma boa chance não cai quase nunca no colo de alguém.

É preciso correr atrás dela e saber formatá-la.

Um bom empreendedor também nunca deve ter vergonha de defender seu produto, mesmo que seja uma novidade da qual o mercado ainda nem sinta necessidade!?!?

Outra aptidão muito útil é a habilidade de **tolerar o risco** e a capacidade de se **adequar à volatilidade nos negócios**.

É 'educativo' o empreendedor cometer um determinado número de erros e conviver com fracassos ao longo de sua carreira para que com isso fique encorajado a tirar o máximo proveito desses insucessos para o seu desempenho no futuro.

É obvio que se pode educar um indivíduo para ser empreendedor, mas a paixão por algum projeto é um fator básico que não se pode ensinar...

Por outro lado, sempre é útil analisar as experiências de empreendimentos anteriores, ver o que deu ou não certo e ensinar as técnicas que aumentem as possibilidades de sucesso em novos negócios.

Eu mesmo admiro e sempre cito nas minhas aulas alguns empreendedores fantásticos como Bill Gates, que tomou grandes iniciativas, especialmente nos primeiros anos da Microsoft.

Ele é um empreendedor com grande capacidade de trabalhar de acordo com o ambiente à sua volta ao mesmo tempo em que se 'esforça' para mudá-lo.

Um outro empreendedor fantástico é o Jeff Bezos, criador da Amazon.

Pouca gente sabe, mas ele trabalhava como administrador de um fundo de investimentos em Nova York, antes de criar a maior livraria virtual do mundo.

Seu grande mérito foi ter sido o primeiro a fazer a seguinte pergunta: 'O que a Internet pode me ajudar a fazer melhor e mais rápido do que eu já faço hoje na vida real?'

E aí ele pensou na sua livraria virtual..."

5- Deepak Chopra é um médico e filósofo indiano, com 23 livros escritos e mais de 20 milhões de exemplares vendidos em todo o mundo – quase 10% deles no Brasil – dentre eles o mais conhecido é *As Sete Leis Espirituais do Sucesso*.

A famosa revista *Esquire* o elegeu como um dos dez maiores *experts* na maximização do potencial humano nos EUA, e é ele quem diz: "Um empreendedor (executivo) precisa inicialmente saber que liderança e administração eficiente são coisas diferentes, e inclusive um bom gestor pode não ser necessariamente um bom líder.

E o problema é que todo negócio precisa de ambos.

Sem uma boa administração, o negócio normalmente vai declinar até chegar à falência.

Uma das funções de um bom administrador é verificar sempre se todos os funcionários estão ocupando o cargo que deveriam – em outras palavras, se cada músico está tocando o instrumento certo na orquestra.

Enquanto a boa administração consiste em manter o *statu quo* e torná-lo eficiente, uma excelente liderança é indispensável para se promover a transformação.

Trata-se de pegar aquilo que se tem e conduzi-lo a um outro nível.

Um bom líder tem que desempenhar vários papéis: ser um protetor em situações de perigo, um empreendedor nos momentos em que a empresa precisa assumir riscos, um político quando precisa aplacar os egos, um apoio emocional quando o trabalho em equipe não vai bem.

Um inovador, um criador, um visionário.

É, além de tudo isso, um catalisador que propicia a transformação.

Ou seja, o líder é o solo simbólico da consciência de um grupo.

No meu modo de ver, um dos traços mais fortes nas últimas décadas é que todo mundo parece tomar os EUA e os executivos e líderes norte-americanos como modelo, o que acho ser errado.

Ignora-se aqui o fato de que muitos dos modelos de gestão implementados lá não cumpriram suas expectativas.

Vou mais além: os EUA estão falhando como modelo de liderança no mundo globalizado.

Por isso os brasileiros deveriam se preocupar mais em ir atrás dos seus próprios modelos, como aquele do líder criativo Jaime Lerner, que transformou Curitiba numa cidade admirada no mundo todo.

Acredito que muita gente nos EUA copiaria o seu modelo de gestão se conhecesse mais a fundo o seu trabalho...

De resto, o executivo brasileiro me parece muito hesitante, tímido, pouco confortável em revelar seus métodos e comportamentos."

6- A resposta é de Luiza Helena Trajano Inácio Rodrigues, superintendente do Magazine Luiza, uma rede de lojas de varejo, sendo atualmente uma das empresárias de maior êxito no Brasil: "Uma empresa para ser bem-sucedida deve ter funcionários felizes.

Nós no Magazine Luiza sabemos hoje que quando as pessoas se sentem participativas em todo o processo do negócio elas ficam mais felizes.

Aí elas querem 'construir' coisas, sejam pequenas ou grandes.

Quando percebem que são ouvidas ficam então mais envolvidas e o ambiente fica propício para mais progresso.

Não acredito que as pessoas façam bem o seu trabalho só por motivação, só por inteligência.

Nós criamos um processo que se baseia em três pontos: **coração, bolso e cabeça**.

Uma pessoa só se sente parte do negócio se ela puder participar, e aí, gostando, passa a usar mais a sua **cabeça**.

Mas se ela não sentir que sua evolução financeira é justa, é efetiva, essa motivação não se sustenta por muito tempo.

Isso na realidade não quer dizer que toda motivação tem de vir amarrada a dinheiro, ou seja, ao **bolso**.

Na nossa empresa não tem isso, pois acreditamos também em outras motivações.

Assim propiciamos muitos incentivos, mas todos que estão na empresa sabem que à medida que a empresa ganha, eles também estão aumentando a sua rentabilidade.

Essa é a nossa política do ganha-ganha.

Porém queremos muito que as pessoas se sintam orgulhosas e felizes por isso temos incentivos voltados para a valorização pessoal como os *outdoors*, nos quais colocamos periodicamente as mensagens e fotos dos nossos colaboradores que mais se destacam em cada região.

Aliás, nesse *outdoor* geralmente está escrito: 'Bom atendimento todo mundo reconhece!'

Tem ainda o encontro com a família, medalhas, quadros de destaque e encontro de campeões.

O empreendedor líder deve incentivar a motivação, mexendo com o **coração** dos seus auxiliares.

Uma outra forma de tornar os colaboradores mais felizes é investindo no seu desenvolvimento, e por isto pagamos 50%, 70% ou até 100% de cursos que eles nos solicitam.

Sou apaixonada pela pequena empresa, pois acho que a grande alternativa do desemprego está nela.

O que eu mais aconselho à pequena empresa é que ela tenha uma equipe alinhada, comprometida, motivada e feliz.

Isso é possível propondo incentivos simples do tipo: 'se cobrirmos a cota, vamos fazer um jantar ou todos vamos à um espetáculo teatral'.

É preciso quebrar o mito de que a pequena empresa não pode.

Para ela talvez seja difícil distribuir lucros, mas trabalhar o incremento da produtividade através de colaboradores felizes é bem mais fácil do que nas grandes organizações."

7- Aqui vale a pena recorrer à resposta que dá Howard Schultz, o presidente do Conselho e CEO da rede de venda de café Starbucks, que não pára de crescer.

Ele comprou a Starbucks em 1987 e durante cinco anos ela foi uma empresa de capital fechado, cumprindo porém o seu objetivo de abrir 125 novas lojas em diferentes regiões dos EUA.

No entanto a partir de 1995 a rede se tornou muito grande é aí começaram a surgir várias questões críticas como:

- É possível uma empresa dobrar ou até triplicar de tamanho sendo fiel aos mesmos valores que tinha quando era menor?
- Quanto é possível expandir uma marca sem enfraquecê-la?
- Como se pode inovar sem comprometer seu legado?
- Como proceder para manter-se empreendedor mesmo desenvolvendo um gerenciamento profissional?
- Como manter as iniciativas a longo prazo quando problemas de curto prazo exigem soluções imediatas?

➡ Como continuar passando aos clientes uma idéia de descobertas e aperfeiçoamentos enquanto a empresa está crescendo a uma velocidade alucinante?

➡ Como manter a alma de sua empresa quando também são necessários sistemas e processos?

Howard Schultz enfrentou essas dúvidas e muitas outras, todavia conseguiu resolvê-las, e tem hoje um negócio de vários bilhões de dólares de receita por ano e milhares de unidades constituindo a sua rede Starbucks.

Diz Howard Schultz: "Eu não consegui encontrar respostas prontas para tais perguntas em nenhum livro!?!?

Recorri mais a especialistas, CEOs, consultores em empreendedorismo e franquias, profissionais de planejamento de outras organizações, etc.

Com a ajuda deles acho que passei pelas seguintes fases: primeiro como sonhador, depois como um empreendedor, e agora como líder de uma respeitadíssima rede de lojas cujo produto principal é o café, ou seja, não sou mais um 'café pequeno'!!!

O que posso ensinar é que uma característica da Starbucks foi a de nunca ter investido pesadamente em publicidade, pois temos uma operação totalmente centrada no varejo.

A nossa marca se construiu em torno da orientação ao **produto**, às **pessoas**, aos seus **valores**, e aplicamos em demasia o *marketing one-to-one* (um a um).

Além disso quero acrescentar que gosto muito de basquete e acredito que as estratégias que usamos na Starbucks têm muito a ver com os métodos usados nesse jogo, no qual mais que nos outros o sucesso tem mais sabor quando é compartilhado..."

8- Para ter realmente um sucesso integral o empreendedor deve ser ético.

Com efeito, esperamos que o século XXI entre outras coisas seja o **século da ética**.

Obviamente sobre ética existem muitos livros bons e em particular um que recomendamos é o do professor, doutor em Direito e Comunicação Semiótica e secretário de Educação do Estado de São Paulo, Gabriel Chalita, com o título *Os Dez Mandamentos da Ética*.

Nele o autor apresenta o seguinte decálogo que deve ser seguido pelo empreendedor ético:

1. **Fazer o bem.**

O bem é a finalidade da ética.

Ou seja, como disciplina, a ética procura determinar os meios para atingir o bem. Mas pode-se dizer ainda, de maneira muito mais ampla, que o bem é a finalidade de todas as atividades humanas, inclusive do negócio que o empreendedor abriu.

Afinal, toda vez que nos empenhamos em fazer algo, temos interesse em obter um resultado adequado. A busca de toda atividade humana deve ser o bem.

2. **Agir com moderação.**

A moderação é o modelo de toda conduta ética.

Por isso mesmo há uma "dose" certa de disposição que devemos aplicar em nossas atividades, ou não conseguiremos agir segundo a excelência social.

Essa excelência é ameaçada e pode ser destruída tanto pelo excesso quanto pela ausência de uma determinada disposição ou motivação.

3. Saber escolher.

Para fazer uma escolha é preciso usar o intelecto.

Isso não quer dizer frieza nem insensibilidade, pois toda ação ética deve apresentar harmonia entre as emoções e a razão; significa, isso sim, que devemos utilizar nossas faculdades mais altas para investigar a realidade e chegarmos a um juízo de valor.

4. Praticar as virtudes.

Liberalidade e magnificência são as virtudes que nos mantêm livres das coisas materiais, ou que nos mostram que as coisas materiais devem estar a serviço de gente, e não o contrário.

Liberalidade é o meio-termo entre prodigalidade e avareza, e diz respeito ao modo como cada pessoa cuida das suas riquezas, isto é, tudo aquilo que pode ser medido ou convertido em dinheiro.

5. Viver a justiça.

A verdadeira justiça nasce da alma, é um poder de deliberação cuja força provém do espírito. As leis devem ser seus auxiliares, guias de orientação, mas a fonte de onde brota a excelência da justiça reside mesmo no coração e na mente das pessoas.

6. Valer-se da razão.

As cinco disposições racionais são: a ciência, a técnica, o discernimento, a inteligência e a sabedoria.

A ciência envolve as verdades invariáveis da natureza, a técnica se dedica aos métodos para produzir coisas; o discernimento busca reconhecer o bem, as boas escolhas, no âmbito das verdades cambiantes que compõem a vida em sociedade; a inteligência é a centelha que ilumina a nossa atuação na vida; e a sabedoria nos ensina a importância de relacionar todas as formas de conhecimento para atingirmos o bem.

7. Valer-se do coração.

Para agir eticamente precisamos controlar os nossos impulsos interiores, as nossas emoções, utilizando para isso nossos conhecimentos e nossas capacidades de deliberação e discernimento.

8. Ser amigo.

Todos precisamos de amigos. Com eles, compartilhamos o que de melhor temos em nossas vidas e tudo o que somos, nossas conquistas pessoais e nossos fracassos, nossos projetos e labutas, nossos sonhos e frustrações. O empreendedor precisa ser amigo dos outros.

9. Cultivar o amor.

Uma pessoa só pode ter amor por outra, ser um verdadeiro amigo, se for capaz de amar a si mesma. Para ser empreendedor é preciso gostar muito de si mesmo, do seu entorno, e em particular dos seus colaboradores.

10. Ser feliz.

A felicidade é um conjunto de atividades que são desejáveis em si mesmas, e não por causa dos resultados que podem produzir.

Claro que todos esses mandamentos de ética são importantes, mas são os 5 últimos, ou seja, a razão, o coração, a amizade, o amor e a felicidade os elementos essenciais para que o empreendedor tenha em seu negócio todos os seus funcionários trabalhando como verdadeiros colaboradores.

9 - Jorge Lobo, autor do livro *Da Recuperação da Empresa no Direito Comparado*, num artigo no jornal *Valor Econômico* (21/7/2004) com o título *A nova proposta da recuperação de empresas no Brasil,* diz: "Que bom que o Senado Federal já aprovou em turno suplementar o Projeto de Lei de Recuperação e Falência do Empresário e da Sociedade Empresária (LRFE).

Durante os mais de dez anos de tramitação no Congresso Nacional da LRFE formaram-se dois grupos antagônicos, o dos **céticos** e o dos **crentes**.

Os céticos – são a maioria, pelo menos por enquanto – acham entre outras coisas que a LRFE nada mais é do que a arcaica concordata preventiva com outra denominação e 'roupagem'; que a instituição da recuperação não deu certo em outros países, nem mesmo na França, onde surgiu em 1985, apesar de aperfeiçoada em 1994; que aqui, o devedor quer sempre pagar o menos possível a 'perder de vista' e o credor quer receber o máximo o mais rapidamente que possa, o que se choca com o espírito da lei, que busca a conciliação e a composição dos interesses em conflito; que o estado de crise econômica das empresas é, na imensa maioria dos casos, motivado por problemas gerenciais, os quais a LRFE não resolve, porque os gestores 'antigos' são mantidos em seus cargos e funções durante o processamento da ação de recuperação judicial, salvo se ficar constatado que eles são a razão da debacle do negócio e que apenas a empresa está legitimada a requerer, o que é péssimo, pois na maioria das vezes o faz tardiamente, motivo pelo qual os trabalhadores e os credores também deveriam pleiteá-la.

Já no tocante aos crentes – ainda poucos, mas otimistas –, estes afirmam que a LRFE é a 'única' saída para a recuperação das empresas brasileiras, e entre as diversas razões apontam as seguintes:

- estamos no 'fundo do poço' em matéria de direito falimentar e qualquer novo instituto é melhor do que a já ultrapassada concordata preventiva;
- ao permitir a participação dos credores no exame, discussão e elaboração do plano de reestruturação do negócio, a LRFE deixa de ser um artificial 'benefício ou favor legal' e passa a ser um instrumento eficiente de reestruturação da empresa, no qual os credores terão papel decisivo;
- salta aos olhos que é melhor reestruturar, sanear e recuperar a empresa tornando-a econômica e financeiramente viável do que quebrá-la, liquidá-la e extingui-la;

- a falência, para o devedor, ou seja, para o empreendedor é o 'fim da linha', a ruína econômica e moral, e para os credores, a perda de dinheiro e do cliente, enquanto a recuperação é uma oportunidade concreta de o devedor reerguer-se e saldar suas obrigações e dívidas;
- recuperação extrajudicial é um remédio simples, prático, econômico e rápido, sendo com toda certeza a solução para muitas micro, pequenas, médias e até grandes empresas."

Muito bem, vamos todos torcer para que os crentes ganhem dos céticos e tenhamos uma eficaz LRFE, não é?

10- De acordo com Alencar Burti, presidente do Conselho Deliberativo do Serviço de Apoio às Micro e Pequenas Empresas de São Paulo (SEBRAE/SP): "Sem dúvida, antes que tenhamos um MSE (Movimento dos Sem-Emprego e Sem-Empresas), e para evitar que fiquemos à mercê de ideologias e interesses que atravancam o processo de solução do problema de desemprego, governo, parlamentares, lideranças empresariais e laborais precisam se unir de forma sistemática e continuada para buscar alternativas eficazes que, mais que atenuar, eliminem definitivamente essa chaga.

Essa conclamação não é insólita nem movida exclusivamente pela emoção, sentimentalismo ou solidariedade; trata-se de um apelo à racionalidade, pois os números, mesmo despidos dos reflexos sociais, mostram a situação dramática em que vivemos e delimitam um cenário que beira a catástrofe.

Nos últimos oito anos, a PEA cresceu 21%, totalizando 9,8 milhões de pessoas.

No mesmo período, o número de desempregados cresceu 73%, sendo que só na região metropolitana de São Paulo esse salto equivale a mais de 2 milhões de paulistas sem ocupação.

Também nesses últimos oito anos – período de 1995 a 2003 – a atividade econômica acumulou baixas taxas de crescimento do PIB (2% ao ano, em média), conseqüência direta da queda da renda real do trabalhador que, segundo o IBGE, foi de 7,3% de abril de 2003 a abril de 2004.

O desempenho das pequenas empresas em termos de faturamento é outro elo desse círculo vicioso.

Em 2003, somente elas amargaram uma queda de faturamento da ordem de 16%, ou seja, quase R$ 3 bilhões.

E todos sabemos que esse segmento é o maior empregador responsável por quase 70% da geração dos postos de trabalho.

A tão aguardada e desejada retomada do crescimento do País, se vier, ocorrerá provavelmente pelo progresso do pequeno negócio. Mas para isso acontecer as micro e pequenas empresas precisam de mais crédito, menos burocracia, juros menores e menos impostos.

Não é possível mais omitir-se desta dura realidade e continuar aceitando passivamente que os pequenos negócios continuem sujeitos aos mesmos 60 tributos e às mesmas centenas de milhares de normas e regulamentos das grandes corporações, sendo por isso impedidos de se tornarem mais competitivos.

Pior ainda, incorporando-se ao enorme contingente de negócios informais, que hoje somam cerca de 2,4 milhões de empreendimentos.

Precisamos tratar os desiguais de maneira desigual, criar regras que privilegiem a maioria, e não as exceções, a fim de que os brasileiros empreendedores conquistem plenamente sua cidadania empresarial e sejam responsáveis por muito mais que os atuais 25% do PIB e 12% das exportações.

E mais: é necessário criar condições para estimular a abertura de novas empresas formais e consolidar as já existentes, pois este é o caminho para absorver os desempregados.

É urgente a elaboração de uma Lei Geral das Micro e Pequenas Empresas, mecanismo que estabeleceria o princípio de tratamento diferenciado e a criação do Super Simples, um imposto unificado que reunirá contribuições e encargos federais, estaduais e municipais numa única taxa.

Se queremos participar efetivamente da construção deste novo Brasil, mais forte e mais saudável, as suas micro e pequenas empresas precisam estar mais robustas, mais preparadas e mais competentes para cumprir sua principal missão: **gerar postos de trabalho, renda e felicidade!!!"**

11- Fernando Dolabela de fato é um dos principais responsáveis no Brasil pela introdução da idéia de utilizar o ensino para disseminar o empreendedorismo no nosso País, convencendo os coordenadores de cursos nas instituições de ensino superior (IESs) a mudar os currículos para permitir formar não apenas futuros bons empregados, e sim também excelentes empregadores!!!

É preciso ensinar aos estudantes como se formula um bom PN, e desta maneira minimizar a mortalidade infantil das novas empresas.

Fernando Dolabela já difundiu bastante a sua metodologia da Oficina do Empreendedor, aplicada em praticamente todas as partes do País, e lançou em 2003 o seu livro *Pedagogia Empreendedora* voltado ao ensino do empreendedorismo a crianças e jovens dos 4 aos 17 anos.

É isso mesmo, o sonho de Fernando Dolabela é introduzir o ensino do PN (na realidade, do **plano de vida**), desde a educação infantil até o segundo grau.

Basta ver o brilho nos olhos desse autor para se convencer de que ele buscará influenciar significativamente prefeitos, professores, alunos e quem mais for preciso para que a *Pedagogia Empreendedora* de fato deslanche.

Fernando Dolabela assim expressa o seu sonho: "A todos que sonham em acabar com a miséria no Brasil e vêem no empreendedorismo um dos instrumentos para a realização desse ideal dedico o meu livro.

Muitos ainda acreditam que o empreendedorismo seja um talento que brota, um fenômeno individual.

Esse mito é semelhante ao do artista criador, explicado por 'dom divino' que obscurece os aspectos de formação e trabalho — tão bem lembrado pela frase atribuída ao compositor alemão Ludwig von Beethoven, segundo o qual em suas criações havia '1% de inspiração e 99% de transpiração'.

Assim como no caso do artista, no de ser empreendedor também não há milagre.

O espírito empreendedor é um potencial de qualquer ser humano, porém necessita de algumas condições indispensáveis para se materializar e produzir efeitos.

Entre essas condições estão, no **ambiente macro**, a democracia, a cooperação e a estrutura de poder tendendo para a forma de rede.

Sem tais 'aminoácidos' (elementos constitutivos das moléculas chamadas proteínas) formadores de capital social, há pouco espaço para o afloramento do espírito empreendedor, que é um dos componentes do capital humano.

Um exemplo interessante, constatado no Brasil, cujos habitantes de uma comunidade têm grandes diferenças sociais, é aquele que se distribuirmos igualmente entre os moradores um certo valor em dinheiro e se for avaliado alguns anos após o que dele foi feito, provavelmente se constatará que aqueles que possuíam **conhecimento** e **poder** conseguiram manter ou fazer crescer o capital, enquanto os despreparados o consumiram para sobreviver!?!

Infelizmente, investimentos materiais fluem segundo uma 'lei de gravidade social' que os conduz a canais, dutos e caminhos e os faz desaguar inevitavelmente nas reservas de quem já detinha renda, conhecimento e poder.

Não apenas o poder de mandar, mas aquele representado pela capacidade de efetivamente decidir e influenciar tanto o seu presente e o seu futuro quanto o da sua comunidade.

Para que todos tirem proveito do crescimento econômico é preciso alterar os fluxos e caminhos da renda, da riqueza e do conhecimento através de investimentos na formação de capital humano e social e na capacitação para construir **democracia** e **cooperação.**

O objetivo que busquei alcançar com o livro *Pedagogia Empreendedora* foi de ressaltar a necessidade de preparar o aluno para **sonhar** e **buscar a realização de um sonho** – o de ter um negócio próprio.

Uso assim a **teoria empreendedora dos sonhos** que obviamente não tem a pretensão de ser uma metodologia educacional de uso amplo.

Em um primeiro momento, o aluno desenvolve um sonho, um futuro onde deseja chegar, estar ou ser.

Em um segundo momento, ele busca realizar o sonho, e por isto, se vê motivado a aprender o necessário para alcançar esse objetivo.

A busca constante de realização do sonho é a fonte de geração e manutenção do nível emocional que dá ao indivíduo a capacidade de persistir e continuar, apesar dos obstáculos, erros e resultados indesejáveis que encontrar pela frente.

A necessidade de conhecimento nasce da vontade interminável de ter acesso aos elementos necessários à realização do sonho.

As atividades de buscar, aprender com os erros e, portanto, evoluir, dizem respeito ao **saber empreendedor.**

Assim a atividade pedagógica vai se dedicar principalmente à conexão entre o sonho e sua realização."

Realmente, promover o empreendedorismo e aumentar a dinâmica empreendedora em uma nação deveria ser o elemento fundamental de qualquer governo que desejar impulsionar o seu bem-estar econômico.

12- A resposta dessa pergunta vai ser bem detalhada, pois ela inclui o conceito de **liderança empreendedora.**

Inicialmente convém definir que **liderança** é o processo de direcionar o comportamento dos outros para a realização de algum objetivo.

Direcionar aqui significa fazer os indivíduos agirem de certa maneira, ou seja, seguirem em um determinado curso.

Liderar, por sua vez, não é o mesmo que gerenciar.

Infelizmente muitos executivos não conseguem ainda captar a diferença entre os dois conceitos, e portanto trabalham de acordo com uma visão equivocada de como executar seus deveres na organização.

Embora alguns gerentes sejam líderes e alguns líderes sejam gerentes, liderar e gerenciar não são atividades idênticas.

De acordo com o guru da administração Theodore Levitt, o gerenciamento consiste: na **avaliação racional** de uma situação e na seleção sistemática de metas e finalidades (o que deve ser feito); no **desenvolvimento sistemático** de estratégias para atingir essas metas; na disponibilidade dos recursos exigidos; no **projeto racional**, na **organização**, na **direção** e no **controle das atividades** requeridas para alcançar os objetivos escolhidos; e, por fim, em **motivar** e **recompensar** as pessoas para fazerem o trabalho.

Assim, gerenciar tem um escopo muito mais amplo que liderar e focaliza questões comportamentais e não-comportamentais.

Já liderar enfatiza principalmente as questões comportamentais!!!

Os executivos modernos precisam, portanto, entender a diferença entre gerenciar e liderar e saber como combinar os dois papéis a fim de atingirem o sucesso organizacional.

Um gerente garante que uma atividade seja feita, e um líder concentra-se nas pessoas que fazem o trabalho e se preocupa com elas.

Combinar gerenciamento e liderança exige, por conseguinte, possuir a competência de focar-se de maneira calculada e lógica nos processos organizacionais (gerenciamento), juntamente com a valorização genuína dos trabalhadores como pessoas (liderança).

Os líderes nas organizações do século XXI têm sido confrontados com várias situações que raramente tiveram que ser resolvidas por líderes empresariais, digamos, na primeira metade do século XX.

Os líderes empresariais de hoje muitas vezes são obrigados a demitir em massa a fim de eliminar contingentes humanos desnecessários – e assim diminuir as despesas com mão-de-obra –, a reorganizar o trabalho de modo que os membros de uma empresa se tornem mais eficientes e a iniciar programas destinados a aprimorar a qualidade e a produtividade geral do funcionamento organizacional.

Em reação a essas novas situações, as empresas estão enfatizando estilos de liderança que se concentram em **envolver os funcionários na organização** e em dar a eles liberdade para usar sua capacidade da maneira que julgarem melhor, principalmente de exibir sua criatividade.

Esse é um tipo de liderança radicalmente diferente daquele conhecido em organizações do passado, que se concentravam amplamente no **controle de pessoas e nos processos de trabalho**.

Na Tabela 6.3 tem-se o contraste entre a "alma" do novo líder e a "mente" do gerente tradicional.

Quatro estilos de liderança emergiram nos anos recentes para as pessoas se adaptarem às novas situações:

Liderança transformacional é aquela que inspira o sucesso organizacional, afetando profundamente as crenças dos seguidores sobre o que deve ser uma organização, bem como seus valores, como justiça e integridade.

Esse estilo de liderança cria uma noção de dever dentro da empresa, incentiva novas formas de encarar os problemas e promove a aprendizagem para todos os membros da organização.

Líder (alma)	Gerente (mente)
Visionário	Racional
Entusiasmado	Consultor
Criativo	Persistente
Flexível	Solucionador de problemas
Motivador	Resistente
Inovador	Analítico
Corajoso	Estruturado
Imaginativo	Deliberado
Experimental	Autoritário
Independente	Estabilizador

Tabela 6.3 - Característica do líder emergente *versus* características do gerente.

A liderança transformacional está intimamente relacionada a conceitos como liderança carismática e liderança inspirativa.

Os líderes transformacionais desempenham várias tarefas importantes.

Primeiramente, eles aumentam a consciência dos seguidores no tocante às questões organizacionais e suas conseqüências.

Os membros de uma empresa devem compreender todas as questões de alta prioridade de uma companhia e o que acontecerá se elas não forem resolvidas com sucesso.

Em segundo lugar, os líderes transformacionais criam uma visão do que a instituição deve ser, constroem um compromisso com essa visão em toda a empresa e facilitam mudanças organizacionais que apóiam a visão.

2. **Liderança de *coach* (instrutor ou treinador).**

O *coach* é aquela pessoa que exerce a sua liderança através das instruções que dá aos seus seguidores sobre como atender aos desafios organizacionais especiais que eles enfrentam.

Agindo como um treinador de atletas, o *coach* (ou líder treinador) identifica comportamentos inadequados nos seguidores e sugere como corrigi-los.

Um líder treinador de sucesso é caracterizado por vários comportamentos, entre os quais os seguintes:

- **Ouvir atentamente** – O *coach* tenta reunir tanto dados sobre o que é dito quanto sentimentos e emoções por trás do que é dito.
  Esse líder toma o cuidado de realmente escutar e não cai na armadilha de refutar imediatamente as afirmações feitas pelos seguidores.
- **Dar apoio emocional** – O líder treinador dá incentivo pessoal aos seus seguidores.
  Esse incentivo deve ter como meta motivá-los constantemente a dar o melhor de si para atender às elevadas exigências de organizações bem-sucedidas.
- **Mostra pelo exemplo o que constitui um comportamento adequado** – O líder instrutor mostra aos seguidores, por exemplo, como lidar com o problema de um funcionário rebelde ou com uma falha na produção.
  Claro que ao demonstrar conhecimentos, o líder treinador ganha a confiança e o respeito dos seus seguidores.

3. **Superliderança** consiste em liderar mostrando aos outros **como agir por conta própria**.

Se os superlíderes tiverem sucesso, desenvolverão seguidores produtivos que trabalhem independentemente e que precisem depois apenas da mínima atenção do superlíder.

Isso deveria ocorrer no mínimo com a maioria dos pais dando condições para que os seus filhos pudessem cuidar da própria vida, não é?

Em essência, os superlíderes ensinam os seguidores como pensar por si próprios, agindo de modo construtivo e independente.

Eles incentivam as pessoas a eliminarem pensamentos e crenças negativas sobre a empresa e os colegas e a substituí-los por crenças mais construtivas e positivas.

Um aspecto importante da superliderança consiste em construir a autoconfiança dos seguidores, convencendo-os de que eles são competentes, têm um potencial significativo e são capazes de enfrentar os difíceis desafios que surgem no trabalho.

O objetivo dos superlíderes é desenvolver seguidores que exijam pouca liderança no futuro.

Esse é um objetivo muito importante de ser alcançado hoje numa organização típica, cuja estrutura é bem mais horizontal do que aquela de organizações antigas e que, portanto, tem menos líderes.

4. **Liderança empreendedora** é aquela que se baseia na atitude de que o líder é o dono da empresa.

Os líderes desse tipo agem como se estivessem desenvolvendo um papel fundamental na empresa, e não um papel sem importância.

Além disso, eles se portam assumindo o risco de perder dinheiro, mas convictos de que alcançarão o lucro...

Tratam cada erro como se fosse significativo, e não como um erro menor que será neutralizado pelo funcionamento normal da empresa.

Claro que os gestores líderes devem perceber imediatamente que esses quatro estilos não são mutuamente exclusivos e podem ser combinados de várias maneiras para assim gerar um estilo singular.

Por exemplo, um líder pode assumir tanto um papel de *coach* quanto o de um empreendedor.

Na Figura 6.1 encontram-se as várias combinações desses quatro estilos de liderança que um líder pode adotar, e naturalmente a parte mais escura na Figura 6.1 representa um líder cujo estilo abrange todos os estilos.

No século XXI estão surgindo cada vez mais mulheres como líderes, bem como algumas organizações sem liderança específica!?!?

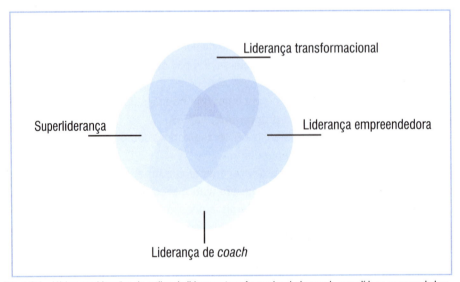

Figura 6.1 – Várias combinações de estilos de liderança transformacional, de *coach*, superlíder e empreendedora.

Quem tomar como referência os EUA – uma nação muito democrática –, saberá que em 1970 apenas 15% de todos os gerentes eram mulheres.

Já em 1989, esse número subiu para 40%, e por volta de 1996 as mulheres constituíam 64% da força de trabalho total norte-americana.

Esse percentual vem crescendo e a dúvida que fica é quantas dessas mulheres se tornarão líderes nas suas organizações.

Uma pesquisa recente indicou que apenas **três de cada cem cargos** de executivos nas maiores empresas norte-americanas são ocupados por mulheres ou seja, mais ou menos o mesmo número de uma década atrás, ou melhor, 1994.

Uma das justificativas para essa ainda pequena participação na liderança empresarial das mulheres nos EUA (e em outros países ocidentais também...) é o chamado **"teto de vidro"**, que é essa barreira sutil de atitudes negativas e preconceitos que impede as mulheres de atingirem as posições mais elevadas da administração.

O fato é que as mulheres que têm quebrado o teto de vidro descobriram que não existe um molde para a liderança efetiva.

No passado, as mulheres líderes procuravam adotar os estilos de liderança exibidos por gerentes de sucesso do sexo masculino.

Este, porém, não é o caminho mais adequado, pois ser um líder eficaz não tem nada a ver com o sexo da pessoa.

As mulheres gerentes líderes de hoje, muitas vezes descrevem os seus estilos de liderança como **transformacionais**, significando que, elas buscam fazer com que os trabalhadores transformem ou submetam seus interesses próprios ao consenso do grupo, voltando-se sempre a uma meta mais ampla.

Esse estilo de liderança, como já foi dito, atribui poder a características pessoais como carisma, contatos pessoais e habilidades interpessoais.

Em vista disso, talvez os homens líderes do século XXI caracterizem sua liderança mais como **transacional**, ou seja, eles consideram que seus cargos envolvem uma série de transações entre si mesmos e seus subordinados.

Esse estilo envolve a troca de recompensas por serviços ou a dispensa de punição por desempenho inadequado.

Mas as mulheres líderes do século XXI também têm mostrado que são muito habilidosas nas transações...

Os estudiosos da gestão no século XXI mostram que em algumas situações é possível executar um certo trabalho com eficácia sem a presença clara de um líder, o que inclusive leva a pensar mais na chamada administração horizontal, isto é, aquela com o menor número possível de níveis hierárquicos.

Um exemplo típico dessa situação é a renomada orquestra de câmera Orpheus, **que não tem um líder,** mas que conta com vários substitutos para a tradicional liderança de um maestro.

Nesse caso a linguagem corporal permite que todos os músicos comecem juntos, e eles olham uns para os outros atentamente enquanto tocam, para captar pistas do gesto mais sutil.

Um grupo central de músicos da orquestra reúne-se para decidir como tocar cada nova peça, e o primeiro violino, também conhecido como *spalla*, em geral conduz os ensaios.

O grupo conta com o consenso para resolver as discordâncias, e quando isto falha eles fazem uma votação.

Essa orquestra se tornou um modelo gerencial para muitas empresas com níveis hierárquicos reduzidos.

Bem, o que se espera de fato no século XXI é que surjam muitos líderes talentosos – homens e mulheres – que tenham a capacidade de exercer os quatro estilos de liderança.

Ou seja, dependendo da situação, agir como **líder transformacional**, incentivando as pessoas a ter novas idéias, a criar uma noção de dever, e estimulando-as a querer aprender sempre para assim crescer; comportar-se como um **líder treinador**, concentrando-se firmemente em dar instruções aos seguidores para que eles possam atender aos desafios especiais que enfrentam; assumir o papel de **superlíder** ensinando os seguidores a pensar por si próprios e agir de maneira construtiva e independente e finalmente adotar a postura do **líder empreendedor** fazendo tudo como se fosse o proprietário da empresa.

Esse é o líder que como indivíduo mostra que é capaz de assumir riscos para desenvolver, por exemplo, um produto novo, mas que também sabe explicar e antever os benefícios e lucros que um tal lançamento pode gerar.

Os estilos de liderança, quaisquer que sejam, aplicados numa organização têm como finalidade fazer com que os funcionários de uma empresa fiquem envolvidos com ela e queiram dedicar-lhe todo o seu potencial criativo.

Serão bem-sucedidas no século XXI as organizações que tiverem os líderes mais talentosos, e seguramente são aqueles que sabem exercer corretamente os quatro estilos de liderança e de vez em quando até deixar que o trabalho siga sendo feito sem uma liderança tradicional...

13- Um conjunto de empresários especialistas em empreendedorismo, gestão, liderança, criatividade e inovação, estando entre eles Herbert Steinberg, Marco Aurélio Klein, Ricardo De Marchi, Victor Mirshawka Jr., Emílio Umeoka, Cláudia Costin, Herbert Schimid e Fernando Teixeira, sob a liderança do economista, planejador inteligente, gestor dedicado e executivo competente Eduardo Bom Angelo, elaboram o livro *Empreendedor Corporativo*, no qual essa pergunta é respondida de várias formas.

Em particular, Eduardo Bom Angelo explica: "A figura do empreendedor é, ainda hoje, associada romanticamente ao navegador solitário ou ao desbravador de florestas, pessoas que se valem dos próprios recursos, talentos e contatos para atingir um determinado objetivo.

Ao longo da história os empreendedores têm sido vistos como loucos ou Quixotes, criaturas que perseguem sonhos impossíveis.

A história, no entanto, mostra que esses intrépidos 'irresponsáveis' foram os próceres que tiraram os homens dos galhos das árvores e os conduziram às estações espaciais.

O ato de empreender é, portanto, tão antigo quanto a civilização. Tem como marcos iniciais a descoberta do fogo, a invenção da roda e a sistematização da escrita.

O atrevido Cristóvão Colombo inseriu-se nesse fantástico time ao compor uma parceria empresarial com a Espanha. A serviço dos reis católicos, Isabel I de Castela e seu marido Fernando II de Aragão, o navegador assumiu a missão de estabelecer relações comerciais com a Índia, o que poderia recuperar a combalida economia espanhola. Em 12 de outubro de 1492, por obra do destino ou seguindo um plano secreto de conquista, ele desembarcou em um das ilhas das Bahamas e tomou posse do lugar em nome dos reis europeus.

Estava assim iniciando um grande e formidável negócio: a exploração do Novo Mundo. O próprio Colombo chegou a gerenciar com paixão o embrionário empreendimento, prospectando oportunidades na terra descoberta..."

Aí o consultor Herbert Steinberg dá a receita do prof. Robert Quinn: "Qualquer pessoa tem potencial para mudar o mundo, desde que mude a si própria, desde que se torne uma pessoa melhor!

Basta para tanto estudar a obra de Jesus Cristo, Mahatma Gandhi e Marthin Luther King.

Esses três grandes homens **agiam exatamente como pregavam!!!**

Eram de uma coragem incomum e sabiam que, como a semente de carvalho tem potencial para se transformar numa imensa árvore, todos podemos deixar aflorar o que temos de melhor e envolver pessoas em nossas metas.

Eles abandonaram como poucos suas zonas de conforto, esqueceram qualquer objetivo egoísta.

O sucesso deles estava em moldar o próprio comportamento de forma a engendrar no outro (amigo ou adversário) o desejo de ser uma pessoa melhor.

Este deve ser um modelo para quem é orientador, seja um padre, um pai ou uma mãe de família, um gestor ou um intra-empreendedor."

14- Uma excelente resposta para essa questão é dada pelo professor de Empreendedorismo e consultor José Carlos Assis Dornelas, autor de vários livros nos quais analisa em particular o papel do empreendedor corporativo, seu perfil, e os passos que se deve dar para incrementar essa atitude dentro da corporação.

A identificação, avaliação e implementação de novas oportunidade de negócios são também itens críticos para se poder caracterizar o empreendedorismo corporativo.

Chung e Gibbons definiram o empreendedorismo corporativo como: "É um processo organizacional no qual se visa à transformação de idéias individuais em ações coletivas através do gerenciamento das incertezas.

O empreendedorismo corporativo envolve dois tipos de fenômenos e processos que o cercam:

1. o **nascimento de novos negócios** dentro de organizações existentes, isto é, inovações internas;
2. a **transformação das organizações** através de renovação das áreas-chave sobre as quais a empresa é sustentada, ou seja, renovação estratégica."

Já José Carlos Assis Dorneles, no tocante à organização empreendedora, diz:

"Na verdade, toda organização pode ter algo de empreendedora, umas mais, outras menos.

Isso porque o empreendedorismo não é uma denominação que se possui ou não.

Trata-se de uma variável e, como tal, empresas dos mais variados ramos de atividade e porte podem ser mais ou menos empreendedoras.

Para se medir o grau de empreendedorismo deve-se levar em consideração as três dimensões-chave do mesmo, ou seja: **inovação, propensão de assumir riscos e proatividade**.

A inovação pode ser tanto de base tecnológica como até a inovação do modelo de negócios.

Pode ainda ser algo incremental ou radical.

A inovação é um conceito e prática umbilicalmente ligada ao empreendedorismo corporativo, mas o empreendedorismo corporativo não se limita à inovação.

Ele é mais abrangente e considera ainda as dimensões de risco e proatividade.

Assumir riscos parece ser **algo sem lógica**, mas muitas empresas assumem riscos sem calculá-los, ou seja, sem saber as conseqüências que o risco pode trazer.

Por outro lado, as grandes oportunidades do mercado geralmente estão atreladas a riscos consideráveis.

Ao se assumir riscos é essencial que se faça isso desde que eles tenham sido avaliados...

Riscos calculados não são necessariamente riscos pequenos, mas são riscos estudados, analisados, e sabe-se o que pode acontecer com a organização caso o risco se torne uma realidade.

Ao assumirem riscos de forma calculada, os empreendedores normalmente estão optando por tentar conseguir ganhos consideráveis – altos retornos que poderão ser obtidos em função do risco assumido.

A terceira dimensão do empreendedorismo, a proatividade, está ligada a uma orientação para a ação. Ter iniciativa é o oposto de reatividade.

A idéia aqui é a organização não ficar esperando pelo que ocorre em seu ambiente, mas que aja, antecipando as mudanças que estão por acontecer, surpreendendo o mercado e os concorrentes.

Internamente a empresa está ligada à implementação ao fazer acontecer, ao assumir suas responsabilidades.

Trata-se, pois, de continuamente buscar as oportunidades no mercado e de se antecipar às mudanças do ambiente.

Assim, o grau de empreendedorismo é definido pelo balanceamento dessas três dimensões.

O ideal é que as três dimensões tenham um forte papel no ambiente corporativo, mas isto nem sempre ocorre.

Porém o futuro da organização empreendedora dependerá sempre de executivos ousados, daqueles que não se contentam com resultados imediatos e que buscam deixar um legado, seu nome ou a história da corporação.

Esses empreendedores sempre foram e continuarão a ser grandes responsáveis pelas inovações que surgirão nos próximos anos.

Não aceitar as coisas como são, as regras prédefinidas e a repetição de receitas bem-sucedidas do passado é o primeiro passo para se entrar no mundo do empreendedorismo corporativo."

15-O professor e mestre em finanças Luiz Antonio Bernardi, autor do livro *Manual de Empreendedorismo e Gestão,* esclarece: "Inicialmente no meu modo de ver é crítico compreender os assuntos da gestão em duas dimensões: como **empreendedor** e como **gestor**.

Os perfis dos empreendedores e dos gestores são distintos e complementares. Assim os fins são de responsabilidade do empreendedor, e os meios, representados pelas técnicas de gerenciamento e controle, ferramentas gerenciais disponíveis, são primordialmente do gestor.

Pretender tornar o empreendedor um gerente é engessá-lo, assim como querer transformar um gerente em um empreendedor parece ser uma possibilidade remota.

A combinação desses papéis, conflitantes e complementares, delineia o **gerente estratégico**, ou seja, uma pessoa que é ao mesmo tempo empreendedor, líder, visionário e gerente."

É muito interessante como Luiz Antonio Bernardi explica não acreditar no mito de que **não é possível desenvolver o empreendedorismo**, vale dizer, que alguns acham que se deve nascer empreendedor.

Diz ele: "Isso de forma alguma é verdadeiro e existem várias circunstâncias que dão origem a um empreendimento e ao surgimento do empreendedor, que podem ou não se relacionar aos traços de sua personalidade.

Aí vão algumas características ou condições que levam as pessoas ao novo negócio:

1. **Empreendedor nato** – Esta figura é a personalização integral do empreendedor que comumente, desde cedo, por motivos próprios ou influências familiares, demonstra traços de personalidade comuns do empreendedor.

O desenvolvimento de tal vocação tem forte relação com o tipo de autoridade familiar e o ambiente motivacional familiar, tais como escala de valores e percepção de negócios.

2. **O herdeiro** – Ele pode ou não possuir as características do empreendedor.

Se for empreendedor por afinidade e vocação, seguramente dará continuidade ao empreendimento no qual entrou desde cedo e se educa e treina para esse fim.

Já por sua vez, caso a pessoa não tenha características empreendedoras e se for 'treinada' por imposição, desde cedo (como se faz com os príncipes...) pode vir a ser um problema para a continuidade da empresa.

3. **O funcionário de uma empresa** – O indivíduo percebe que possui características de empreendedor, mas sente também ao longo da sua carreira um desequilíbrio e falta de reconhecimento entre suas contribuições e as recompensas recebidas, ou então falta de interesse em suas idéias, ou uma intensa interferência da burocracia da empresa.

Frustrado em suas necessidades de realização pessoal, em algum momento de sua carreira decide partir para um negócio próprio.

4. **Um excelente e criativo técnico** – Com características de empreendedor, dispondo do conhecimento, de *know-how* sobre algum produto ou serviço, e possuidor de experiência no ramo, num certo momento da vida ele decide iniciar um negócio.

5. **O vendedor** – Usualmente entusiasmado pelo dinâmica de suas funções cotidianas, como conhece o mercado e tem experiência no ramo, inicia um negócio próprio na indústria, no comércio ou no setor de serviço.

6. **A opção pelo desemprego** – É uma modalidade de empreendimento bastante arriscada, pois a pessoa não está preparada adequadamente para gerenciar seu próprio negócio.

Por questões de sobrevivência, tendo ou não características empreendedoras, ela acaba abrindo o negócio e vai aprendendo aos 'trancos e barrancos'.

O que energiza o empreendimento é que esta é a única opção honesta para a pessoa sobreviver, e assim desenvolve um esforço descomunal, o que acaba muitas vezes compensando as outras deficiências.

7. **Um desenvolvimento paralelo** – Um funcionário, como alternativa futura, tendo características empreendedoras, estrutura-se entre amigos ou familiares e desenvolve um negócio derivado de sua experiência ou não, ou associa-se a um outro ramo de atividades como sócio capitalista.

8. **Aposentadoria** – Com a experiência adquirida, e devido à idade precoce com que o mercado marginaliza as pessoas, um indivíduo pode precisar iniciar um negócio próprio, usualmente em comércio ou serviços, caso não seja oriundo da área de vendas ou produção.

Para as oito situações citadas, entre as muitas motivações e razões objetivas e subjetivas para empreender encontram-se predominantemente as seguintes:

- necessidade de realização;
- implementação de idéias;
- independência;
- fuga da rotina profissional;
- maiores responsabilidades e riscos;
- prova de capacidade;
- auto-realização;
- maior ganho;
- *status*;
- controle maior da qualidade de vida."

16- Certamente poucas pessoas no Brasil se adaptam melhor à figura do **empreendedor pelo resto da vida** que Abraham Kasinsky, hoje com 87 anos.

Em 1941, quando seu pai morreu, Abraham Kasinsky foi trabalhar, em sociedade com o irmão Bernardo, na loja de autopeças da família e no posto de gasolina no qual lavou muitos ônibus até as quatro da madrugada.

Foi depois da 2ª Guerra Mundial (1939-1945), quando a vida no Brasil se modificou muito, que Abraham Kasinsky teve a oportunidade de abrir seu negócio.

Após a guerra acabar, o Brasil voltou a importar e esgotou logo as suas reservas.

Para equilibrar a balança comercial, o governo do general Eurico Gastar Dutra limitou as compras externas.

A necessidade de substituição das importações fez com que os modelos de veículos importados chegassem aqui semidesmontados (*semi knocked down*) e neles precisavam ser agregados itens fabricados no País.

E Abraham Kasinsky esclarece: "Enxerguei que seria um grande negócio começar a fabricar as peças de automóvel que se desgastassem com certa rapidez e fossem imprescindíveis.

Contei a idéia ao meu irmão Bernardo, que inicialmente achou que ela era bem maluca...

Mas com a ajuda de Maurício Grinberg – engenheiro formado na primeira turma de Metalurgia da Escola Politécnica da USP – conseguimos após alguns anos juntar o dinheiro necessário para montar uma fábrica em Santo André (SP), numa área de 20 mil metros quadrados na qual, na sua inauguração em 1951, sem conhecer bem o processo industrial, começaram a trabalhar 50 operários.

O nome escolhido para a fábrica foi Companhia Fabricadora de Peças (COFAP) e um jogo de anéis custava US$ 2, porém era possível vendê-lo por US$ 20, ou seja, com um lucro imenso.

Eu nessa época viajei muito para oferecer o nosso produto nas lojinhas de peças de automóveis do Brasil todo, mas a resistência era grande, pois o artigo era nacional.

Aliás, quando os comerciantes compravam o nosso produto, riscavam com uma gilete as palavras *made in Brasil* escritas no fundo da caixa, para que ninguém soubesse que a peça fora produzida por brasileiros.

Em 1953 dei de presente ao presidente do Brasil, Getulio Vargas, um jogo de anéis todo cromado para mostrar que o brasileiro tinha competência para fabricar uma peça tão difícil para o motor de um automóvel.

O presidente Getulio Vargas foi muito generoso comigo e até perguntou se eu estava precisando de financiamento que ele mandaria providenciar.

Respondi naquela época que não havia essa necessidade.

Os meus negócios prosperavam e em 1957, quando surgiu a indústria automobilística no Brasil, cresceram mais ainda e então passei também a fabricar amortecedores e outras peças do motor.

Juscelino Kubitschek, antes de ser presidente veio me conhecer e disse: "Vou fazer um carro totalmente brasileiro e preciso de gente como você. Posso contar com a sua ajuda?"

Claro que respondi que sim e que estava à sua disposição.

Após Getulio Vargas e Juscelino Kubitschek, o País deixou de ser agrário e tornou-se industrializado estimulado, pela fábricas de automóveis das multinacionais que começaram a se instalar aqui.

Queria fazer a COFAP crescer e fui para a Argentina em 1965, onde comprei quatro fábricas – de válvulas, de amortecedores, de anéis e de cilindros – e troquei o nome delas todas para COFAP.

De olho no mercado da Comunidade Econômica Européia, que era concorrente da indústria brasileira de autopeças, abri fábricas em Portugal e na Bélgica.

Depois montei a fábrica de amortecedores na Califórnia, nos EUA, além de inaugurar uma fábrica na Espanha e outra na Alemanha.

Cheguei a ter um total de 18 fábricas no mundo todo, vendendo para 97 países e faturando mais de US$ 1 bilhão por ano.

Infelizmente o meu relacionamento com meus filhos não foi bom e eles não quiseram trabalhar comigo...

Em 1999, quando tinha mais que direito de me aposentar – pois já tinha ultrapassado a barreira dos 80 anos –, resolvi fabricar motocicletas e para tanto comprei uma fábrica endividada em Manaus.

Depois fui para Coréia do Sul, Japão, Taiwan e China 'inspirar-me' nos modelos de motos que lá existiam.

A tecnologia original das minhas máquinas é japonesa, o *design* foi feito por coreanos, a maior parte dos componentes era importada do Japão, Coréia do Sul e Itália.

O nome da minha moto é Kasinski e não espero que a confundam com a Kawasaki!?!?

Atualmente, a linha de montagem da fábrica é toda computadorizada, está instalada em 18 mil metros quadrados na Zona Franca de Manaus, onde trabalham 110 operários fazendo mil motos por mês e um outro tanto de triciclos.

Uns 80% dos componentes das máquinas já são nacionais.

Tenho nove modelos de motos, todas com freio a disco e partida eletrônica, e as mais comercializadas são a *Super CAB* e a *Prima* com 50 cilindradas, a *Ekonômica*, a *GF* e a *Cruise II*, de 125 cilindradas, e a *Mirage*, com 250 cilindradas.

Claro que isso é ainda muito pouco comparado com o meu principal concorrente, a Honda, que produz 40 mil motocicletas mensais.

A minha meta até o final de 2005 é produzir 2 mil motos por mês, pois tenho uma linha bonita de motocicletas e ninguém faz melhor do que eu!!!

Já na linha de triciclos *Motokar* tenho três modelos básicos – *pick-up, furgão* e *táxi-kar* – e estou também ampliando a nossa presença no mercado nacional, que já compra mais de mil unidades por mês.

Espero até o final de 2005 fazer um veículo bem barato de quatro rodas.

Será um furgão, e depois faço um carro de passeio!!!"

E que ninguém duvide da determinação desse empreender incansável com uma energia sem limites, oriunda certamente da sua crença: "Eu sou uma usina de sonhos e acho isso imprescindível para todo ser humano, pois uma pessoa não pode viver feliz sem eles!!!"

6.8 AÇÕES CONCLUSIVAS.

Atitudes que deve tomar um empreendedor.
1. Determinar claramente suas competências essenciais.
2. Inscrever-se em pelo menos dois seminários que ensinem a elaborar um PN.
3. Escrever o seu PN (não se esqueça do que foi explicado no Capítulo 2).
4. Memorizar a sua "definição de avião" sobre o seu negócio.
5. Uma aptidão que o empreendedor eficaz deve implementar é a de aprender a escutar.

Para sentir se essa necessidade é premente ou não, caro leitor, submeta-se à seguinte avaliação (Tabela 6.4):

AUTO-AVALIAÇÃO – CAPACIDADE DE ESCUTAR.

1.	Comumente você busca escutar várias coisas ao mesmo tempo.	Sim ☐	Não ☐
2.	É seu hábito fingir que está escutando alguns dos seus colaboradores.	Sim ☐	Não ☐
3.	Você só aprecia a conversa das pessoas quando elas lhe apresentam apenas os fatos, deixando a interpretação e a decisão para você.	Sim ☐	Não ☐
4.	Você se sente um competente interpretador da comunicação não-verbal.	Sim ☐	Não ☐
5.	Geralmente acredita que já sabe o que uma pessoa vai lhe falar.	Sim ☐	Não ☐
6.	Comumente quando uma conversa não lhe interessa usa a tática de não mais prestar atenção no que está falando.	Sim ☐	Não ☐
7.	Comumente olha o interlocutor de frente, faz gestos de aprovação (ou desagrado) para convencê-lo de que está reagindo em relação ao que lhe é dito.	Sim ☐	Não ☐
8.	Busca ser rápido nas suas contestações depois que a pessoa que você estava escutando acaba de falar.	Sim ☐	Não ☐
9.	Procura fazer uma avaliação do que está sendo dito paralelamente ao que está ouvindo.	Sim ☐	Não ☐
10.	Você é afobado e dá respostas ou contestações enquanto a outra pessoa ainda está apresentando as suas ponderações.	Sim ☐	Não ☐
11.	A forma como uma pessoa se comunica com você pode distraí-lo, ou seja, estabelecer uma desatenção sua em relação ao conteúdo do que se fala.	Sim ☐	Não ☐
12.	Você costuma pedir opinião dos seus funcionários ou de outras pessoas sobre o seu negócio.	Sim ☐	Não ☐
13.	Procura se esforçar para compreender o ponto de vista de todas as pessoas mesmo que elas tenham dificuldade de se expressar.	Sim ☐	Não ☐
14.	Geralmente você só escuta o que espera ouvir em lugar de meditar sobre o que está sendo falado.	Sim ☐	Não ☐
15.	Ao discordar do ponto de vista de alguém, essa pessoa mesmo assim acredita que você entendeu o que ela lhe disse.	Sim ☐	Não ☐

Tabela 6.4 - Capacidade de escutar.

6. O empreendedor não deve ter apenas uma grande capacidade de escutar.

É vital que ele seja um "razoável" psicólogo e saiba compreender as outras pessoas, enxergar seu potencial, saber relacionar-se bem com aqueles que o ajudam e inclusive descobrir antecipadamente o seu provável comportamento.

Aí vai um teste (veja a Tabela 6.5) para avaliar a aptidão psicológica do empreendedor:

Proposições	Pontos			
	Discordo totalmente (nunca) 1	2	3	Concordo plenamente (sempre) 4
1. Procura de maneira consciente entender as necessidades básicas dos seus funcionários.	☐	☐	☐	☐
2. Busca conscientemente organizar as idéias em função do que dizem as outras pessoas.	☐	☐	☐	☐
3. Repara quando alguém chega fora do padrão: roupas ou óculos novos, corte de cabelo estranho, perfume enjoativo, etc.	☐	☐	☐	☐
4. Acredita que as pessoas podem se apresentar de forma bem "maquiavélica", não revelando nem um pouco o que são.	☐	☐	☐	☐
5. Não interpreta o comportamento de outras pessoas em vista das próprias atitudes.	☐	☐	☐	☐
6. Entende as pessoas apesar de não concordar com as suas opiniões.	☐	☐	☐	☐
7. Acredita que muitos funcionários seus não sabem exatamente o que mais os motiva.	☐	☐	☐	☐
8. Fatores psicológicos freqüentemente modificam mais o desempenho no trabalho do que as próprias aptidões requeridas para uma certa para uma certa função ou serviço.	☐	☐	☐	☐
9. São os pequenos detalhes que permitem conhecer bem uma pessoa.	☐	☐	☐	☐
10. É muito complexo entender as atitudes da maioria das pessoas.	☐	☐	☐	☐
11. Comumente identifica rapidamente os pontos fortes e fracos das pessoas.	☐	☐	☐	☐

12. Preocupa-se com as impressões que deixou no passado nas pessoas que agora trabalham para você.	☐	☐	☐	☐
13. Lidando com os outros, não esquece jamais que eles podem ser bem diferentes de você, porém isso não quer dizer que são piores.	☐	☐	☐	☐
14. Após uma reunião demorada e debatida consegue lembrar como cada um dos participantes reagiu durante as discussões.	☐	☐	☐	☐
15. Enxerga as pessoas pelo seu potencial pleno, ou seja, para alcançar seus objetivos na vida e não apenas como podem ser úteis para o seu negócio.	☐	☐	☐	☐
16. Não julga e não condena ninguém até ter informações suficientes para fazer um bom juízo.	☐	☐	☐	☐
17. Pensa com freqüência nas diferentes maneiras para estimular o progresso pessoal e profissional dos seus funcionários.	☐	☐	☐	☐
18. Acredita que é praticamente impossível mudar o comportamento de uma pessoa.	☐	☐	☐	☐
19. Para tomar decisões sobre as pessoas fundamenta-se sempre em um grande leque de fatores.	☐	☐	☐	☐
20. Busca continuamente auxiliar as pessoas, em particular seus empregados a, desenvolverem seus pontos fortes e a lidarem adequadamente com os seus pontos fracos.	☐	☐	☐	☐

Tabela 6.5 – Teste de aptidão psicológica.

7. Além de saber escutar e ter aptidão para "decifrar" as pessoas, o empreendedor deve ser um apaixonado por serviços excelentes ao cliente.

Para saber se você, caro empreendedor, tem esse perfil, submeta-se ao seguinte teste:

Auto-avaliação – Como está a sua predisposição de interagir com os clientes mesmo que estes não estejam de bom humor ou sejam pessoas "difíceis"?
Atribua a seguinte pontuação para as suas respostas:
1 – jamais;
2 – raramente;
3 – às vezes;
4 – freqüentemente;
5 – quase sempre.

1) Evidencio paciência, cortesia e respeito pelos clientes, qualquer que seja a reação deles em relação a mim.
2) Consigo manter a compostura sem me aborrecer, ficar raivoso ou desistir, quando entro em contato com pessoas irritadas ou extremamente zangadas.
3) Aceito as reclamações dos clientes sem nenhum tipo de préjulgamento.
4) Aplico a regra de ouro: "Tratar os clientes como gostaria que eles me tratassem."
5) Auxilio os clientes a conservar a sua auto-estima e sua posição, mesmo quando a situação "sugere" uma reação de censura ao seu comportamento.
6) Fico numa posição de defesa quando interajo com os clientes, mesmo que eles façam algum comentário contra mim ou a minha empresa.
7) Tenho plena consciência de que cada cliente acha que o seu problema é a coisa mais importante e urgente na face da Terra, e por isto busco rapidamente ajudá-lo a solucioná-lo.
8) A aparência, o modo de vestir, o jeito de se expressar, etc. do cliente não alteram o tratamento que lhe dispenso.
9) Considero cada interação com um cliente como um momento precioso – o **momento da verdade** – e faço o possível para tornar esse "encontro" uma experiência inesquecível para ele.
10) Quando perco um cliente, não permito que isto afete o meu entusiasmo para atender bem os próximos clientes daquele dia.

RESPOSTAS DOS TESTES DAS AÇÕES CONCLUSIVAS 5, 6 E 7.

■ A forma de interpretar o teste da 5ª ação conclusiva é a seguinte: as respostas certas são o **"não"** para as questões 1, 2, 3, 5, 6, 7, 8, 9, 10, 11 e 14, e **"sim"** para as restantes (4, 12, 13 e 15).

Caso você tenha errado apenas uma ou duas das questões propostas, pode-se dizer que é um **empreendedor bom ouvinte**.

Mas se errou três ou quatro questões, já deve se aperfeiçoar um pouco no que se refere a sua capacidade de ouvir.

Por outro lado, se o seu número de erros for superior a cinco, significa que a sua aptidão de bom ouvinte é baixa e um empreendedor dificilmente será bem-sucedido se escutar apenas a si mesmo...

■ A identificação de você ser um **empreendedor psicólogo** e **solucionador social** depende evidentemente da pontuação obtida.

Se o seu número de pontos foi:

→ de 75 a 80 – você é um empreendedor que sabe resolver os problemas de outras pessoas;

→ de 61 a 74 – você não é bem um empreendedor psicólogo eficaz;

→ de 40 a 60 – potencialmente você tem pontos fracos e precisaria ter alguém para ajudá-lo nesta área;

→ de 20 a 39 – realmente isto mostra que as suas deficiências para resolver os problemas dos outros são grandes, e uma saída é contratar alguém que seja bom em recursos humanos e paralelamente fazer alguns cursos de gestão de pessoas e psicologia humana.

■ No caso do teste para conhecer a sua aptidão para **lidar com os clientes**, some os seus pontos e aí veja onde se enquadra.

Caso tenha obtido mais de 37 pontos, sua capacidade em relação ao atendimento de clientes é bastante boa, e excelente se tiver obtido 40 pontos; se esse número estiver entre 30 e 37, convém melhorar um pouco, e isto significa mudar seu comportamento, e caso obtiver menos de 30 pontos é conveniente fazer um curso sobre qualidade de serviços e se reposicionar.

6.9 PALAVRAS FINAIS.

Antes de passar a você, estimado leitor, a lista das crenças para se tornar vencedor, convém que se submeta ao seguinte miniteste sobre a importância que dá à sua própria vida:

1. Quais são os principais valores pelos quais deseja viver e batalhar?
2. Que atividade lhe dá maior satisfação, o maior senso de realização e o maior sentimento de ser bem-sucedido?
3. Que grande coisa você faria se soubesse que não poderia fracassar, ou seja, que a falha não seria uma opção permitida a você?
4. O que você quer fazer com o resto da sua vida?
5. Como você mudaria a sua vida se soubesse que lhe resta somente um ano?
6. Pelo que você mais quer ser lembrado quando se for?

Bem, evidentemente cada pessoa tem um conjunto de respostas diferentes, porém com certeza valoriza as relações afetuosas dos amigos e da família, deseja realizar coisas úteis na vida, auxiliar os outros e oferecer uma contribuição à sociedade, principalmente agora no século XXI quando se fala tanto de responsabilidade social e desenvolvimento sustentável.

Infelizmente ainda existem muitas pessoas que nunca chegam a definir de maneira explícita os valores que apreciam, e com isto acabam nunca se aplicando de forma consistente e excepcional aos seus afazeres diários.

Quem opta por ser empreendedor se comporta porém de modo incomum, pois todo dia tem desafios novos para vencer.

Claro que cada indivíduo tem uma área na qual pode ser excelente, entretanto ele precisa com freqüência descobri-la para que a probabilidade de fracassar seja mínima.

Empreender é a Solução

Na realidade, o ser humano não dispõe de tanto tempo assim na Terra, e nem sempre fica todos os dias saudável.

Para uma expectativa de vida de 70 anos, você tem algo como 25.550 dias de vida para aproveitar, para fazer algo útil e para ser bem lembrado pelos outros.

Mas se você já tem, digamos, 30 anos, então já gastou 10.950 desses dias e pode ser que só lhe restem 14.600 dias...

Assim, é importante usar o "curto tempo" de que dispomos enquanto vivos da melhor maneira, e cada um tem que tomar o mais breve possível a decisão de descobrir e desenvolver a sua área de excelência.

Todos nós temos que começar em algum lugar, mas é muito mais importante saber para onde cada um quer ir do lugar onde está agora ou onde esteve, sobretudo se desejar enveredar pelo empreendedorismo. O sucesso relativo na vida deveria ser medido por considerações do tipo:

- **O essencial não é o que você realizou em relação aos outros, mas o que realizou em relação ao seu pleno potencial.**
- **O vital não é o que conseguiu em seu benefício, mas o que realizou em benefício dos outros.**
- **O fundamental não é o que você fez na vida, mas o que levou os outros a fazerem.**

Nesse sentido, toda pessoa que se transformar em empreendedor bem-sucedido utilizará certamente o seu pleno potencial, possibilitará aos outros trabalharem e assim sobreviverem, e mais do que isso, estimulará essas pessoas no futuro a se tornarem também empreendedoras.

Cada um de nós quer ser um vencedor, em particular um empreendedor admirado.

Aliás, ninguém poderia jamais negar a veracidade desta afirmação.

Sem dúvida, lá no fundo, no subconsciente, não apenas os empreendedores, mas todos querem ser bem-sucedidos – **o objetivo de todos é vencer na vida!!!**

E algumas pessoas acreditam nisso mais fervorosamente – os **empreendedores** – e portanto merecem isso.

É curioso que muitas pessoas não conseguem notar que existe um processo para tornar-se bem-sucedido que inclui estudar sempre, adquirindo continuamente novos conhecimentos.

Para todos os indivíduos deveria ser evidente que se tudo que eles nutrem são pensamentos de "fracasso", então todos os seus empreendimentos irão resultar em fracasso.

Conseqüentemente, as pessoas precisam nutrir pensamentos de sucesso, ou seja, envolver-se com o empreendedorismo caso queiram ser bem-sucedidas.

Acredito plenamente que você que está terminando de ler *Empreender é a Solução* já entendeu e assimilou que se deseja alcançar os resultados obtidos pelos vencedores **precisa pensar como um vencedor!!!**

➡ E como pensa um vencedor?

Bem, em todos esses capítulos foram dados vários exemplos de pessoas bem-sucedidas e conselhos e relatos de como pensam os vencedores.

Para reforçar tudo isso, aí vai a lista das dez crenças básicas que são exclusivas das pessoas de desempenho excepcional.

Caro empreendedor, analise cuidadosamente cada uma delas e imagine como se tornaria a sua vida, o seu negócio, os seus relacionamentos, enfim o seu mundo, caso você comungasse das mesmas crenças e as incluísse permanentemente como parte da sua vida.

1ª Crença – **Os vencedores não nascem, são feitos.**

2ª Crença – **A força predominante de uma existência é o pensamento no qual se empenha o empreendedor criativo.**

3ª Crença – **O empreendedor – você – tem poderes para criar a sua própria realidade.**

4ª Crença – **O empreendedor de mente aberta sabe que sempre existe algum benefício que ele pode auferir de cada adversidade.**

5ª Crença – **Quem escolhe as suas crenças é o próprio empreendedor independente.**

6ª Crença – **O empreendedor persistente sabe que nunca está derrotado até ele próprio admitir que a derrota é uma realidade e decidir parar de tentar.**

Mas o empreendedor vencedor nunca deixa de lutar.

7ª Crença – **O empreendedor competente acredita piamente na sua capacidade de vencer em pelo menos uma área-chave da sua vida.**

8ª Crença – **As únicas limitações reais sobre aquilo que o empreendedor pode realizar em sua vida são aquelas que ele impõe a si mesmo.**

9ª Crença – **O empreendedor líder e gestor sabe que necessita de apoio e de cooperação de outras pessoas para realizar qualquer um dos seus importantes objetivos.**

10ª Crença – **O empreendedor culto lê ávida e continuamente livros como *Empreender é a Solução* e com isto vai aumentando cada vez mais a sua competência, o que lhe permite ser um empreendedor vencedor durante toda a sua vida!!!**

O empreendedor imbatível é aquele que sabe que todas as situações desconfortáveis do seu negócio na realidade são oportunidades para promover mudanças e fazer a sua empresa evoluir.

O empreendedor sonhador e realizador sabe que para ver um arco-íris tem que saber lidar bem com a tempestade e a forte chuva que geralmente o antecedem.

Do it now!

(Faça isso agora!),
ou seja:
O que é que você está esperando para abrir o seu próprio negócio?
Muita gente bem-sucedida fez isso sem ter quase nenhum conhecimento
como o que você, meu caro leitor, já possui após ter lido este livro.
Vá em frente!
Tudo vai dar certo!!!
Não esqueça nunca que empreender é a solução!!!

Siglas

ABF – Associação Brasileira de *Franchising*.

CAPES – Coordenação de Aperfeiçoamento de Pessoal de Nível Superior.

CEO – *Chief executive officer* ou executivo principal de uma empresa.

CEPAL – Comissão Econômica para a América Latina e Caribe.

CNPJ – Cadastro Nacional de Pessoa Jurídica.

CNPq – Conselho Nacional de Desenvolvimento Científico e Tecnológico.

COFAP – Companhia Fabricadora de Peças.

COFINS – Contribuição para o Funcionamento de Seguridade Social.

DC – Depressão clínica.

DIEESE – Departamento Intersindical de Estatística e Estudos Sócios-Econômicos.

ETCO – Instituto Brasileiro de Ética Concorencial.

FAAP – Fundação Armando Alvares Penteado.

FGTS – Fundo de Garantia do Tempo de Serviço

FINEP – Financiadora de Estudos e Projetos.

GEM – *Global Entrepreneurship Monitor.*

GRC – Gerenciamento de relacionamento com o cliente.

IBGE – Instituto Brasileiro de Geografia e Estatística.

IBQP – Instituto Brasileiro de Qualidade e Produtividade.

ICMS – Imposto de Circulação de Mercadorias e Serviços.

IES – Instituição de Ensino Superior.

INCRA – Instituto Nacional de Colonização e Reforma Agrária.

INSS – Instituto Nacional do Seguro Social.

IPEA – Instituto de Pesquisa Econômica Aplicada.

IPI – Imposto sobre Produtos Industrializados.

IR – Imposto de Renda.

ISS – Imposto sobre Serviço.

LCC – *Liverpool City Council.*

MBA – *Master of business administration.*

MPE – Micro e pequena empresa.

MSE – Movimento dos Sem-Emprego e Sem-Empresas.

LRFE – Lei de Recuperação e Falência do Empresário e da Sociedade Empresária.

OAB – Ordem dos Advogados do Brasil.

OIT – Organização Internacional do Trabalho.

ONG – Organização não-governamental.

ONU – Organização das Nações Unidas.

PEA – População economicamente ativa.

PIB – Produto Interno Bruto.

PIS – Programa de Integração Social.

PN – Plano de negócios.

RAIS – Relação Anual de Informações Sociais.

SEADE – Sistema Estadual de Análise de Dados.

SEBRAE – Serviço Brasileiro de Apoio às Micro e Pequenas Empresas.

TI – Tecnologia da informação.

TIC – Tecnologia da informação e da comunicação.

UE – União Européia.

Bibliografia

Almeida, E. C. P. de
O Sucesso em Vendas – A Experiência do Coelho - Nada de Teoria, Tudo na Prática.
Scortecci Editora – São Paulo – 2003.

Angelo, E. B. e outros autores.
Empreendedor Corporativo – A Nova Postura de Quem faz a Diferença.
Elsevier Editora Ltda. – Rio de Janeiro – 2003.

Awad, E.
Samuel Klein e Casas Bahia.
Editora Novo Século Ltda. – São Paulo – 2003.

Bernardi, L. A
Manual de Empreendedorismo e Gestão – Fundamentos, Estratégias e Dinâmicas.
Editora Atlas S.A. – São Paulo – 2002.

Bernardi, M. A.
Melhor Empresa – Como as Organizações de Sucesso Atraem e Mantêm Quem Faz a Diferença.
Elsevier Editora Ltda. - Rio de Janeiro - 2003.

Bolson, E. L.
Tchau, Patrão! – Como Ser Vencedor e Feliz Conduzindo seu Próprio Negócio!
Autêntica Editora – SENAC / MG – Belo Horizonte - 2003.

Britto, F. – Wever, L.
Empreendedores Brasileiros II – A Experiência e as Lições de Quem Faz Acontecer.
Elsevier Editora Ltda – Rio de Janeiro - 2004.

Brooks, I.
Seu Cliente Pode Pagar Mais – Como Valorizar o que Você Faz.
Editora Fundamento Educacional Ltda. – Curitiba – 2003.

Chalita, G.
Os Dez Mandamentos da Ética.
Editora Nova Fronteira – São Paulo - 2003.

Costa, N. P. da
Marketing para Empreendedores – Um Guia para Montar e Manter um Negócio.
Qualitymark Editora Ltda. – Rio de Janeiro – 2003.

Covey, S. R.
Liderança Baseada em Princípios.
Editora Campus – Rio de Janeiro – 1994.

Dimitrius, J. E – Mazzarella, M.
Decifrar Pessoas – Como Entender e Prever o Comportamento Humano.
Elsevier Editora Ltda. – Rio de Janeiro - 2003.

Dolabela, F.
Pedagogia Empreendedora.
Editora Cultura Ltda. – São Paulo – 2003.

Donkin, R.
Sangue, Suor e Lágrimas.
Editora M. Books do Brasil – São Paulo – 2003.

Dornelas, J. C. A.
Empreendedorismo Corporativo – Como Ser Empreendedor, Inovar e se Diferenciar na sua Empresa.
Editora Elsevier Ltda. – Rio de Janeiro – 2003.
Planejando Incubadoras de Empresas – Como Desenvolver um Plano de Negócios para Incubadoras.
Editora Elsevier Ltda. – Rio de Janeiro – 2002.

Enzio, M.
Empreendedor Zen – As Chaves da Prosperidade sem Estresse.
Editora 21 Distribuidora de Livros Ltda. – São Paulo – 2003.

Farber, B.
Negócio Fechado! – 12 Clichês de Vendas que Sempre Funcionam.
Editora Record – Rio de Janeiro – 2004.

Fedrizzi, A. (organizador) e outros.
O Humor Abre Corações e Bolsos.
Editora Campus Ltda. – Rio de janeiro – 2003.

Filion, L. J. – Dolabela, F. e outros colaboradores.
Boa Idéia e Agora? Plano de Negócio, o Caminho Seguro para Criar e Gerenciar sua Empresa.
Cultura Editores Associados – São Paulo – 2000.

Futrell, C. M.
Vendas – Fundamentos e Novas Práticas de Gestão.
Editora Saraiva – São Paulo – 2003.

Gallagher, R. S.
Os Segredos da Cultura Empresarial.
Elsevier Editora Ltda. – Rio de Janeiro – 2003.

Gerber, M. E.
The E-Mith Revisited – Why Most Small Businesses Don't Work and What to Do About It.
Harper Business – New York – 2001.

Goldbarg, M. C.
Times – Ferramenta Eficaz para a Qualidade Total.
Makron *Books* do Brasil Editora Ltda. – São Paulo – 1995.

Gubman, E. L.
Talento – Desenvolvendo Pessoas e Estratégias para Obter Resultados.
Editora Campus Ltda. – Rio de Janeiro – 1999.

Halfeld, M.
Investimentos – Como Administrar Melhor seu Dinheiro.
Editora Fundamento Educacional Ltda. – Curitiba - 2004.

Heard, A.
Entrepreneur's Handbook - From the Procedures to Prevent Problems Series.
Hollandays Publishing Corp. – Dayton, Ohio – 2002.

Hisrich, R. D. – Peter, M. P.
Empreendedorismo.
Bookman Companhia Editora – Porto Alegre – 2004.

Hornestein, H. A.
O Abuso do Poder e o Privilégio nas Organizações.
Pearson Education do Brasil – Prentice Hall – São Paulo – 2003.

Julio, C. A.
A Magia dos Grandes Negociadores – Como Vender Produtos, Serviços, Idéias e Você Mesmo com Muito mais Eficácia.
Elsevier Editora Ltda. – Rio de Janeiro – 2003.

Kotter, J. P. – Cohen, D. S.
O Coração da Mudança – Transformando Empresas com a Força das Emoções.
Editora Campus Ltda. – Rio de Janeiro – 2002.

Lodish, L. – Morgan, L. H. – Kallianpur, A.
Empreendedorismo e Marketing - Lições de MBA da Wharton School.
Elsevier Editora Ltda. – Rio de Janeiro – 2002.

Maginn, M. D.
Eficiência no Trabalho em Equipe.
Livraria Nobel S. A. – São Paulo – 1996.

Marcovitch, J.
Pioneiros & Empreendedores – A Saga do Desenvolvimento do Brasil.
Edusp – São Paulo – 2003.

Matejka, K.
Sua Equipe Veste a Camisa – Como Conquistar e Manter o Compromisso com a Empresa.
Livraria Nobel S. A. – São Paulo – 1995.

Meneghetti, A.
A Psicologia do Líder.
Ontopsicologica Editrice – 2001.

Mirshawka, V.
Criando Valor para o Cliente – A Vez do Brasil.
Makron *Books* do Brasil Editora Ltda. – São Paulo – 1991.
A Implantação da Qualidade e Produtividade pelo Método do Dr. Deming – A Vez do Brasil.
McGraw Hill do Brasil – São Paulo – 1990.

Mirshawka, V. – Mirshawka Jr., V.
Gestão Criativa – Aprendendo com os Mais Bem-Sucedidos Empreendedores do Mundo.
DVS Editora Ltda. – São Paulo – 2003.

Navarro, L.
Talento para Ser Feliz.
Editora Gente - São Paulo - 2000.

Paletta, M. A.
Vamos Abrir uma Pequena Empresa – Um Guia Prático para Abertura de Novos Negócios.
Editora Alínea – Campinas – 2001.

Pereira, G. M. G.
A Energia do Dinheiro – Como Fazer Dinheiro e Desfrutar Dele.
Elsevier Editora Ltda. – Rio de Janeiro – 2003.

Pereyra, E. (organizador) – Campos, A. – Brutti, J. A. – Barth, J. e Gonçalves, L. P. F.
O Comportamento Empreendedor como Princípio para o Desenvolvimento Social e Econômico.
Editora Meridional Ltda. – Porto Alegre – 2003.

Richardson, B. – Fusco, M. A. C.
O Principio dos +10% – Como Obter 10% a Mais de Produtividade, Mesmo que as Pessoas Tenham Capacidades Limitadas.
Makron *Books* do Brasil Editora Ltda. – São Paulo – 1994.

Rosenbluth, H. – Peters, D. McFern.
O Cliente em Segundo Lugar.
M. Books do Brasil Editora Ltda. – São Paulo – 2004.

Salim, C. S. – Hochman, N. – Ramal, A. C. – Ramal, A. S.
Construindo Planos de Negócios.
Editora Campus Ltda. – Rio de janeiro – 2001.

Salim, C. S. – Nasajon, C. – Salim, H. – Mariano, S.
Administração Empreendedora – Teoria e Prática Usando Estudos de Casos.
Elsevier Editora Ltda. – Rio de Janeiro – 2004.

Saraiva, A. A.
Os Mandamentos da Lucratividade.
Elsevier Editora Ltda. – Rio de Janeiro – 2004.

Schultz, H. – Yang, D. J.
Dedique-se de Coração – Como a Starbucks se Tornou uma Grande Empresa de Xícara em Xícara.
Negócio Editora – São Paulo – 1999.

Siqueira, C. A.
Grandes Idéias para Pequenos e Micronegócios.
DP & A Editora – Rio de Janeiro – 2004.

Staples, W. D.
Pense Como um Vencedor!
Livraria Pioneira Editora – São Paulo – 1994.

Steinberg, H. – Hallqvist, B. – Rodriguez, F. – Dale, G. – Monforte, J. – Faldini, R.
A Dimensão Humana da Governança Corporativa – Pessoas Criam as Melhores e as Piores Práticas.
Editora Gente – São Paulo – 2003.

Sull, D. N.
De Volta ao Sucesso – Por Que Boas Empresas Falham e como Grandes Líderes as Reconstroem.
Elsevier Editora Ltda. – Rio de Janeiro – 2003.

Trump, D. J.
Trump: Como Ficar Rico.
Elsevier Editora Ltda. – Rio de Janeiro – 2004.

Tucker, R. B.
Agregando Valor ao seu Negócio.
Makron *Books* do Brasil Editora Ltda - São Paulo – 1999.

JORNAIS QUE SERVIRAM DE REFERÊNCIA:

Folha de S. Paulo
Gazeta Mercantil
O Estado de S. Paulo
Valor Econômico

REVISTAS UTILIZADAS PARA ESCREVER O LIVRO:

1. *Business Week* – The Mc Graw Hill Companies, Inc.
2. *Empreendedor* (www.empreendedor.com.br) - Editora Empreendedor.
3. *Enjeux* – Group Lês Echos.
4. *Entrepreneur* – Entrepreneur, Inc.
5. *Época* – Editora Globo.
6. *Exame* (www.uol.com.br/exame) - Editora Abril.
7. *Forbes Brasil* – Editora J.B.
8. *Forbes Global* – Forbes Global, Inc.
9. *Fortune* – Time Warner Publishing B.V.

10. *Inc.* – G + J USA Publishing.
11. *Isto é Dinheiro* – Editora Três.
12. *Newsweek* – Newsweek, Inc.
13. *Pequenas Empresas & Grandes Negócios* – Editora Globo.
14. *Seu Sucesso* – Editora Europa.
15. *Veja* – Editora Abril.
16. *Vencer* – Intermundi Editora Ltda.
17. *Você S. A.* - Editora Abril.
18. *The Atlantic* (www.theatlantic.com/tech/) - The Atlantic Monthly.
19. *The Economist* (www.economist.com/research) - The Economist Newpaper Limited.

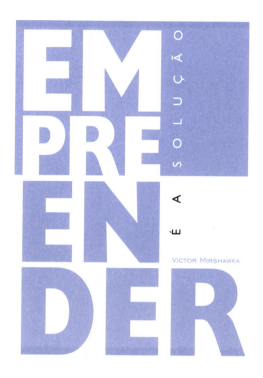

EMPREENDER

É A SOLUÇÃO

Victor Mirshawka

DVS Editora Ltda.
www.dvseditora.com.br